O IMPÉRIO DA BELEZA

MARK TUNGATE

O IMPÉRIO
DA BELEZA

COMO O
MARKETING
DA L'ORÉAL,
NATURA, AVON,
REVLON, NIVEA E OUTRAS
MUDOU NOSSA
APARÊNCIA

SEOMAN

Título original: *Branded Beauty.*

Copyright © 2011 Mark Tungate.
Copyright da edição brasileira © 2013 Editora Pensamento-Cultrix Ltda.
Publicado originalmente por Kogan Page Ltd.

Texto de acordo com as novas regras ortográficas da língua portuguesa.

1ª edição 2013.

A Editora Seoman não se responsabiliza por eventuais mudanças ocorridas nos endereços convencionais ou eletrônicos citados neste livro.

Editor: Adilson Silva Ramachandra
Editora de texto: Denise de C. Rocha Delela
Coordenação editorial: Roseli de S. Ferraz
Tradução: Claudia Gerpe Duarte e Eduardo Gerpe Duarte
Preparação de originais: Roseli de S. Ferraz
Produção editorial: Indiara Faria Kayo
Assistente de produção editorial: Estela A. Minas
Revisão: Nilza Agua e Yociko Oikawa
Editoração eletrônica: Join Bureau

Dados Internacionais de Catalogação na Publicação (CIP)
(Câmara Brasileira do Livro, SP, Brasil)

Tungate, Mark
    O império da beleza: como o marketing da L'Oreal, Natura, Avon, Revlon, Nívea e outras mudou nossa aparência / Mark Tungate; tradução Claudia Gerpe Duarte, Eduardo Gerpe Duarte. – São Paulo: Seoman, 2013.

    Título original: Branded Beauty
    ISBN 978-85-98903-63-7

    1. Cosméticos – Indústria 2. Marca comercial 3. Marketing 4. Publicidade – Cosméticos I. Título.

13-04297   CDD-668.55

Índices para catálogo sistemático:
1. Marcas comerciais: Marketing: Indústria de cosméticos   668.55

Seoman é um selo editorial da Pensamento-Cultrix Ltda.
Direitos de tradução para o Brasil adquiridos com exclusividade pela
EDITORA PENSAMENTO-CULTRIX LTDA., que se reserva a
propriedade literária desta tradução.
Rua Dr. Mário Vicente, 368 – 04270-000 – São Paulo, SP
Fone: (11) 2066-9000 – Fax: (11) 2066-9008
http://www.editoraseoman.com.br
atendimento@editoraseoman.com.br
Foi feito o depósito legal.

Dedico este livro a Géraldine, Daphné,
Carmen, Carol e Tracie — as mulheres
mais importantes da minha vida

SUMÁRIO

AGRADECIMENTOS

Existem muitas pessoas bonitas no mundo, e muitas delas me ajudaram neste livro. Não posso mencionar a maioria delas, já que expressaram o desejo de permanecer anônimas; mas elas sabem quem são. As que eu posso citar são Simone Brochard da NY Adorned, Caroline Crabbe da Cosmetic Valley, Indi Davis da Aesop, Cassandra Moonen da Clarins, Camille Velut da IFF e Sabine de Seze da *Cosmétique Magazine*, bem como François Kermoal que me apresentou a ela. Agradeço também a todas as pessoas que foram citadas nestas páginas. Não devo me esquecer de Jon Finch da Kogan Page, cuja paciência e entusiasmo em face do meu prazo final sempre escorregadio pareciam ilimitados. Agradeço especialmente a Bruno Sellés da Vasava em Barcelona, cujo *design* da capa da edição inglesa conferiu a este livro um esplendor e realce especiais.

Finalmente, palavras especiais de agradecimento a Géraldine, minha mulher, que nunca deixou de me apoiar apesar do estresse de uma mudança de residência durante este empreendimento. Ela é a mais bela de todas.

INTRODUÇÃO

"A tirania da beleza."

Há mais pessoas do lado de fora da galeria de arte do que do lado de dentro. Elas avançam pela estreita rua parisiense, fumando e bebericando vinho tinto em copos de plástico, os rapazes caricaturescos com uma barba criativa e calças *jeans* justas, as moças enganadoramente frágeis, todas com o pulso fino e a raiz do cabelo escura. Muitos estão vestindo jaquetas de couro clássicas por causa dos primeiros laivos de frio de setembro. Eles olham discretamente uns para os outros, o que apenas confirma o que já sabiam: as mesmas pessoas aparecem nesses lugares.

Do lado de dentro, a galeria B.A.N.K. está abafada e ruidosa. Um homem de cabelos grisalhos vestindo um elegante *blazer* azul-marinho se destaca como um martim-pescador entre estorninhos. Trata-se de Jean-Charles de Castelbajac, figurinista e artista. Esta é a noite de inauguração da sua mostra, The Tyranny of Beauty.

Castelbajac se deleita nas suas próprias contradições: um genuíno aristocrata cujas roupas são adoradas por artistas do *rap*; noivo de uma ex-Miss França (Mareva Galanter, 1999) que escolheu satirizar a indústria da beleza. Ele fez isso selecionando quadros dos séculos XVIII e XIX e enviando fotos deles para a China, onde foram copiados por artistas. Depois, ele os desfigurou com os símbolos de marcas. O retrato de uma encantadora jovem da nobreza é coberto por uma inscrição que proclama "Nova Fórmula! Sabonete líquido concentrado para pele seca". O quadro *La Liberté Guidant le Peuple* de Delacroix é decorado com o logotipo da Nike. Castelbajac também encomendou tapeçarias de Branca de Neve no estilo medieval em uma maliciosa referência aos critérios de beleza impostos pela cultura popular.

Mas o destaque da exposição é uma série de três bustos de Maria Antonieta – o original está no lar ancestral – que Castelbajac enviou para cirurgiões plásticos da França, dos Estados Unidos e da Rússia. O francês foi o mais bondoso, pois corrigiu o queixo duplo da rainha francesa e fez uma pequena plástica facial para realçar as maçãs do rosto. A intervenção americana foi mais dramática, já que engrossou os lábios com colágeno e endireitou o nariz da rainha. O cirurgião russo foi mais radical, transformando os lábios dela em almofadas e as maçãs do rosto em navalhas: de duquesa austríaca que adora folheados para rainha da passarela.

Com um brilho de prazer nos olhos, Castelbajac diz que o espetáculo não tem a intenção de ser político, apenas intelectualmente instigante. "Quem pode dizer que os ideais de beleza de hoje são melhores do que os do passado?", pergunta ele. "Na época em que viveu, Maria Antonieta era considerada um ícone da moda. Se ela vivesse nos dias de hoje, como vocês podem ver, os seus traços teriam sido alterados para obedecer a um ideal impossível. Por que cedemos a esse inexorável desejo de nos aperfeiçoarmos, a essa necessidade insaciável de agradar?"

JC, eu não conseguiria expressar melhor o que você disse.

Não trabalho na indústria da beleza, embora seja possível dizer que atuo na periferia dela, escrevendo a respeito de moda e publicidade. E recentemente senti que o assunto da beleza estava se tornando presente na mídia de uma maneira mais agressiva. Várias tendências estavam indo em direções diferentes. Por um lado, eu estava lendo mais artigos a respeito de Botox e procedimentos semelhantes, em uma linguagem cada vez mais descontraída, como se essas intervenções estivessem se tornando rotineiras. Pelo outro, o crescente alarme por causa dos componentes químicos estava criando uma demanda por produtos de beleza naturais e orgânicos – uma nova marca orgânica parecia surgir a cada dez minutos. Pairando sobre tudo isso estavam as gigantes da beleza internacional, fixando o olhar ganancioso na China e em outros mercados emergentes enquanto o Ocidente se esforçava para se erguer do colapso.

O que começou como o germe de uma ideia assumiu proporções exageradas. Quanto mais eu revolvo o setor dos cosméticos e dos cuidados pessoais, mais intrigado eu fico. Para começar, havia o mero tamanho da coisa: as estimativas variavam, mas um dos valores que frequentemente vinha à tona, do Euromonitor International, sugeria que a indústria mundial equivalia a 350 bilhões de dólares por ano, cuja maior parte era gerada por produtos para a pele. Em seguida, eu me detive nas personalidades por trás das marcas: examinar a biografia de Max Factor e Helena Rubinstein me fez ansiar por descobrir mais coisas a respeito da vida exuberante e repleta de incidentes dessas celebridades.

Ocorreu-me também que havia conceitos alternativos de beleza a ser explorados, o que me levou a conversar com artistas de tatuagem no Brooklyn.

Acima de tudo, eu estava concentrado na pergunta que inspirara a exposição de Castelbajac: como chegamos a este ponto? O que nos leva a gastar tanto dinheiro para modificar a nossa aparência?

Um levantamento que o website francês aufeminin.com realizou entre 8.600 mulheres em 2010 proporcionou um ímpeto adicional. Vinte e cinco por cento das mulheres entrevistadas em toda a Europa admitiram ser "viciadas" em beleza, confessando que raramente saíam de casa sem colocar algum tipo de maquiagem. Elas consideravam o rímel particularmente "indispensável".

Ao analisar essas informações, o sociólogo Jean-François Amadieu escreveu o seguinte:

> Embora as pessoas afirmem que fazem dieta, praticam esportes, submetem-se a cirurgias, usam maquiagem e vestem as roupas da moda apenas pensando em si mesmas, para se sentir bem consigo mesmas ou diante do espelho... na realidade, elas estão mais do que nunca influenciadas pelas normas da sociedade, da moda e da propaganda... Os esforços que elas fazem com relação à maquiagem e às roupas estão evidentemente associados a estar "do lado de fora", ou seja, diante dos outros. O fato de elas quererem ser livres e autônomas, e não desejarem admitir o seu conformismo, não altera o fato de que as normas da aparência física são globalizadas, conhecidas por todos e restritivas.
>
> ("La beauté aujourd'hui, c'est quoi?",[1]
> www.influencia.net, 8 de setembro de 2010)

Mas embora haja tendências na beleza, algumas das nossas ideias a respeito dela não mudaram muito ao longo dos séculos. John Armstrong, no seu livro *The Secret Power of Beauty* (2005), assinala que "existe uma extraordinária

---

1. Tradução literal: "O que é a beleza hoje em dia?". (N. dos trads.)

coerência na história com relação ao que são consideradas as formas humanas mais atraentes. As estátuas gregas ainda personificam ideais de beleza masculina; as mulheres dos quadros de Ticiano ainda parecem encantadoras hoje em dia".

É frequentemente aventado que a beleza está vinculada à proporção: "a graça do contorno, do equilíbrio, da simetria, das curvas suaves". Essa teoria nos leva de volta ao século VI a.C., e a Pitágoras, que descobriu que duas cordas de extensão diferente, sendo o comprimento de uma exatamente a metade do da outra, emitiam duas notas musicais harmoniosas quando dedilhadas. Este exercício poderia ser repetido *ad infinitum*, desde que a extensão das cordas permanecesse proporcional. Pitágoras desenvolveu essa teoria e veio a sugerir que a harmonia em todas as coisas era governada pela simetria. Armstrong escreve o seguinte: "O termo pitagórico para beleza era 'cosmos' – significado que ainda é ressonante nos objetivos da cirurgia plástica estética e na aplicação do batom".

Outra característica que parece não ter mudado é a nossa atração pela luz e pela cor. Umberto Eco, no livro *On Beauty* (2004), observa que, embora o período medieval seja frequentemente chamado de "Idade das Trevas", ele estava na verdade repleto de cor e claridade, de manuscritos iluminados a "roupas tingidas com as mais preciosas cores, como o roxo". Havia também a pequena questão do *status*. "As cores artificiais tinham origem nos minerais ou nas plantas, representando, portanto, a riqueza, enquanto os pobres só usavam tecidos de cores insípidas e despretensiosas... A riqueza das cores e o esplendor das pedras preciosas eram marcas de poder, portanto objetos de desejo e admiração."

Não é difícil saltar para as cores de joias da maquiagem, com frequência obtidas com minerais.

Analogamente, tem sido afirmado muitas vezes que somos instintivamente atraídos para aqueles que poderão nos ajudar a propagar a raça humana: em um parceiro potencial, procuramos uma pele jovem, sem manchas, dentes fortes e brancos, olhos brilhantes, membros saudáveis. O *status* também entra em jogo aqui, escreve Armstrong, pois ele é "um importante indicador da nossa futura segurança. Por conseguinte, é compreensível que desenvolvamos uma atração intrínseca por objetos e características que indiquem *status*".

"Juventude", "vitalidade", "luminosidade" – essas são as palavras que as marcas dos produtos de beleza usam na propaganda, que também oferecem a promessa de *status* com as embalagens brilhantes, preços exorbitantes e *spas* elegantes.

Conversar com as marcas a respeito de tudo isto exigiu um certo esforço. A indústria da beleza é altamente competitiva e frequentemente criticada, motivo pelo qual ela tem uma aversão natural pelas pessoas de fora. As minhas tentativas de entrevistar alguém na Clinique, que pertence a Estée Lauder Companies, foram típicas do caminho tortuoso que eu tive que seguir. Primeiro, enviei um e-mail para o departamento de relações públicas dos Estados Unidos anexando a sinopse do livro, o qual foi finalmente respondido por um e-mail solicitando... uma sinopse do livro. Algum tempo depois, fui colocado em contato com o departamento de relações públicas francês (como você já deve ter deduzido, eu moro em Paris). Uma mulher muito simpática desse departamento me disse que, já que o livro iria ser publicado em inglês, seria provavelmente melhor que eu me entendesse com o departamento de relações públicas americano. "Mas esteja certo de uma coisa", acrescentou; "você é um desconhecido. A indústria da beleza se baseia em relacionamentos, e as pessoas que trabalham nela se inclinam a não falar com pessoas que não conhecem."

E foi exatamente o que aconteceu. Mais ou menos um mês depois do meu e-mail original, recebi uma breve mensagem agradecendo o meu interesse pela Clinique, mas acrescentando que, "devido à política da empresa, não permitimos que os nossos anúncios sejam publicados em livros didáticos", o que não era, de modo algum, o que eu tinha solicitado inicialmente. Entretanto, entendi que aquilo dizia mais respeito à atmosfera de mistério do que à Clinique: as empresas de produtos de beleza constroem mundos de fantasia, e elas não querem que os seus clientes espiem por trás da cortina. Acabei recorrendo a amigos de amigos, ex-alunos que trabalhavam na indústria e "pessoas com contatos" na indústria que pediram para permanecer no anonimato. Às vezes, tive a impressão de que estava envolvido com espionagem industrial e não escrevendo um livro.

Este livro não se destina a ser uma obra definitiva e tampouco uma enciclopédia: é um projeto pessoal, e abordei as marcas e assuntos que me interessavam, esperando, ao longo do caminho, responder à pergunta implícita no subtítulo do livro.

O marketing nos modificou. Ele nos tornou mais conscientes da nossa conformidade, na nossa incapacidade de igualar-nos a um padrão de beleza cada vez mais exigente. Como o marketing fez isso é o tema central deste livro, mas não o único.

Em primeiro lugar, contudo, eu queria viajar no tempo, conhecer as figuras que formaram os nossos ideais de beleza.

A jornada foi bem mais longa do que eu previra.

PERSEGUINDO CLEÓPATRA

"Aquela que não enrubesce com o sangue
enrubesce por meio da arte."

Finalmente consegui alcançar Cleópatra no Louvre. Eu a seguira silenciosamente desde o Musée Gustave Moreau, onde eu esperara que ela estivesse se escondendo. Mas embora as paredes superlotadas do antigo lar do artista fossem um testemunho da sua paixão por mulheres voluntariosas – o seu pincel evocara eroticamente Betsabá, Salomé e Dalila – o seu retrato de Cleópatra não está à vista.

"Temos o pôster", diz a senhora no guichê, desculpando-se. "Mas o original está no Louvre."

Um rápido telefonema para o museu revelou que o quadro não estava em exposição naquela ocasião. Quase como se a arquivista conseguisse ver a minha expressão de desalento, ela acrescentou: "Se o senhor quiser, pode marcar um horário para vir ver o quadro".

Existem muitas outras representações de Cleópatra no Louvre, entre elas a escultura de François Barois, na qual a rainha está se contorcendo voluptuosamente em um divã depois de ser picada pela famosa víbora. Em outra ala, podemos ver *Le débarquement de Cléopâtre à Tarse* de Claude Lorrain (1643), evento que precedeu a sua sedução do general romano Marco Antônio. Mas Cleópatra nesse quadro é uma figura diminuta, ofuscada pela flotilha de navios que oscilava perto do cais, as magníficas construções que se elevam sobre o seu séquito e o pôr do sol fulgurante que atrai o olhar para o horizonte.

Na aquarela de Moreau do final do século XIX, Cleópatra é a estrela do espetáculo. E a suntuosa sala de visitação exclusiva do departamento de Gravuras e Desenhos do Louvre era um lugar ideal para conhecê-la. Colunas de Mármore se perdiam a distância. Um afresco se estendia pelo teto. Estátuas contemplavam fixamente o ambiente dos seus nichos; querubins sorriam maliciosamente nos baixos-relevos.

Nenhum deles, no entanto, iria me distrair do meu encontro marcado com a monarca egípcia.

Ela foi retirada de uma caixa preta retangular, uma das muitas que se estendiam na infinidade de prateleiras da sala. Por um momento, fiquei triste por ela estar encarcerada ali, por ser a prisioneira número 27.900, em vez de ocupar o seu lugar legítimo junto com as outras *femmes fatales* de Moreau. Por outro lado, é claro, se as coisas não fossem assim, eu não teria tido o privilégio de obter uma audiência particular.

A arquivista colocou com cuidado a aquarela em um cavalete e, em seguida, afastou-se em silêncio, deixando-me à vontade para contemplar a obra.

Esta é a descrição que o Louvre faz do quadro: "Cleópatra sentada, parcialmente nua, de perfil, em um trono muito elevado".

Bem, isso não deixa de ser verdade, mas dificilmente faz justiça à obra. Esta retrata a Cleópatra como sempre a imaginamos: a sedutora da lenda. Ela está emoldurada por uma cortina brocada, como se estivesse no palco. Encontra-se semi-inclinada no trono, com uma das pernas, nua, faceiramente flexionada; a outra decorada com um rendilhado de hena. A sua nudez é enfatizada pela única peça de roupa que ela veste: um filete de seda preso debaixo dos seios por um broche de pedras preciosas. Ela também usa uma coroa e brincos de pérola; a rainha, como sabemos, gostava de dissolver pérolas no vinho. A sua pele reluz branca na lua cheia. A sua expressão é melancólica enquanto ela olha a distância na direção da longínqua Esfinge (a qual, na realidade, estava enterrada na areia na época em que ela viveu) e das pirâmides. O fato de ela ter sido captada de perfil permite que admiremos o seu nariz aquilino. "Se o nariz de Cleópatra", escreveu Blaise Pascal, referindo-se à aparência que sugou a força e a competência de Antônio, "tivesse sido mais curto, a face do mundo teria sido modificada".

Na mão direita, ela segura um lírio, embora um florete esteja bem ao seu alcance. A mão esquerda pende preguiçosa, perigosamente perto da pequena serpente que desliza insidiosamente na direção dela. No fundo, descortina-se a silhueta de construções: um obelisco e um templo em ruínas. A rainha tem uma aparência radiante, mas as trevas espreitam sobre o seu ombro.

Cleópatra fascina o mundo há muitos séculos. Ela talvez seja o exemplo mais antigo de um ícone de beleza, precursora das deusas com sobrancelhas suaves que nos contemplam atualmente nos cartazes de propaganda. No entanto, apesar de todas as lendas a respeito dela, apenas uma coisa é certa: ela de fato existiu. Cleópatra VII – a última e mais notória da linhagem – nasceu na dinastia ptolemaica em 69 a.C. Eles se designavam faraós, mas na realidade eram gregos; o primeiro membro da dinastia servira como general sob o reinado de Alexandre o Grande. Cleópatra tinha se integrado mais à cultura do que os seus antepassados, que não se dignavam nem mesmo a falar egípcio. Uma tabuinha de pedra no Louvre, de 51 a.C., a retrata apresentando uma oferenda para a deusa Ísis, de quem ela afirma ser uma reencarnação. Ironicamente, seguindo a tradição da época, a Rainha do Egito está vestida como um homem.

Esse comportamento masculinizado desperta questões interessantes. Existem poucas evidências que indiquem que Cleópatra tinha uma grande beleza. Há até mesmo uma vaga suspeita de que ela pode ter sido sem graça: as moedas romanas a retratam com um nariz adunco e um maxilar saliente. Stacy Schiff, no seu livro *Cleopatra: A Life* (2010), acrescenta à descrição "lábios cheios, queixo pontudo e proeminente, a testa alta" e olhos "grandes e encovados". Em *A Vida de Antônio* (75 d.C.), Plutarco, o historiador grego, dá a entender que o carisma era o grande segredo do seu sucesso. "Quanto à beleza, pelo que nos dizem, não era incomparável, e tampouco impressionava aqueles que a contemplavam; no entanto, a sua conversa encerrava um fascínio irresistível, e a sua presença... continha algo estimulante."

Também não existe nenhuma prova de que ela se banhasse em leite de asno, embora a indústria da beleza tenha adorado se apropriar dessa imagem e divulgá-la amplamente. Na década de 1980, havia uma marca francesa de sabonete chamada Cleopatra. Um dispendioso comercial da televisão mostrava a rainha entrando no seu quarto de banho, acompanhada como de costume por um cortejo de jovens escravas, músicos e guarda-costas com os bíceps untados de óleo.

Apesar disso, é extremamente provável que Cleópatra habitualmente se submetesse a um vasto regime de beleza, à semelhança de muitos governantes egípcios que a antecederam.

A BELEZA NA ANTIGUIDADE

Em primeiro lugar, é claro, havia o kohl, que era na verdade galena – sulfeto de chumbo – triturado e transformado em um pó fino e misturado com gordura animal para que adquirisse uma qualidade aderente. "A gordura (era) aplicada ao rosto, com um pequeno ramo ou vareta, ou com um buril de madeira, osso ou marfim. Nos tempos antigos, o buril tinha uma pequena caixa, e o buril e a caixa juntos formavam um pequeno e elegante "estojo compacto", relata *Beauty Treatment in Ancient Egypt*, um elegante folheto publicado pelo Departamento de Turismo do Governo do Egito. O folheto dizia que o tratamento repelia moscas, protegia os olhos contra o sol e estimulava a glândula lacrimal, promovendo uma constante limpeza. Mas acredita-se que a maneira como ele era aplicado, alongando a linha dos olhos, era uma referência a Hórus, o deus do céu com cabeça de falcão, portador da luz.

Os antigos egípcios acreditavam que não apenas o asseio, mas também a beleza, estavam próximos da divindade. Segundo Dominique Paquet, autora do livro *Miroir, Mon Beau Miroir: Une histoire de la beauté* (1997), os membros das classes dirigentes do Egito acreditavam que as suas práticas rituais de purificação os aproximavam do panteão de deuses e os distinguia dos cidadãos comuns, que praticavam regimes de beleza bem mais limitados e "separados de qualquer significado esotérico". O tom da pele adquiriu uma conotação de classe, já que uma mulher de pele clara obviamente levava uma vida muito diferente da trabalhadora bronzeada. Essa distinção permaneceria válida durante muitos séculos.

Quando uma dama da aristocracia egípcia acordava de manhã, uma lânguida rotina a aguardava. Primeiro, ela se banhava com o agente de limpeza versátil *netjeri* – ou natrão, um mineral extraído do leito seco dos lagos – misturado com óleo para formar sabão. Os egípcios também usavam o natrão em diferentes diluições para limpar os dentes, desinfetar ferimentos e auxiliar no processo de mumificação, devido às suas qualidades antibacterianas (ele é uma mistura de carbonato de sódio, bicarbonato de sódio e sal).

O banho culminava num tratamento esfoliante que usava uma pasta chamada *souabou* contendo argila e cinza. Em seguida vinha uma massagem com óleo perfumado. Os egípcios permaneciam perfumados no forte calor do verão aplicando na pele um unguento de terebintina e incenso. Eles também tinham vários remédios para espinhas, manchas e até mesmo rugas. "Para suavizar as rugas... era empregado um composto de pó de alabastro, pó de natrão, sal do norte e mel", escreve Pierre Montet no seu guia da *Everyday Life in Egypt in the Days of Ramesses the Great* (1980).

As mulheres egípcias polvilhavam a pele com ocre para conferir a ela uma tonalidade dourada, mais clara. Além de delinear os olhos com kohl, elas pintavam as pálpebras com malaquita, turquesa, terracota ou carvão vegetal. Elas tiravam a sobrancelha e a alongavam, e escureciam os cílios. Os lábios eram ruborizados com carmim.

O estilo do penteado variava de acordo com a época e a ocasião. Sabemos que as mulheres usavam tiaras de metal e alfinetes de marfim para prender os cachos. Pierre Montet afirma que na época de Ramsés, o cabelo era cortado curto e amarrado em minúsculas tranças. Outras fontes apregoam que as mulheres desse mesmo período raspavam a cabeça e usavam perucas perfumadas de seda, pelo de cavalo ou até mesmo de cabelo humano, as quais tinham cachos soltos ou apertados, realçados com fios de ouro. As ricas usavam pequenas coroas e diademas de ouro, malaquita, turquesa, granada e outras substâncias preciosas. As joias eram em geral abundantes, tanto para fins puramente ornamentais quanto na forma de amuletos para afugentar os maus espíritos.

Os cuidados com os pés e as mãos eram meticulosos: as unhas eram polidas ou coloridas com hena; esta última provavelmente também era usada para decorar a pele. As famílias ricas eram equipadas com um sofisticado conjunto de instrumentos de beleza: pentes e pinças, lâminas recurvadas e pequenas facas para manicures e pedicures; navalhas que tinham evoluído de pedras afiadas para lascas de bronze. Discos circulares de bronze eram usados como espelho; também foram encontrados espelhos de cobre, prata e ouro.

O Egito se tornou o eixo de um verdadeiro comércio de beleza. A governante extremamente bem-sucedida Hatshepsut ("A Primeira das Damas Nobres"), que reinou de 1479 a 1458 a.C., sem dúvida tinha consciência da importância das fragrâncias e dos cosméticos. No 19º ano do seu reinado, a faraó organizou uma missão comercial à semimítica Terra de Punt, que já era o tema de uma lenda popular na época de Hatshepsut – um marinheiro náufrago descrevera uma ilha fértil governada por um deus-serpente. A sua localização desapareceu posteriormente na obscuridade: os estudiosos hoje divergem, e não conseguem decidir se ela estava situada na Somália ou na Arábia Saudita dos nossos dias.

Apesar disso, a delegação de cinco navios de Hatshepsut conseguiu atravessar o Mar Vermelho e chegou a Punt, sendo calorosamente recebida. Os barcos voltaram carregados de mirra, planta famosa pela sua agradável fragrância. Punt tornou-se um importante entreposto comercial em uma rede montada por Hatshepsut. "Até o século I, o Egito deteve praticamente o monopólio da transformação dos ingredientes brutos", escreve Dominique Paquet.

Assim como Cleópatra, Hatshepsut certamente não encarava as fragrâncias e os cosméticos como meros instrumentos de sedução. A beleza era uma expressão da divindade; o perfume e o pó facial eram indicadores de *status*.

OS GINÁSIOS GREGOS E OS BANHOS ROMANOS

Enquanto os egípcios tinham uma evidente queda pelas joias, os antigos gregos tinham uma atitude... mais espartana com relação à beleza. Há uma certa ironia aqui, considerando-se que a palavra "cosmético" deriva da expressão grega *kosmetike tekhne*, que significa "a arte de vestuário e ornamentos".

Os gregos acreditavam que a beleza residia na harmonia natural e não em pintar o rosto. Na verdade, a maquiagem foi banida em Esparta por ser associada às cortesãs. Surpreendentemente, as mulheres recém-casadas tinham permissão para usar uma maquiagem sutil na noite de núpcias. Esse momento de prazer compartilhado era breve: a Grécia Antiga era uma sociedade dominada pelos homens e desde a infância as mulheres eram exiladas no gineceu, uma ala da casa reservada especificamente para elas. As avós, as mulheres casadas, as suas filhas e as escravas viviam ali, fora da corrente predominante da vida pública.

No entanto, embora a sociedade grega tivesse uma atitude primitiva com relação à igualdade sexual, ela tinha uma consciência do corpo altamente desenvolvida. A beleza, para os antigos gregos, era uma questão de proporção.

Os homens modelavam rigorosamente o corpo nos ginásios, embora se entregassem em seguida ao luxo de uma massagem com óleos perfumados. A julgar pelas representações de Afrodite, a deusa do amor e da beleza, a mulher ideal tinha o rosto oval e o nariz aquilino, um corpo arredondado porém jovem e vigoroso, e seios proeminentes. Esperava-se que a sua pele tivesse uma tonalidade uniforme e – surpresa, surpresa – uma palidez insuperável.

A partir do início do século VI a.C., as técnicas de maquiagem do Oriente começaram a se infiltrar em Atenas. As mulheres clareavam a pele com cerusa – branco de chumbo – ou greda em pó, adicionando *blush* na forma de amora ou figo esmagado. Elas pintavam as pálpebras com açafrão e tiravam a sobrancelha, escurecendo-a com kohl. As fórmulas dos preparados de beleza eram passadas de mãe para filha.

Enfraquecida pela agitação interna, a Grécia aos poucos cedeu o poder a Roma. Nos anos de declínio dessa grande civilização, as mulheres do povo puderam sair de casa e andar livremente nas ruas, para que os outros pudessem apreciar a sua beleza.

Os próprios romanos não eram menos rigorosos nas suas exigências com relação às mulheres. O poeta Ovídio as encorajava a cuidar o melhor possível de si mesmas na última parte de *Ars Amatoria* (A Arte do Amor). "O esforço traz a beleza: a beleza negligenciada se extingue." No entanto, ele aconselhava as mulheres a usar discretamente a maquiagem, pois qualquer indício de simulação poderia arrefecer o entusiasmo de um homem apaixonado. "Você sabe como obter a brancura com uma camada de pó: aquela que não enrubesce com o sangue, enrubesce por meio da arte... Não é nenhuma vergonha realçar os olhos com cinza refinada, ou açafrão... Ainda assim, não deixe o seu amado encontrar frascos de cosméticos no seu toucador: a arte regozija na sua face oculta."

Alguns acreditam que as palavras de Ovídio eram destinadas às cortesãs, mas não é nenhum segredo que os romanos tinham muito orgulho da sua aparência. Embora os banhos tivessem uma função social, eles respondiam ao desejo não apenas de ser limpo mas também atraente. As mulheres romanas elegantes eram esfregadas, tinham os pelos removidos e eram vestidas com encantadoras visões semelhantes a sílfides. Assim como as gregas, as romanas clareavam a pele com cerusa, embora soubessem que o uso prolongado desse pigmento danificava a pele, escurecia os dentes e abalava o sistema nervoso, conduzindo literalmente a uma palidez cadavérica.

AS TREVAS NA LUZ

As mulheres da Idade Média não perderam esse desejo de clarear a pele, independentemente do quanto isso custasse. As pinturas retratam a futilidade da vaidade – uma pele que fora um dia pálida e viçosa dissolvendo-se como um efeito especial de um filme em uma visão horrenda de pele cheia de crateras e o cabelo rarefeito – mas a aparente metáfora é uma representação realista da devastação do envenenamento por chumbo.

Nem mesmo a ascensão do cristianismo aliviou a pressão sobre as mulheres para que obedecessem a uma determinada visão de beleza. Agora, elas eram exortadas a parecer puras e virginais, eternamente jovens. Essa nova mulher tinha seios pequenos e elevados, longos cabelos e o abdômen proeminente – um símbolo da fertilidade. Ela estava dividida entre as exigências puritanas de que parecesse "natural" e o conhecimento de que os tratamentos do Oriente possibilitariam que ela correspondesse a interpretações irrealistas daquele ideal.

A alegoria medieval *O Romance da Rosa*, iniciada por volta de 1230 por Guillaume de Lorris, descreve "uma donzela bela e encantadora". "O seu cabelo claro brilhava como uma malga polida, a sua carne era mais macia do que a de um pintinho, a sua testa luminosa e as sobrancelhas arqueadas... os seus olhos eram tão brilhantes quanto os de um falcão." A essas vantagens são adicionados "um rosto branco e rosado", "uma boca com lábios cheios" e "um queixo com covinha". Lorris nos informa duas vezes que o seu pescoço é longo, suave e pálido, enquanto a pele é completamente "livre de manchas ou marcas". E para o caso de nós ainda não termos entendido bem a descrição, ele conclui dizendo que "a sua garganta era branca como a neve recém-caída sobre um galho, o seu corpo bem formado e esguio". Como se para resumir o cabo-de-guerra moral que essas fantasias provocavam nos homens medievais, Lorris nos diz então que o nome da rosa é "Ócio".

Isso sugere que os tratamentos de beleza eram exclusivos dos ricos e indolentes. Não obstante, surgiu um padrão. As mulheres tiravam a sobrancelha e a tingiam. A testa alta era um sinal de berço e intelecto, de modo que se tornou uma improvável zona erógena. As mulheres arrancavam o pelo e raspavam a linha do cabelo para ficar com a testa mais alta. Elas usavam ouro-pigmento (trissulfeto de arsênio) para manter os pelos indesejados a distância. Lenços simples de cabeça ou tiaras enfeitadas chamavam atenção para essa desejável característica.

O cabelo remanescente era usado longo e ocasionalmente trançado, ornamentado com fios de ouro e pérolas. Entretanto, as exigências da modéstia impunham que as mulheres casadas cobrissem o cabelo com lenços ou chapéus amarrados no pescoço: a beleza medieval era uma massa de contradições.

Como observa Dominique Paquet, a invenção da prensa tipográfica no século XV possibilitou uma difusão mais ampla de tratamentos de beleza. Uma das documentaristas mais influentes desse conhecimento foi Caterina Sforza, Condessa de Forli, uma poderosa nobre da Renascença envolvida com a alquimia. Entre 1492 e 1509 ela escreveu *Gli Experimenti*, um verdadeiro manual de beleza para as mulheres da Renascença. A obra recomendava que elas fervessem pele de cobra no vinho para regenerar a pele, enquanto uma infusão de lesma e malva supostamente ajudava o cabelo a crescer. Para clarear o cabelo, ingredientes como açafrão, enxofre e cinabre eram misturados em um corante. O Volume 2 de *The Greenwood Encyclopaedia of Clothing through World History* (organizado por Jill Condra em 2008) acrescenta que ela "combinava várias diferentes 'águas de beleza' para clarear a pele e remover sardas". Sforza talvez sentisse que ministrar essa sabedoria consolidava a sua imagem como uma mulher a ser levada em conta, uma preservadora de práticas arcanas que eram próximas da feitiçaria.

A mesma fonte assinala a existência de vários manuscritos semelhantes, como o *Secreti* de Isabella Cortese, publicado em Veneza em 1584. O livro apresenta fórmulas "com componentes que hoje parecem misteriosos, ou até mesmo assustadores". Cortese, por exemplo, afirmava ter descoberto, durante as suas viagens pela Europa Oriental, um preparado capaz de remover manchas faciais e proporcionar a cútis de uma menina de 15 anos. "Para clarear o rosto, ela recomendava que a mulher misturasse água-de-rosas, sal-gema, canela, bulbos de lírio pulverizados, clara de ovo e leite"; alternativamente, a mulher poderia experimentar "suco de limão, vinho branco, migalhas de pão e noz-moscada".

A luz, a claridade, os raios vitais do sol: assim como em muitas culturas anteriores, eles eram associados à luz de Deus. Graças às suas associações com a juventude e a divindade – bem como à sua raridade – o cabelo louro era intensamente desejável. Para obtê-lo, as mulheres venezianas embebiam os seus cachos em uma mistura de suco de limão, amônia e urina, e depois se sentavam nos seus terraços com o cabelo estendido sobre a aba larga de chapéus de palha sem copa (o que também evitava que a pele ficasse bronzeada). Essa é a duvidosa proveniência da loura veneziana.

A partir dos textos de Sforza e Cortese, está claro que a beleza da Renascença era uma mistura perigosa de ciência e feitiçaria.

ESPARTILHOS E CRINOLINAS

A morte por envenenamento por chumbo era o preço supremo a ser pago pela beleza, mas o desconforto era o mínimo que a mulher podia esperar ter que sofrer. Isso foi acentuado a partir do século XVI com a adoção do espartilho, o qual realçava o busto e esmagava a cintura. Até mesmo antes da adolescência, as meninas eram apertadas em dispositivos de ferro ou barbatana de baleia, os quais comprimiam de tal maneira as suas costelas que a deformidade e os danos a órgãos não eram incomuns. Bustos extravagantemente exagerados e cinturas minúsculas eram combinados com saias cada vez mais volumosas que ocultavam inteiramente a parte inferior do corpo.

Para Georges Vigarello, autor de *Histoire de la Beauté* (2004), esse fenômeno refletia o fato de que os ideais estéticos de beleza tinham origem na contemplação de esculturas e retratos. O rosto, os ombros e o busto eram exaltados, enquanto tudo abaixo da cintura ficava oculto, como se as saias formassem um pedestal decorativo sobre o qual repousava o busto. Além disso, a hierarquia do corpo obedecia à ordem do universo: a cabeça estava mais próxima do céu; os pés descansavam na terra.

A aplicação da maquiagem também acusava a influência da arte: maçãs do rosto brancas com uma leve camada de ruge conferiam à mulher a aparência angélica de um querubim em um afresco da Renascença. As pessoas elegantes – e aqui também estamos falando dos homens – queriam garantir que permaneceriam bem acima da sujeira e da selvageria da natureza; por conseguinte, o artifício era promovido ao extremo. O branco de chumbo era agora polvilhado no rosto de ambos os sexos, e era acompanhado por perucas empoadas. As mulheres que passeavam no Jardin des Tuileries na Paris do século XVII protegiam o rosto do sol com máscaras no estilo veneziano. As marcas e manchas eram disfarçadas por pintas falsas – conhecidas como "mouches", ou "moscas" – que se tornaram acessórios populares da moda em toda a Europa.

No século XVIII, a paixão pela palidez declinou momentaneamente, sendo substituída por uma mania de ruge na aristocracia francesa e na Inglaterra, durante o período de regência desta última.[2] O ruge disfarçava a fadiga provocada pelos incessantes bailes e noites nas mesas de jogo, imitando também um estado de excitação sexual. De acordo com descobertas de Dominique Paquet, mais de 2 milhões de potes de ruge foram vendidos na França em 1781, inclusive a versão usada por Maria Antonieta, que era fabricada por "Sieur Dubuisson" da rue des Ciseaux.

A Revolução Francesa privou os aristocratas das suas perucas – e também de outras coisas – e provocou a volta à beleza "natural". As roupas recuperaram uma simplicidade quase grega, o que, inevitavelmente, colocou a palidez de volta na agenda, só que agora evoluindo para uma palidez melancólica e romântica, como se as mulheres elegantes tivessem sido atacadas simultaneamente por uma misteriosa enfermidade. A fim de obter o efeito, escreve Paquet, "As mulheres só bebiam vinagre, comiam apenas limões e liam até altas horas para formar olheiras escuras debaixo dos olhos". Elas eram as heroínas nos romances góticos – *Mysteries of Udolpho* de Ann Radcliffe e *The Monk* de Matthew Gregory Lewis.

Quase na metade do século XIX, contudo, surgiu outro tipo de mulher – aquela que, pela primeira vez, começou a invadir o território dos homens. Em Paris, ela era conhecida como "La Lionne". Ela cavalgava e praticava esgrima, nadava e lia os jornais. Ela era precursora da Menina de Gibson, um arquétipo americano criado na década de 1890 pelo ilustrador Charles Dana Gibson: alta, esguia, atlética, e no entanto um paradigma de beleza, com os olhos brilhando debaixo de cílios sensuais e o cabelo cheio, puxado para cima sobre a cabeça, com habilidosa descontração.

Assim como a criação de Gibson, La Lionne era uma figura em grande medida ficcional. Na realidade, esperava-se que as mulheres fossem mais decorativas do que nunca: as suas curvas eram exageradas pelos espartilhos que esmagavam a sua cintura, as pernas invisíveis debaixo de crinolinas serpeantes. Amanhã ainda era outro dia.

---

2. O período de regência no Reino Unido ocorreu entre 1811 – quando o Rei Jorge III foi considerado incapaz de reinar e o seu filho, o Príncipe de Gales, governou como seu substituto na função de Príncipe Regente – e 1820, quando o Príncipe Regente se tornou Jorge IV com a morte do pai. (N. dos trads.)

O REINADO DO RUGE

O ruge era aplicado com mais sutileza do que fora um século antes, mas uma vez mais estava muito na moda. Em 1894, o satirista inglês Max Beerbohm escreveu um artigo chamado "Em defesa dos cosméticos", no qual ele faz uma alusão à crescente democratização da beleza. "O uso de pigmentos está se tornando generalizado, e a maioria das mulheres não são tão jovens quanto parecem quando estão pintadas", denuncia ele, cruelmente. Anteriormente, no mesmo artigo, ele comenta:

> Uma dama elegante não é mais censurada se, para escapar da afrontosa perseguição do tempo, ela foge para o santuário do toucador... Não é de causar surpresa que nos últimos cinco anos os negócios dos fabricantes de cosméticos tenham aumentado imoderadamente – vinte vezes, segundo me disse um desses fabricantes. Precisamos apenas caminhar por uma rua da moda e espiar dentro das pequenas carruagens que passam rapidamente por nós ou... debaixo do chapéu de qualquer mulher que encontramos, para ver como é vasto o reinado do ruge.

De volta a Paris, a democratização da beleza progredira em passo acelerado. Em 1830, de acordo com Vigarello, o preço dos potes de ruge oferecidos pela butique Reine de Fleurs na rue Saint Martin variava de 5 a 85 francos, enquanto o trabalhador típico ganhava menos de 3 francos por dia. Já em 1851, contudo, o anúncio de uma empresa de cosméticos chamada A. Schoelcher prometia produtos para "todas as classes da sociedade", inclusive um pote de pó rosa ou branco por 1 franco (ou meio pote por 60 cêntimos).

Os cremes para a pele também se tornaram mais amplamente disponíveis. Eis o que Geoffrey Jones escreve no livro *Beauty Imagined: A History of the Global Beauty Industry* (2010):

> Houve um pequeno comércio de luxo durante a maior parte do século XIX. Esse mercado consistia em grande medida de dois tipos de produtos vendidos pelos perfumistas: os "leites", ou emulsões concebidas para refrescar e limpar o rosto, fabricados pela trituração das sementes de plantas, como rosas, e misturadas com água; e os "cold creams", fabricados pela mistura de gorduras com água e usados para suavizar a pele.

Estes competiam, é claro, com os cremes caseiros "cujos ingredientes eram passados de geração em geração como as receitas culinárias".

Na virada do século, a fabricação dos "produtos de beleza" estava evoluindo para uma indústria. Uma jovem mulher, em particular, simbolizou essa transição. Chaja, usando o seu nome de batismo original, nascera em 1870 na Cracóvia, na Polônia, onde o seu pai era dono de uma pequena loja. Embora inicialmente desejasse estudar medicina, ela foi sendo cada vez mais pressionada pelos pais para se casar com um rico viúvo da cidade. Para escapar desse destino, Chaja viajou para a Austrália, onde o seu tio Bernhard tinha uma loja na área remota de Coleraine, no lado ocidental do estado de Victoria.

As mulheres do local, cuja pele ficara avermelhada por causa do sol e áspera devido à poeira, ficaram em êxtase com a pele clara e sem manchas de Chaja. Ela atribuiu aquilo a um creme facial polonês fabricado por um certo Dr. Jacob Lykusky e prometeu escrever para ele pedindo um suprimento do produto. Ela logo começou a vendê-lo com o nome Crème Valaze. Em um piscar de olhos, ela se viu com um próspero negócio e um pequeno salão de beleza em Melbourne.

A essa altura, ela já tinha ocidentalizado o seu primeiro nome, criando o que viria a ser uma marca internacional: Helena Rubinstein.

DICAS DE BELEZA

* Os regimes de beleza do Antigo Egito tinham origem em rituais religiosos.
* O uso de cosméticos tornou-se uma expressão de *status*.
* Há milênios a pele clara é associada à beleza.
* Graças à prensa tipográfica, textos escritos por poderosas mulheres da Renascença se tornaram os primeiros manuais de beleza.
* A beleza começou a se democratizar no final do século XIX, impulsionada pela propaganda e pela mais ampla circulação de revistas.
* Os produtos de beleza, anteriormente de confecção caseira ou artesanal, começaram a ser fabricados industrialmente e a aparecer nas butiques e salões de beleza.
* O cenário estava preparado para a criação das primeiras marcas internacionais de produtos de beleza.

OS PROFISSIONAIS DO *GLAMOUR*

"Algumas mulheres não comprarão nada se não puderem pagar bem caro."

Quando Helena Rubinstein desembarcou de um navio de cruzeiro em Nova York no inverno de 1914, ela se viu cercada por oportunidades. "Era um dia frio", relembrou. "Todas as mulheres americanas estavam com o nariz roxo e os lábios cinzentos, e o seu rosto estava branco como giz devido a um horrível pó-de-arroz. Eu me dei conta de que os Estados Unidos poderiam ser o trabalho da minha vida."

Essa citação reapareceu no obituário de "Madame" Rubinstein, como ela se designava, publicado pela revista *Time* no dia 9 de abril de 1965. Ela falecera nove dias antes, deixando para trás um império de beleza de 60 milhões de dólares, o qual se firmara apoiado não apenas em potes de creme, mas também em um marketing brilhante e inovador.

Quando estava na Austrália, Helena dera ao seu primeiro produto, o Crème Valaze, um nome que evocava Paris, o eterno símbolo do luxo e da sofisticação. Mas ela também envolvera na história as suas origens na Europa Central, anunciando que a fórmula do creme continha "ervas raras dos montes Cárpatos".

Junto com a sua declaração de que a loção fora inventada pelo Dr. Lykusky na Cracóvia, recentes investigações da sua vida – particularmente o excelente livro *War Paint* de Lindy Woodhead publicado em 2003 – lançaram sérias dúvidas sobre essa afirmação. Embora ela possa ter levado alguns potes de creme para Coleraine, eles não teriam durado muito tempo, e nos primeiros anos, ela não tinha capital suficiente para encomendar caixotes de produtos da sua terra natal. Analogamente, as pesquisas não conseguiram encontrar nenhum vestígio de um Dr. Jacob Lykusky que trabalhasse na Cracóvia na ocasião. É bem mais provável que a própria Helena tenha criado o creme. Um ingrediente-chave estava bem próximo: lanolina, ou gordura da lã, um hidratante natural segregado pelas glândulas sebáceas dos carneiros. Helena inventou a sua própria fórmula, disfarçando o odor desagradável com lavanda.

Alguém poderia perguntar onde uma jovem da Cracóvia adquirira essas habilidades. Mas Helena era uma comunicadora natural, e conheceu várias figuras importantes graças aos empregos de babá que precisou aceitar quando fugiu de Coleraine para a bem mais interessante cidade de Melbourne. Uma das pessoas que ela conheceu foi o Sr. Frederick Sheppard Grimwade, um dos sócios da Felton, Grimwade & Co., fabricante de produtos farmacêuticos.

Lindy Woodhead aventa que Grimwade foi o mentor que ensinou Helena a criar a fórmula do seu creme, e especificamente como destilar um ingrediente crucial da casca do pinheiro australiano. Frequentemente vendido com o nome de marca Pycnogenol, o extrato da casca do pinheiro é um flavonoide – um antioxidante. Woodhead escreve o seguinte: "Os flavonoides atuam para reparar o tecido conjuntivo e estimular o sistema imunológico – para retardar portanto o processo de envelhecimento visível no rosto 'estufando' o colágeno e melhorando a aparência da pele como um todo".

O Crème Valaze, portanto, era composto por lanolina, parafina mole, água destilada e extrato de casca de pinheiro. Eis como Helena fez a propaganda do produto em 1903: "VALAZE DO DR. LYKUSKY, o mais famoso Especialista de Pele da Europa, é o melhor nutriente para a pele. VALAZE tornará qualquer pele mais bela em apenas um mês... O produto está disponível na Helena Rubinstein & Company, situada na 138 Elizabeth Street".

É divertido observar que o Dr. Lykusky mais tarde desapareceu misteriosamente dos anúncios do Valaze. A própria Helena assumiu o papel dele, posicionando-se como cientista da beleza que se esforçava eternamente para inventar produtos que iriam ajudar as mulheres a deter o avanço dos anos.

A vida real de Helena estava tão entrelaçada com a mitologia que não raro é difícil separar as duas. Certa vez, por exemplo, ela afirmou que as primeiras pessoas que a financiaram foram um casal que ela conheceu em um navio de cruzeiro, e que eles forneceram os recursos financeiros que possibilitaram que ela abrisse um salão de beleza. No entanto, outras fontes afirmam que o seu capital inicial veio de um comerciante de chá bem-sucedido chamado John T. Thompson, um "admirador" que ela conhecera quando era garçonete da sala de chá Winter Garden em Melbourne.

Thompson era um brilhante vendedor, cuja Robur Tea Company tinha um substancial orçamento de propaganda. Ele ajudou Helena a aperfeiçoar o seu texto publicitário e ensinou a ela truques promocionais, nos quais ela se tornou uma completa especialista. Ela rapidamente entendeu, por exemplo, que se gastasse muito dinheiro com propaganda, poderia esperar – como exigência – uma cobertura editorial recíproca. Por conseguinte, informes jornalísticos entusiásticos a respeito de Helena e do seu creme começaram a aparecer quase que na mesma ocasião em que o seu salão de beleza abriu as portas.

A maioria dos especialistas em beleza concorda em que estão no jogo do antienvelhecimento, mas Helena foi uma das primeiras a explorar essa paranoia diretamente – alguns poderiam dizer cinicamente. O livro *War Paint* anteriormente mencionado cita um anúncio de 1904 intitulado "BELEZA É PODER". Ele garante que "O famoso Valaze Skin Food do Dr. Lykusky embeleza a cútis feia e torna a pele bonita maravilhosa... Valaze confere à pele a aparência clara e transparente de uma criança".

Woodhead escreve o seguinte: "Helena estava sempre um passo à frente por oferecer algo novo. Ela foi a primeira especialista em beleza a classificar a pele como 'seca', 'normal' e 'oleosa'... O pote de Valaze foi o primeiro de um grande número de cremes de tratamento que a consumidora consciente da beleza – e presumivelmente agora apavorada – simplesmente tinha que comprar". Quase que pela primeira vez, as mulheres começaram a sentir que o estado da sua pele

– as rugas, as manchas e marcas, ou o brilho – era uma indicação de que alguma coisa estava errada "e que aqueles cremes corrigiriam o erro".

Dois anos depois, o sucesso do Crème Valaze tinha possibilitado que Helena mudasse o seu pequeno salão em Melbourne na Elizabeth Street para instalações sofisticadas na mais elegante Collins Street. Uma das suas clientes era uma cantora de ópera chamada Nellie Melba, que aparentemente gostava de cantar *Aida* a plenos pulmões no salão. A minúscula Helena – que tinha apenas 1,47 metro de altura – tinha que ficar de pé em cima de banquinho para poder examinar a cútis da majestosa diva.

Mais tarde, depois de uma viagem inspiradora à Europa, Helena Rubinstein equipou o seu salão com pequenas cadeiras douradas no estilo de uma casa de alta-costura parisiense. Vestindo um jaleco branco de laboratório, ela mudou o nome do seu estabelecimento para "Institute Valaze", onde criou uma "sala de cirurgia" na qual eram feitos tratamentos para pele seca, rugas, marcas, manchas e pelos indesejáveis. Massagens faciais e corporais, bem como depilação, também estavam disponíveis. Os tratamentos eram aplicados por "duas especialistas vienenses", que eram, na verdade, Ceska, irmã de Helena, e Lola, sua prima, que ela trouxera da Polônia para se juntar ao seu próspero negócio. Desse modo, Helena combinou os principais ingredientes do marketing da beleza moderna: embalagens brilhantes, o endosso de celebridades e a pseudociência.

Mas ela nunca cometeu o erro de acreditar na sua própria publicidade. "Sou uma comerciante", declarou. E mantinha os preços bem altos. "Algumas mulheres não comprarão nada se não puderem pagar muito caro."

Até mesmo a Austrália era pequena demais para a ambição de Helena Rubinstein, de modo que, em 1908, ela zarpou em direção à Europa. Ela abriu o "Helena Rubinstein's Salon de Beauté Valaze" na elegante área Mayfair de Londres. Logo depois, ela inaugurou uma filial em Paris. Mais ou menos nessa época, ela se casou com um jornalista polonês-americano chamado Edward William Titus, que refinou ainda mais o seu texto publicitário, além de incentivar o seu interesse pela arte e pelo teatro. Helena agora acrescentou outro componente à sua mistura de marketing: a cultura. As decorações dos seus salões começaram a parecer cenários dos Balés Russos de Diaghilev, garantindo que as suas clientes prósperas se sentissem à vontade. No decorrer dos anos seguintes, ela se tornou uma proeminente colecionadora de arte. Foi assim que teve início a sua transformação de arrivista australiana na lendária Madame Rubinstein.

Provavelmente foi Titus que sugeriu para Helena que, ao inaugurar os seus salões europeus, ela deveria oferecer tratamentos gratuitos para um número selecionado de aristocratas e socialites, porque isso estimularia o boca a boca ao mesmo tempo que criaria a necessária imagem sofisticada para o seu estabelecimento.

Titus, que era um paquerador inveterado, separou-se posteriormente de Helena, mas continuou a ser consultor da empresa dela e um valioso elo com a ala boêmia da sociedade parisiense, na qual ele tinha ingressado graças ao seu negócio de publicidade em expansão. Helena e o marido com quem ela se indispusera tinham plena consciência da influência da arte nas tendências da moda e da beleza.

A guerra na Europa convenceu Helena a expandir as suas atividades para a América do Norte. Um salão em Nova York, inaugurado em 1915, foi seguido de pontos de venda em San Francisco, Boston, Filadélfia, Chicago e Toronto. Ela se tornou um dos primeiros fabricantes de cosméticos a colocar a sua marca nas lojas de departamentos, mas insistia em treinar pessoalmente a sua própria equipe de vendas e definir o ambiente onde os seus produtos seriam vendidos.

"A observadora Helena avaliava pessoalmente, de uma maneira minuciosa, cada estabelecimento, insistindo em que cada loja que vendesse a sua linha de produtos pagasse adiantado por um pedido mínimo substancial, e que além disso enviasse a equipe de vendas para Nova York para um treinamento intensivo", escreve Woodhead. "Ela também insistia em um balcão proeminente com a sua marca, fornecia uniformes elegantes para a equipe de vendas e arcava com as despesas iniciais da propaganda local de cada loja."

"A pintura do rosto" era encarada com desprezo nos primeiros anos do século XX, pois ela voltara, uma vez mais, a ser associada às mulheres de moral duvidosa. Isso começou a mudar com a ascensão de Hollywood, que transformou, com êxito, os atrativos físicos em *glamour*. Helena logo acrescentou a maquiagem à sua linha de cremes, começando com pós matizados para o rosto, incluindo depois batons e o primeiro rímel à prova d'água. No entanto, os cuidados com a pele permaneceram o seu principal interesse. A vida inteira ela advertiu as clientes sobre os perigos do sol, e promovia o filtro solar mesmo quando o tom bronzeado estava no auge da moda.

Helena parecia invencível. Ela superou o Crash de Wall Street vendendo por um breve período a divisão americana da sua empresa para Lehman Brothers em 1928, recomprando-a depois quando o preço das ações caiu de 60 dólares para apenas 3. Depois de se divorciar de Titus, ela se casou em 1937 com o exilado político russo, Príncipe Artchil Gourielli-Tchkonia. Como se para respaldar as suas afirmações de que uma mulher com mais de 35 anos ainda podia ser sedutora, ele era vinte anos mais jovem do que ela. Madame viveu mais dez anos do que ele.

Mesmo quando a sua saúde começou a declinar, Helena continuou a administrar o seu negócio da cama. Ela faleceu em Nova York aos 94 anos de idade, talvez aliviada no final por saber que as vendas dos seus produtos tinham aumentado em 500% depois da Segunda Guerra Mundial.

No entanto, o seu trabalho nos Estados Unidos fora marcado por uma intensa rivalidade com outra marca: Elizabeth Arden.

A TRANSFORMAÇÃO DA BELEZA

Em pouco mais de duas décadas, do começo do século aos anos que se seguiram à Primeira Guerra Mundial, a imagem das mulheres mudou dramaticamente. Embora a Menina de Gibson fosse uma figura de fantasia, as mulheres se tornaram genuinamente mais ativas. A popularidade do banho de mar vinha aumentando desde 1753, quando o Dr. Charles Russell publicou *The Uses of Sea Water*, afirmando que o banho de mar podia ser tão salutar quanto as estações de água. Os trajes de banho evoluíram de peças incômodas e desajeitadas que escondiam quase o corpo inteiro para maiôs inteiriços, que eram considerados aceitáveis já no final da década de 1900. Georges Vigarello assinala que as aulas de ginástica começaram a ser obrigatórias nas escolas em muitos países europeus e em vários estados americanos a partir de 1880.

A revelação e a aceitação do corpo foram incentivadas pela fabricação industrial de espelhos de corpo inteiro, que passaram a ser produzidos em quantidades cada vez maiores no final do século XIX, tornando-se um acessório necessário dos quartos de dormir elegantes. Além disso, as mulheres começaram a se sentir decididamente enjauladas nos espartilhos e nas crinolinas, já que em muitos países elas estavam exigindo o direito de votar. Os costureiros da moda, eternamente capazes de detectar tendências, refinaram a silhueta feminina: os vestidos desenhados por Paul Poiret acompanhavam a linha natural do corpo; com Gabrielle "Coco" Chanel, eles se tornaram curtos e decididamente emancipadores.

Chanel começara como modista de chapéus, abrindo uma pequena loja de chapéus em Paris em 1909 com o apoio do seu abastado amante, um inglês elegante chamado Boy Capel. O casal costumava viajar de férias para Deauville e Biarritz, onde Chanel encontrou inspiração e também um mercado-alvo. Ela logo abriu uma butique em Deauville onde vendia trajes de *resort*, inspirados nos trajes de polo e iatismo de Boy. Essas roupas descomplicadas adquiriram uma nova utilidade durante os anos da guerra, quando as mulheres precisavam de liberdade de movimento ao ocupar funções anteriormente desempenhadas pelos homens, que agora estavam na frente de batalha. Tecidos baratos, como o jérsei, que teriam escapado dos dedos desdenhosos de figurinistas mais esnobes, funcionavam às mil maravilhas para os figurinos reduzidos de Chanel. Quando a Primeira Guerra Mundial terminou, Chanel praticamente reescrevera as normas de vestuário feminino.

A mulher que vestia Chanel na década de 1920 era longilínea, usava o cabelo no estilo bob e tinha um bom preparo físico porque nadava, praticava equitação e jogava tênis. Ela também era, pela primeira vez, bronzeada. O lazer não era mais equiparado à vida no lar: os ricos afluíam para o litoral. O corpo das mulheres estava à mostra.

A emergência de uma forma mais liberada de feminilidade coincidiu com uma revolução da mídia semelhante ao surgimento da internet no início do século XXI. As revistas e os jornais estavam se tornando cada vez mais baratos e mais numerosos. Tanto nas publicações sobre a moda quanto na propaganda, as ilustrações estavam cedendo lugar para as fotografias, transformando cabeleireiros e maquiadores em estrelas. Os comerciais no rádio começaram em 1922 nos Estados Unidos, somando-se ao alarido de vozes que bradavam para os consumidores.

Os cremes que começaram a vida como produtos farmacêuticos eram agora os veículos de uma nova linguagem de autoaperfeiçoamento e aspirações. Um exemplo clássico foi o de Theron T. Pond, farmacêutico de Nova York que desenvolveu um leque de cremes, sabonetes e bálsamos contendo hamamélis, que aliviavam a pele irritada. Ele começou trabalhando com a grande agência de publicidade J. Walter Thompson no final do século XIX. Em 1916, quando o fundador da agência – conhecido como "O Comodoro" devido aos seus antecedentes na marinha e à barba aparada – se aposentou por problemas de saúde, Stanley Resor, seu protegido, assumiu a direção da empresa. Trabalhando ao lado deste último estava a sua mulher, Helen Lansdowne Resor, uma brilhante redatora de publicidade que levou a sua aguçada habilidade com as palavras e ideias dos consumidores para muitos produtos de beleza.

Quando recebeu as contas do Pond's Vanishing Cream e do Pond's Cold Cream, ela buscou o endosso de celebridades, socialites e até mesmo da Rainha da Romênia. Os cremes para a pele emergiram da farmácia e adquiriram o fascínio dos artigos de luxo.

Esse foi o período no qual Elizabeth Arden fez o seu nome.

O TOQUE DE ELIZABETH ARDEN

Na realidade, era mais uma marca do que um nome: ela nasceu como Florence Nightingale Graham em 1881 e foi criada em uma propriedade rural não muito longe de Toronto. Assim como na biografia de Helena Rubinstein, a dissimulação e as informações incorretas começaram naquele momento: as duas mulheres retroajustaram a sua vida com elegantes componentes que combinavam melhor com as imagens que haviam criado para si mesmas. Por exemplo, foi aventado que o pai de Florence, William Graham, era um jóquei britânico. No entanto, ele conheceu e se casou com a sua mãe, Susan, no Canadá. E independentemente do que ele possa ter feito antes, nessa ocasião ele era um vendedor de porta em porta.

Florence sem dúvida tinha as suas origens na região rural e conservou a vida inteira o amor pelos cavalos, bem como uma imagem um tanto ligada ao ar livre que contrastava com o cosmopolitismo carregado de joias de Helena Rubinstein. No entanto, a sua infância parece ter sido horrível: a mãe morreu de tuberculose quando ela era bem pequena, e o pai trabalhava arduamente para sustentar a grande família de quatro meninas e um menino. Florence tremia no frio, se queixava da sua saúde e escapava para romances românticos, revistas de fofocas e "nickelodeons": os primeiros cinemas que exibiam filmes acompanhados por um piano sem ressonância ou órgão melodramático. Por mais primitivas que fossem essas distrações, elas a fizeram sonhar com coisas melhores. É digno de nota que muitas pessoas na profissão da moda e da beleza tenham uma origem modesta. Elas sonham – e vendem os seus sonhos para nós.

A educação universitária não era cogitada devido à condição precária das finanças da família. Assim como Helena Rubinstein, e talvez inspirada pela sua homônima,[3] Florence tentou primeiro trabalhar como enfermeira – mas parece

---

3. O autor está se referindo a Florence Nightingale, a enfermeira inglesa famosa pela sua dedicação aos pacientes. (N. dos trads.)

que ela não tinha inclinação para a profissão. Com os ouvidos ainda retinindo com o piano do nickelodeon, ela foi inevitavelmente atraída para Nova York, com as suas ruas imaginariamente pavimentadas com ouro. Finalmente, em 1907, nós a encontramos sentada atrás da caixa registradora do salão de beleza de Eleanor Adair na Fifth Avenue.

A Sra. Adair era mais especializada na manipulação da pele do que nos cuidados com a pele. Ela era defensora do "strapping", uma técnica que envolvia levantar artificialmente a pele com tiras de borracha ou presilhas, presas debaixo do queixo e ao longo da testa, as quais, quando deixadas no lugar durante um determinado período, suavizava as rugas – até o tratamento seguinte, é claro. Os anúncios de Adair de meados da década de 1900 prometiam "restaurar a beleza da juventude" com tiras no queixo que "eliminam o queixo duplo e restauram o contorno perdido" e com tiras na testa que curam "as linhas profundas entre as sobrancelhas, no canto dos olhos e no alto da testa". O salão também oferecia eletrólise para os "pelos supérfluos" e massagens faciais que "deixavam a pele enrugada e sem vida novamente suave e aveludada".

Tudo isso era respaldado por uma variedade de cremes e óleos comercializados com a marca Ganesh: Adair atribuía a eficácia dos seus produtos a segredos de beleza indianos que ela aprendera nas suas viagens. Um dos produtos, o Ganesh Diable Skin Tonic, parece ter tido a dupla finalidade de evocar o exotismo oriental *e* a sofisticação francesa.

Florence Graham aprendeu muitas coisas com Adair: vemos indícios desse aprendizado no seu entusiasmo pela massagem, no fato de ela ter desde cedo adotado o yoga e no seu talento para a linguagem emocionalmente carregada da propaganda da beleza.

O degrau seguinte foi uma parceria com uma certa Elizabeth Hubbard, que criara uma pequena linha de cremes para a pele. É bem possível que elas tenham se conhecido no salão de Adair. De qualquer modo, Florence começou a trabalhar empregando algumas das estratégias que aprendera com a sua empregadora anterior. Os cremes tinham um nome exótico – Grecian – uma embalagem atraente e uma propaganda dirigida diretamente para o mercado de alto nível, assim como o salão da dupla na Fifth Avenue. Por razões desconhecidas, a parceria se desfez seis meses depois, mas Florence ficou com o salão. ("O senhorio me deu a preferência", explicou ela, descaradamente.)

O cenário estava agora preparado para a sua transformação. Ela adotou o nome Elizabeth – que ainda estava visível na inscrição dourada do lado de fora do salão – e o complementou com Arden. Esta opção é às vezes considerada uma referência ao poema *Enoch Arden* de Tennyson, mas é provável que o nome tenha se inspirado em um artigo a respeito da morte recente de um magnata das estradas de ferro e proprietário de cavalos de corrida, que chamava a sua propriedade rural de "Arden". Esse tipo de cenário era bem do gosto da recém-criada Elizabeth Arden.

O seu nome logo estaria ao lado do de Helena Rubinstein na lista das primeiras marcas de beleza internacionais.

Experimentando a linha que criara com Hubbard, ela lançou uma nova linha de produtos chamada Venetian, dedicando uma atenção particular à embalagem rosa, branca e dourada. Ao longo dos anos, a embalagem se revelou o seu ponto forte particular – ela era mais competente nessa parte do que Helena Rubinstein – embora também soubesse formular uma bela frase. Elizabeth mudou o nome do seu salão para "Salon d'Oro", o que conferiu a ele o necessário toque europeu, e anunciou que "o espírito de juventude do salão é tão penetrante que é impossível sair dele sem assimilar um pouco desse espírito". O salão tinha uma porta vermelha brilhante que iria se tornar parte integrante da identidade da marca.

Elizabeth ingressou no ramo da beleza exatamente no momento certo. A ideia de que os cosméticos eram de certa maneira "pecaminosos" estava começando a parecer obsoleta – ou, pior, opressiva. Elizabeth observou que, durante uma passeata sufragista em Nova York no dia 6 de maio de 1912, as mulheres usavam batom vermelho como símbolo de liberdade. Naquele mesmo ano, durante uma turnê à Europa em busca de fatos, ela viu mulheres belamente maquiadas nas ruas de Paris. Logo, logo, a ex-entusiasta do nickelodeon foi atraída para as luzes prateadas da tela do cinema, onde atrizes completamente maquiadas eram a nova personificação da sofisticação. A "pintura do rosto" estava se tornando novamente desejável. Assim como Helena Rubinstein, Elizabeth usou os seus cremes para a pele socialmente aceitáveis como precursores de uma linha completa de produtos de beleza.

Três homens a ajudaram na sua ascensão. O primeiro foi A. Fabian Swanson, que trabalhava na empresa Stillwell & Gladding, fornecedora de produtos farmacêuticos – até que Elizabeth o convenceu a pedir demissão e se tornar o formulador exclusivo dos seus produtos. Swanson criou a fórmula para um dos seus primeiros sucessos, um creme facial leve e macio chamado Venetian Cream Amoretta. A esse nome ligeiramente ridículo foi acrescentada a evidentemente falsa afirmação publicitária de que o produto se baseara "numa famosa fórmula francesa".

Elizabeth começou a desconfiar de que as consumidoras comprariam praticamente qualquer bobagem na sua busca da beleza. Lindy Woodhead ressalta que o frasco do preparado seguinte do Sr. Swanson – um suave adstringente chamado Ardena Skin Tonic – era vendido por 85 centavos enquanto a sua fabricação custava apenas 5 centavos, incluindo o frasco e o rótulo.

O maior centro de custo para a organização Arden era, é claro, a publicidade. No início da década de 1920, a conta de Elizabeth Arden foi entregue à Blaker Agency, administrada por Henry Sell, ex-jornalista que fora editor da revista *Harper's Bazaar*. Redatores de publicidade, diretores artísticos a até mesmo agências apareceram e desapareceram, mas ao longo dos anos Sell permaneceu o publicitário predileto de Elizabeth. A lei de Alimentos, Medicamentos e Cosméticos[4] de 1938 colocou um freio em algumas das suas afirmações mais exageradas; no entanto, na maioria das vezes, eles conseguiram contorná-la, com folhetos luxuosos de produtos enviados por solicitação às clientes leais, e uma propaganda de estilo de vida que evocava um mundo de privilégio e romance.

O marido de Elizabeth, Tommy Lewis, um ex-profissional de vendas que ela conhecera em um navio de cruzeiro numa das suas viagens à Europa, foi um terceiro e fundamental pilar do seu império em ascensão. Ele administrava a divisão de atacado da empresa, recrutando representantes no mundo inteiro e decidindo quais as lojas de departamentos que se adequavam à imagem de alto nível da marca. A própria Elizabeth fazia a sua parte, viajando para visitar as lojas acompanhada de um grupo de "meninas de tratamento" enfeitadas com laços cor-de-rosa para apresentações promocionais de uma semana de duração.

Nesse meio-tempo, as inconfundíveis portas vermelhas dos seus salões começaram a se abrir no mundo inteiro: no final de década de 1930, a marca Elizabeth Arden estava tão globalizada quanto a Coca-Cola. O fato de ela manter os preços elevados e se recusar a enfraquecer a sua posição de luxo possibilitou que ela sobrevivesse à Depressão. O Sr. Swanson a ajudou criando um dos seus produtos de maior sucesso, que ainda hoje é popular – um emoliente restaurador da pele chamado Eight Hour Cream. Apesar do que diz a lenda, é improvável que Elizabeth tenha algum dia esfregado o creme nas pernas machucadas dos cavalos de corrida nos quais ela começara a investir.

---

4. No original, Food, Drug, and Cosmetics Act. (N. dos trads.)

A riqueza de Elizabeth possibilitou que ela tornasse realidade os seus sonhos da juventude ao adquirir várias propriedades rurais, entre elas um rancho em Kentucky e uma bela casa no Maine. Em 1934, esta última foi aberta ao público como um resort de tratamentos de saúde chamado Maine Chance. Ele combinava tratamentos de beleza e massagem com dietas e regimes de exercícios – a esgrima, a equitação e o tênis estavam entre as atividades disponíveis. Naturalmente, o traje a rigor era exigido no jantar.

Essa combinação invulgar do esportivo com o sofisticado manteve Elizabeth em uma posição privilegiada ao longo de toda a sua carreira. Ela adorava o mundo dos cavalos e das corridas, mas se sentia igualmente atraída pela sofisticação urbana de Hollywood. Elizabeth fornecia cosméticos para os estúdios de cinema e produziu um anúncio de cinema com 20 minutos de duração em 1940. Ela era uma perspicaz manipuladora da mídia e não hesitava em enviar presentes para os jornalistas da área da beleza. Ela também sabia exatamente como expandir a sua marca, lançando uma coleção de "lingerie exclusiva" que não era exatamente uma linha de roupa íntima e sim de trajes vaporosos, metaforicamente situados em um ponto entre o quarto de dormir e o de vestir, com os quais as mulheres podiam flutuar pela casa com uma aparência divina.

Já na década de 1950, o uso da maquiagem estava livre de qualquer conotação residual de impropriedade – na realidade, o mundo dos cosméticos tinha se transformado em uma vasta indústria internacional e altamente competitiva. Acusações de imitação, espionagem industrial e até mesmo de escuta clandestina começaram a vir à tona. Até a morte de ambas em 1966, com alguns meses de intervalo uma da outra, Helena Rubinstein e Elizabeth Arden permaneceram ardorosas rivais, apesar do fato de nunca terem se conhecido pessoalmente.

Helena e Elizabeth, inquestionavelmente, assentaram a base do setor moderno da beleza. É difícil gostar da personalidade delas: esnobes, vaidosas e manipuladoras, sistematicamente condescendendo a mentiras descaradas para vender os seus produtos, cujos lucros as tornaram duas das mulheres de negócios mais ricas que o mundo já viu. Por um lado, os seus produtos agradaram, papa-ricaram e, sem dúvida, embelezaram milhões de mulheres. Por outro, o seu texto publicitário conseguiu convencer as suas clientes de que envelhecer, além de ser algo indesejável, também era vergonhoso. Ambas foram igualmente admiráveis e detestáveis.

À semelhança de muitos arquirrivais, elas tinham muito em comum. Ambas, por exemplo, detestavam Charles Revson, o criador da Revlon.

DICAS DE BELEZA

* Helena Rubinstein criou a primeira marca de beleza internacional.
* Ela usava narrativas extravagantes para convencer as mulheres de que os sinais de envelhecimento eram vergonhosos – mas podiam ser retardados.
* A sua propaganda e as suas clínicas combinavam poderosamente a ciência com o bem-estar e as aspirações.
* O seu negócio foi fundado na Austrália e se baseou em matérias-primas do local e em uma sofisticação "europeia" idealizada.
* Elizabeth Arden era uma sonhadora com antecedentes humildes que lançou um feitiço de luxo e romance com as suas embalagens, salões de beleza e propaganda.
* Assim como Helena, ela monitorava cuidadosamente quais as lojas de departamentos que deveriam ter estoques dos seus produtos e a maneira como estes deveriam ser expostos e vendidos.
* As duas mulheres descobriram que os preços elevados não detinham as consumidoras; apenas as convencia de que aqueles eram os produtos que valia a pena comprar.
* Elas formavam relacionamentos com jornalistas da área da moda e da beleza que chegavam às raias do suborno.
* O seu talento para ganhar milhões intensificando o medo das mulheres de envelhecer lançaram as bases da indústria da beleza dos nossos dias.

AS GARRAS FICAM À MOSTRA

"Um pouco de apoio imoral."

No início da década de 1930, um jovem vendedor começou a circular pelos salões de beleza de Nova York. Ele era relativamente bonito, mas teria passado despercebido não fosse por uma coisa: ele usava esmalte de unha. E não era só isso: ele usava uma cor diferente em cada unha. Esse se tornou o seu maior esquema de vendas: ele entrava nos salões com as unhas reluzindo em um arco-íris de cores, e se punha a cativar todos à sua volta, particularmente as mulheres.

Enquanto Helena Rubinstein e Elizabeth Arden fizeram a sua fortuna a partir do rosto das mulheres, Charles Revson começou mais embaixo. Ele fundou a Revlon Nail Enamel em 1932 com o irmão Joseph e o químico Charles Lachman, o L no nome da empresa. Eles tinham desenvolvido um novo processo de fabricação que usava pigmentos em vez de corantes, possibilitando a opacidade, a durabilidade e um vasto leque de cores intensas.

Revson não produzira esse *know-how* do nada. Ele trabalhara como vendedor em uma companhia de cosméticos chamada Elka, onde esperara ascender ao cargo de distribuidor nacional. Quando essa promoção lhe foi negada, ele abriu o seu próprio negócio, levando com ele um químico e o germe de uma ideia.

Revson tinha nascido com obstinação e determinação. O website da Charles H. Revson Foundation diz que ele nasceu em Boston em 1906 e foi criado em New Hampshire. Uma vez mais, parece provável que a história tenha sido enfeitada. Várias fontes *on-line* indicam que Revson nasceu em Montreal, na província de Quebec, e que a sua família emigrou para os Estados Unidos um pouco depois. Mas isso é apenas um detalhe: no estimulante livro *Fire and Ice: The Story of Charles Revson, the Man Who Built the Revlon Empire*, o autor Andrew Tobias escreve que Revson foi criado com os dois irmãos em um conjunto habitacional sem água quente em Manchester, New Hampshire. O pai trabalhava como enrolador de charuto e a mãe, como vendedora – posteriormente "supervisora" – em uma loja de tecidos local. "Eles praticamente nunca recebiam visitas e nunca saíam para jantar fora... e não tinham telefone. (E tampouco rádio ou gramofone.)" Os meninos caminhavam penosamente mais de três quilômetros até a escola, todos os dias.

A mãe de Revson o encorajou – até mesmo pressionou – a se sair melhor do que os seus pais. Ele cresceu estimulado, e tinha o dom da palavra. A família queria que ele fosse advogado, mas Revson tinha talento para vendas. Quando se mudou para Nova York, conseguiu um emprego na Pickwick Dress Company, dirigida por um primo, onde começou a exibir outro talento, menos esperado – para cores. Tobias escreve o seguinte: "Quando ele saiu da Pickwick, tinha conseguido por esforço próprio se tornar um comprador de peças de tecido, um emprego que ele preferia porque lhe dava a oportunidade de trabalhar com tecidos e cores. Revson supostamente se tornou competente em diferenciar diferentes tonalidades de preto, o que requer um olho bastante sensível".

Depois de algumas aventuras infelizes, entre elas um casamento de curta duração com uma corista, Revson acabou indo parar na Elka. Portanto, aqui estava essa figura com uma boa lábia e de origem humilde progredindo no setor da beleza. Embora a Elka fosse uma pequena firma em Newark que "não tinha muita classe", Revson notou que o seu esmalte cremoso opaco era superior a outros vernizes de unha do mercado, que eram transparentes. Quando fazia a entrega dos esmaltes da Elka nos salões, ele prestava atenção ao que as clientes diziam a respeito do que gostavam e do que não gostavam, das suas necessidades e desejos. E ele experimentava o verniz nas suas próprias unhas. Ele mesmo disse isso, em uma entrevista que deu em 1949: "Aprendi a aplicar o esmalte para demonstração, e ainda consigo fazer isso. Até hoje, experimento as cores em mim mesmo. Quando você tem que aprender, você tem aprender."

Quando a Elka se recusou a entregar a Revson o cargo de distribuição nacional, ele procurou um contato comercial, Charles Lachman, cuja esposa pertencia à família proprietária de uma grande empresa de produtos químicos chamada Dresden. Revson precisava tanto de auxílio financeiro quanto do *know-how* técnico de Lachman. Este aceitou a proposta e trouxe com ele a fórmula de um esmalte de unhas desenvolvido na Dresden. A Revlon Nail Enamels abriu o seu negócio em "um local minúsculo na fábrica de luminárias de um primo na 38 West 21 Street".

Revson tinha então apenas 25 anos de idade. Com o esmalte de unhas, ele pintou um futuro mais brilhante do que os sonhos mais espetaculares da sua mãe.

A Revlon Nail Enamel começou a vender os seus esmaltes resistentes e coloridos para os distribuidores de salões de beleza: se as unhas de uma mulher fossem pintadas com Revlon durante um tratamento de beleza, ela compraria a mesma tonalidade antes de deixar o salão. Ele também teve o cuidado de posicionar a Revlon como uma marca nobre. Isso aconteceu, em parte, porque – pelo menos depois que a empresa cresceu – era a consumidora que pagava pelas sofisticadas campanhas publicitárias da Revlon. Em média, o custo de fabricar um produto Revlon – incluindo a embalagem e as despesas indiretas – equivalia a cerca de 33% do que a consumidora efetivamente pagava por ele. No entanto, assim como Helena Rubinstein e Elizabeth Arden, Revson compreendia que as mulheres não associavam o *glamour* a preços baixos. O valor elevado na etiqueta do produto, a propaganda exagerada e a embalagem chamativa faziam parte da experiência da beleza.

Segundo Geoffrey Jones, já em 1940, a empresa tinha assegurado 80% do mercado do esmalte de unha. Nessa época, Elizabeth Arden nem mesmo tinha ingressado na categoria, a qual ela ainda considerava moralmente duvidosa, adequada apenas para as mulheres fatais e outras ainda piores. A Revlon agora oferecia uma linha completa de manicure e rapidamente começou a vender batom.

Como a Revlon chegou tão longe? Uma das explicações, pura e simplesmente, eram as vendas agressivas. Quando se tratava de fechar negócios, Revson era inigualável. Tobias cita um ex-sócio:

> Charles saía para fechar pessoalmente a venda... obtinha pessoalmente a distribuição, dormia pessoalmente com metade das jovens do país para conseguir espaço no balcão para a Revlon. Ele era muito humano, muito atraente, muito espirituoso, fumava três maços de cigarros por dia e bebia *bourbon* puro. Foi o seu carisma que fez crescer não apenas a Revlon como também o restante da indústria.

Embora isso faça com que a Revlon pareça fazer parte do elenco de *Mad Men*, ela pelo menos demonstra o benefício do toque pessoal. Ele percorria o país, visitando salões e feiras de cosméticos. Em um artigo de 1950 na publicidade do jornal *Printer's Ink*, Revson relembrou um incidente no Midwest Beauty Show em 1934, que teve lugar no Sherman Hotel em Chicago:

> Comecei a minha argumentação de venda mostrando ao cliente em perspectiva como aplicar o nosso esmalte cremoso, e depois um tipo novo. Antes de a semana terminar, eu estava ensinando às profissionais e às funcionárias dos salões de beleza a demonstrar e usar o esmalte. O grupo ficou tão grande que tive que alugar o *stand* ao lado do nosso, e esse espaço adicional tornou a minha parte na exposição maior do que as nossas instalações.

O incidente resultou em um enorme pedido da loja de departamentos de Chicago Marshall Field's. O estoque da empresa quase não foi suficiente para atender ao pedido.

O irmão mais novo de Revson, Martin, ingressou na companhia em 1935 como gerente de vendas. Embora ele se revelasse um vendedor igualmente talentoso, a sua maior contribuição foi o recrutamento de uma equipe de vendas em âmbito nacional. Os membros da equipe eram fortemente pressionados. Uma das inovações de Martin era o que ele chamava "Psycho-Revlons": sessões de interpretação de papéis nas quais os vendedores demonstravam as suas técnicas, e em seguida o chefe arrasava com a apresentação. Tobias confirma: "Era uma equipe de vendas agressiva; os indolentes não eram tolerados. A pressão vinha de cima, descia pelo escalão hierárquico e chegava aos vendedores. O gerente de vendas de um determinado distrito exigiu que um vendedor cujas vendas estavam fracas telefonasse a cada duas horas para informar a respeito do seu progresso até que o seu desempenho melhorasse".

A expansão da Revlon se baseou não apenas nas vendas agressivas como também no pós-venda. Charles Revson não se curvava diante de ninguém – a não ser das suas clientes. "Elas são o verdadeiro chefe", dizia ele. Nos primeiros dias, ele ia dormir usando esmalte e batom para ver o estado deles na manhã seguinte; posteriormente, ele montou instalações sofisticadas de controle de qualidade.

Ele se orgulhava de estar disponível para as clientes. De acordo com Tobias em *Fire and Ice*, certa agência de publicidade resolveu testar essa afirmação pedindo a uma secretária que telefonasse para a Revlon e se queixasse de que um batom que ela comprara estava mole demais.

> Um minuto depois, [Revson] estava na linha. "Você está com o batom na mão?... Vire-o e verá o número do lote. Me informe esse número... Que tipo de vestido você estava usando com o batom?" Ela não deveria usar *Fifth Avenue Red*, disse ele para a moça, e sim *Pink Lightning*... A mulher recebeu uma excelente aula a respeito do que deveria usar com o que, o seu nome foi colocado na lista do departamento de relações com o consumidor, e enviaram para ela amostras, questionários e tudo o mais.

Revson entendia o que as mulheres queriam. Os seus antecedentes no setor de vestuário fizeram com que ele posicionasse o seu esmalte como um acessório da moda, com cores que combinavam com cada grupo, ambiente e ocasião. Ele abominava os levantamentos e as pesquisas de mercado – a abordagem da Procter & Gamble – porque sentia que a moda avançava muito rápido. Ele foi o primeiro a introduzir o conceito da sazonalidade da indústria da moda no mercado da beleza. A Revlon lançava novas cores em todas as temporadas do inverno e da primavera.

Quando a companhia cresceu, a Revlon foi capaz de ter como alvo diferentes segmentos de consumo: ela lançou, por exemplo, uma linha hipoalergênica chamada Etherea e uma coleção nobre chamada Ultima. Assim como muitos gênios do marketing, Revson se sobressaía nas narrativas – que ele chamava de "ficção honesta". Tobias assinala que: "O custo de fabricação do esmalte vermelho escuro chamado *Berry Bon Bon* era idêntico ao do esmalte vermelho escuro simples, e o primeiro podia ser vendido por um preço seis vezes maior do que segundo".

A ideia dos temas de cores se revelou particularmente vantajosa quando a Revlon introduziu os batons na década de 1940. As mulheres agora podiam combinar os lábios com a ponta dos dedos, como sugeria a propaganda da marca. O conceito também permitia que a Revlon se envolvesse em exuberantes campanhas de marketing integradas. O lançamento de uma tonalidade chamada Fatal Apple em 1945 incluiu mostruários de cores nas revistas de moda, vitrines complementares nas lojas de departamentos, e uma festa de inauguração ostentando macieiras de verdade, um encantador de serpentes e uma maçã de ouro de Cartier.

Era inevitável que uma pessoa obsessiva como Charles Revson levasse o seu traço perfeccionista para a propaganda da marca, que era, afinal de contas, apenas uma visão exaltada da sua extrema habilidade em vendas. Ele devolvia anúncios impressos para serem retificados se uma única cor no canto direito inferior o desagradasse. As reuniões de marketing podiam durar dias. (Certa mulher que trabalhava no departamento de *design* e embalagens na década de 1950 comentou que isso não era absurdo, levando em conta que a empresa, que valia na época 55 milhões de dólares, se expandira baseada quase que totalmente no marketing.

Duas campanhas clássicas colocaram a Revlon nos livros de história da propaganda. Naqueles dias, o guru publicitário da Revlon para todos os fins se chamava Norman B. Norman, cofundador da agência Norman, Craig & Kummel. Mas é de um modo geral reconhecido que a redatora de publicidade da agência, Kay Daly, fazia todo o trabalho pesado, recebendo as informações da executiva de marketing interno da Revlon, Bea Castle. Na realidade, Kay acabou ingressando na Revlon em 1961 como diretora de criação.

O primeiro anúncio que fez um sucesso estrondoso foi publicado no *New York Times* em 1950. Ele foi extremamente minimalista, e o seu título era WHERE'S THE FIRE?[5] sobre um buraco fumegante, como se as páginas do jornal tivessem sido chamuscadas. E isso era tudo. Não havia nenhuma indicação do nome da marca ou nenhum texto explicativo. Era um anúncio criador de expectativas – o tipo de truque do qual os compradores de mídia ainda se vangloriam hoje em dia quando estão evocando "criatividade" na sua profissão. A Revlon lançou o seu novo batom vermelho, Where's the Fire?, alguns dias depois.

A marca atacou de novo em 1952 com um produto chamado "Fire and Ice".[6] O anúncio foi criado por Kay Daly, que contratou o fotógrafo Richard Avedon e

5. Tradução literal: ONDE ESTÁ O FOGO?. (N. dos trads.)

6. Tradução literal: "Fogo e Gelo". (N. dos trads.)

a *top model* Dorian Leigh. Kay e Avedon vestiram a modelo em um vestido colante cintilante com uma capa escarlate caindo negligentemente dos seus ombros. As suas garras vermelhas acariciavam o rosto, chamando a atenção para os lábios vermelhos e brilhantes. A outra mão descansava sugestivamente no quadril, com as unhas voltadas para baixo como flechas.

Dessa vez, o texto era extremamente importante. Ele dizia o seguinte: "Para você que gosta de flertar com fogo... que ousa patinar sobre gelo fino... para lábios e unhas que combinam... um escarlate intenso e luxuriante... como diamantes flamejantes dançando na lua!"

Como se essa prosa emocionante não bastasse, o anúncio em página dupla continha uma lista de perguntas intituladas: "Você está pronta para Fire and Ice?" Entre elas estavam: "Você já dançou sem sapatos? Você já fez um pedido na lua nova? Você enrubesce quando se percebe flertando? Você sente às vezes que as outras mulheres se ressentem de você? Você já teve vontade de usar uma tornozeleira? A zibelina a deixa excitada, mesmo quando usada por outras mulheres? Você acha que algum homem realmente a compreende? Você fecha os olhos quando é beijada?"

Kay Daly declarou mais tarde que gostava de dar às mulheres "um pequeno apoio imoral". Talvez seja isso, acima de tudo, que distingue a Revlon de Helena Rubinstein e Elizabeth Arden. Charles Revson não vendia a promessa da eterna juventude. Ele vendia, pura e simplesmente, sexo. Assim como Hollywood, ele compreendia que o *glamour* era acompanhado por um quê de travessura.

Norman B. Norman assegurava que os anúncios da Revlon eram lidos com mais atenção do que o editorial da revista ao redor deles. "Toda a propaganda da Revlon tinha a ver com as emoções... com a maneira como as mulheres pensavam, como viviam, como amavam... e inseríamos nisso os nossos produtos. É uma prática muito diferente da adotada pela maioria das empresas, já que elas descrevem os seus produtos e os benefícios deles."

Inicialmente, Charles Revson evitou a propaganda na televisão, por um motivo muito óbvio: na década de 1950, a televisão ainda era transmitida em preto e branco. Outras empresas do setor da beleza não tinham a mesma atitude com relação a esse veículo infinitamente promissor. Hazel Bishop entrou em cena vinda não se sabe de onde e levou as vendas do seu batom "No Smear"[7] para um quarto do mercado americano simplesmente por estar entre os primei-

---

7. Tradução literal: "Não Borra". (N. dos trads.)

ros empresários do setor da beleza a anunciar na televisão. O seu sucesso durou pouco, pois concorrentes mais poderosos intervieram e refinaram a sua fórmula. Entre eles estava Max Factor, que desenvolveu um tipo de maquiagem especialmente para as pessoas que se apresentavam na televisão e começou a patrocinar concursos de beleza televisionados (ver Capítulo 7), "O fator poeira das estrelas"). Enquanto Hollywood transformou a maquiagem de pecado em luxo sedutor, a televisão fez dela um hábito cotidiano, um componente essencial da condição feminina.

A Norman B. Norman convenceu Revson a experimentar o patrocínio na forma de um programa de perguntas e respostas da CBS chamado *The $ 64,000 Question*. A princípio, Revson não se sentiu à vontade com a proposta – ele não tinha certeza de que aquele era o ambiente certo para os seus produtos elegantes, "de alto nível" – mas ele logo mudou de ideia. Quatro semanas depois da primeira transmissão, no dia 7 de junho de 1955, o programa estava no topo das estatísticas de audiência e os produtos da Revlon estavam se esgotando.

Eis o que escreve Andrew Tobias:

> *The Question* aumentou as vendas, os lucros e a conscientização da consumidora da Revlon de uma maneira tão acentuada que colocou a empresa milhas na frente dos seus concorrentes... As vendas... subiram, de repente, 54% em 1955... No ano seguinte, as vendas aumentaram mais 66%, chegando a 85 milhões de dólares, e os lucros mais do que duplicaram... Helena Rubinstein, Max Factor, Coty e Hazel Bishop, que tinham estado anteriormente pelo menos a uma distância competitiva da Revlon antes de *The Question* ir ao ar, ficaram amargamente para trás.

A Revlon tinha direito a três comerciais de um minuto por semana – e ela aproveitava ao máximo esse espaço. Os anúncios eram apresentados ao vivo, o que adicionava dramaticidade para o público que estava assistindo. Isso também possibilitava que eles ultrapassassem consideravelmente o tempo permitido, garantindo o máximo de publicidade para a marca. O problema de expressar a cor em uma tela em preto e branco significava que cada anúncio tinha que ser tão espetacular quanto um musical de Hollywood: gelo seco, cachoeiras, salgueiros e até mesmo patinhos vivos – que inevitavelmente fugiam ao controle – eram algumas das características dessas miniepopeias.

O sucesso do programa de perguntas e respostas não durou muito. Em 1959, *The $64,000 Question* foi descontinuado devido à descoberta de que outro programa popular, o *Twenty One*, era manipulado, ou seja, os concorrentes sabiam as respostas desde o início e as suas reações eram ensaiadas de antemão. (O escândalo foi captado perfeitamente no filme *Quiz Show* de Robert Redford de 1994.) Durante as audiências do interrogatório do Congresso que se seguiram, ficou claro que, embora *The Question* não tenha sido manipulado de uma maneira tão óbvia, as perguntas eram formuladas para se adequar à capacidade dos concorrentes. Também foi descoberto que a Revlon tinha emitido a sua opinião – com bastante vigor – a respeito dos concorrentes de quem gostava e de quem não gostava. Mas é claro que ela não tentou tirar do programa concorrentes que não eram atraentes: como você poderia sugerir uma coisa assim?

A Revlon escapou relativamente incólume, e o escândalo se revelou uma pequena depressão na prosperidade em rápida ascensão da empresa. A essa altura, ela tinha começado a se expandir no exterior, lançando os seus produtos na França, na Itália, na Argentina, no México e na Ásia. No Japão, Revson resolveu correr um risco. Em vez de adotar uma abordagem local – com produtos especialmente formulados e anúncios destacando modelos japonesas – ele vendeu um estimulante estilo de vida americano, com os mesmos modelos sensuais que tinham dado tão certo nos Estados Unidos. A abordagem surtiu efeito: o Japão se tornou um dos mercados de maior sucesso da marca.

Nesse meio-tempo, Revson diversificou os negócios. As aquisições iniciais nas áreas de graxa de sapato, barbeadores elétricos e trajes esportivos femininos logo foram abandonadas, mas ele se saiu bem melhor no mercado farmacêutico, comprando uma empresa que fabricava um medicamento para diabetes que vendia excepcionalmente bem. Mais tarde, ele a vendeu para a Ciba-Geigy em troca de um portfólio de outros produtos farmacêuticos. Revson tinha consciência de que o mundo dos cuidados com a pele e dos produtos farmacêuticos logo iriam se sobrepor: em 1968, ele introduziu o Eterna 27, um creme hidratante contendo Progenitin (acetato de pregnenolona), que é capaz de afetar os níveis de estrogênio quando tomado oralmente e que, segundo dizem, de criar um "efeito *lifting*" quando passado na pele.

Revson estava agora pisando com firmeza em um território anteriormente dominado pelos seus concorrentes. Em 1973, ele lançou uma fragrância chamada Charlie. A propaganda da marca visou diretamente as jovens mulheres modernas: animadas, independentes, sexualmente liberadas. A modelo Shelley Hack, de cabelo esvoaçante, rodopiou no anúncio da televisão em um traje de Ralph Lauren, inclusive a calça comprida. Esse era em primeiro lugar um anúncio de perfume; as mulheres receberam a mensagem que a garota de Charlie vestia a calça. Shelley interpretou depois uma jovem mulher igualmente poderosa no programa de televisão *Charlie's Angels* [*As Panteras*]. "Era uma época em que as mulheres estavam mudando", disse ela a Oprah Winfrey em uma entrevista em 2008. "As mulheres olhavam [para o anúncio] e diziam: 'Eu quero ser assim'." Geoffrey Jones descreve Charlie como "a primeira fragrância do estilo de vida moderno". Já em 1980, ele estava vendendo mais do que o Chanel Nº 5.

Mas Charles Revson não estava mais por perto para saborear o sucesso da sua criação. Ele morreu de câncer no pâncreas em 1975. O seu jeito com mulheres bonitas permaneceu com ele quase até o fim. No mesmo ano em que lançou Charlie, ele contratou Lauren Hutton – com o seu inconfundível sorriso com espaços grandes entre os dentes – como a modelo exclusiva da linha de cosméticos Ultima. O cachê foi de 400 mil dólares, o maior já pago a uma modelo na época. Richard Avedon foi contratado como fotógrafo exclusivo. A história foi tão grande que Lauren Hutton foi capa da revista *Time*.

Revson tinha garantido o futuro da sua empresa contratando o perspicaz empresário Michel Bergerac (nascido na França, ele se tornara cidadão americano em 1963) como seu sucessor. Revson lançara uma busca para encontrar o melhor empresário do mundo, e chegara à conclusão de que Bergerac preenchia os requisitos. Filho de um executivo de uma empresa de eletricidade de Biarritz, Bergerac estudara direito e ciências políticas na Sorbonne antes de fazer o mestrado em administração de empresas em Stanford. Ele estava trabalhando na Canon Electrical Company em Los Angeles quando a companhia foi comprada pela ITT. Na ocasião em que Revson o encontrou, ele estava administrando as operações europeias da empresa e cotado para se tornar *chairman* do conselho administrativo. Revson ofereceu a ele um "pagamento inicial" inédito de 1,5 milhão de dólares para administrar a Revlon ("Michel Bergerac: a 1.5 million dollar man takes charge at Revlon",[8] revista *People*, 8 de dezembro de 1975).

Revson tinha afixado uma citação na sala de jantar corporativa da empresa: "Ó Senhor, dê-me um canalha com talento". Mas embora Bergerac tivesse muito talento, ele não parecia possuir um traço sórdido. O seu estilo "de fala macia e

---

8. Tradução literal: "Michel Bergerac: um homem de 1,5 milhão de dólares assume o comando da Revlon". (N. dos trads.)

despreocupado" contrastava totalmente com o estilo agressivo de Revson. Em outras palavras, ele era a escolha perfeita para gerir o que se tornara uma máquina corporativa. Ele expandiu a divisão de cuidados com a saúde da empresa, fazendo aquisições nos setores de cuidados odontológicos, equipamentos ópticos e produção de lentes de contato, bem como no setor farmacêutico. Isso ajudou a transformar a Revlon em uma corporação de 1,7 bilhão de dólares já em 1979.

Isso também significou que a empresa ficou bastante desinteressante. Ela era uma gigante da área da beleza, mas deixou de lançar moda. É exatamente o que Revson receara. Nos anos que antecederam a sua morte, ele se conscientizara de uma terceira ameaça à sua fatia do mercado, além de Helena Rubinstein e Elizabeth Arden. O nome vinha aflorando desde o final da década de 1950, e agora se tornara uma ameaça a ser levada em conta.

DICAS DE BELEZA

* Charles Revson avançara na indústria do esmalte de unha e da maquiagem porque não dava a mínima para o fato de esses produtos ainda serem considerados vulgares.

* Persistente e carismático, ele se pôs em campo para vender os seus produtos para os salões de beleza e, em seguida, treinou uma agressiva equipe de vendas.

* Ele promovia o esmalte e o batom como itens de luxo, mas acrescentou o novo elemento da sensualidade.

* Ele inovou o mercado com campanhas de marketing integradas que combinavam mostruários de cores nas revistas de moda, a exposição dos produtos nas vitrines das lojas de departamentos e festas de lançamentos que atraíam a mídia.

* Na década de 1950, a Revlon foi a primeira marca de produtos de beleza a abraçar completamente a televisão, o que aumentou exponencialmente as suas vendas.

* Em vez de se adaptar aos mercados no exterior, ela vendeu neles a ideia de um estimulante estilo americano.

* Os anúncios joviais do perfume Charlie da década de 1970 visavam astuciosamente a nova mulher independente e liberada.

A RAINHA DA BELEZA DA CORONA

"Um dia, terei tudo o que eu quiser."

Durante algum tempo, no início dos anos 1960, Estée Lauder e Charles Revson trabalharam no mesmo prédio no número 666 da Fifth Avenue. Ao mesmo tempo que desprezava o gigante do esmalte, Estée o temia, tendo comentado: "Não quero mexer com ele... No momento, Charles Revson é meu amigo. Ele não me leva a sério... Ele acha que eu sou uma loura engraçadinha... No momento em que eu colocar no mercado algo que rivalize com ele, ele vai ficar *aborrecido*. Vai criar problemas. E não somos grandes o bastante para enfrentá-lo".

Estée mais tarde aborreceu Revson ao lançar a marca Clinique, obrigando-o a "contra-atacar" com a linha Etherea a fim de não ficar para trás na tendência hipoalergênica. Isso a colocou no que poderíamos chamar em "pé de equilíbrio" com ele, mas dificilmente em pé de igualdade. E ela tinha outras maneiras de irritá-lo. A empresa dele era muito maior, mas Estée deixou claro que ela era mais sofisticada, que estava mais à vontade nos níveis superiores da sociedade.

Era tudo aparência, como Revson sabia muito bem. Na verdade, as origens de Estée eram ainda mais humildes do que as dele.

A julgar pelos fatos descobertos por Lee Israel, autor do livro *Estée Lauder: Beyond the Magic* (1985), a rainha da beleza foi criada em um bairro ao qual o termo "depósito de lixo" era totalmente apropriado. Esse lugar se chamava Corona e estava situado no bairro de Queens, em Nova York.

Em 1907, um especulador chamado Michael Degnon havia comprado um grande terreno nessa área e começara a incentivar os bairros vizinhos a usá-lo como depósito de lixo, criando um horrível cenário de cinzas e lixo. O seu plano era nivelar esses montes de lixo e usá-los como a fundação de um novo complexo portuário. Mas a Primeira Guerra Mundial destruiu o projeto e a área "permaneceu horrorosa até 1937", de acordo com o site Forgotten New York (www.forgotten-ny.com). "Por causa disso, a cidade de Corona fedia como lixo", acrescenta o site. "Quando os residentes olhavam para o leste, tudo o que viam eram montes feios, cinzentos, no horizonte." Na realidade, F. Scott Fitzgerald descreve esse "vale de cinzas" no livro *O Grande Gatsby*.

Corona mudou o seu "visual" quando os depósitos de lixo foram transformados em um parque pouco antes da Feira Mundial de 1939-1940. A área era o lar de muitas comunidades de imigrantes – primeiro europeus, e depois hispânicos e asiáticos – e até mesmo viveu uma breve comoção de fama graças ao verso de uma música de Paul Simon: "Goodbye, Rosie, Queen of Corona. See me and Julio, down by the schoolyard".[9]

Estée Lauder não era a Rainha de Corona. Pelo menos, não no início. Josephine Esther Mentzer nasceu no dia 1º de julho de 1908, filha de Rose e Max Mentzer. Rose já tinha cinco filhos de um casamento anterior; Estée (Esty, como era conhecida na ocasião) também tinha uma irmã por parte de pai e mãe chamada Grace, dois anos mais velha do que ela. Eles viviam em "um bairro quase que inteiramente italiano", escreve Lee Israel. "Durante os seus anos de crescimento, as ruas não eram pavimentadas; quase todos os italianos que moravam ali eram operários de fábrica; e o lugar fedia horrivelmente."

---

9. Tradução literal: "Adeus, Rosie, Rainha de Corona. Veja a mim e Julio, no pátio da escola". (N. dos trads.)

A mãe de Estée era húngara e o pai, tcheco. Rose chegou a Nova York em 1898, com 29 anos de idade, a bordo do *SS Palatia*. Max se tornou cidadão americano em 1902. Profissão: alfaiate. Quando Estée era pequena, ele administrava uma loja de ferragens, e a família morava em cima dela.

O interesse inicial da pequena Estée pela beleza parece ter compensado a vulgaridade do seu ambiente. Em uma entrevista citada por Israel, ela diz o seguinte: "Quando criança, eu adorava maquiar e pentear as pessoas. A minha mãe dizia: 'Você penteou duas vezes o meu cabelo hoje'. Eu estava sempre interessada em que as pessoas ficassem bonitas – o cabelo, o rosto... adoro ver pessoas simplesmente caminhando ou jogando tênis com um rosto bem-cuidado".

As palavras do seu obituário no *New York Times* foram um pouco diferentes. "A perfeição no rosto de uma mulher consumia a Sra. Lauder, bem como o desejo de ganhar muito dinheiro e deixar para trás as condições da sua infância. Dizem que ela pronunciou as seguintes palavras há muitos anos: 'Um dia eu terei tudo o que eu quiser.'" "O jornal reconhece que ela era "uma loura pequena e delicada... conhecida pela sua pele encantadora e a sua determinação de sempre ter uma boa aparência" ("Estée Lauder, pioneira da beleza e gigante dos cosméticos, morre aos 97 anos", 26 de abril de 2004).

A sua evolução para fornecedora de produtos para a pele tem duas versões: uma de conto de fadas e a outra prosaica. A de conto de fadas foi narrada pela própria Estée para o jornal *Palm Beach Daily News* em abril de 1965. "Um tio meu... que era um famoso especialista de pele em Viena veio para Nova York por causa da Feira Mundial... Mas a guerra foi deflagrada e ele não pôde voltar para casa. Assim sendo, ele revestiu um estábulo com linóleo – era um estábulo bonito – e lá começou a produzir cremes para a pele. Eu costumava ajudá-lo sempre que podia."

O nome desse tio era John Schotz. Ele era húngaro – o irmão mais novo da mãe de Estée – e desembarcara em Nova York em 1900. Ele não era dermatologista, e sim um químico que havia montado uma pequena firma chamada New Way Laboratories em 1924. Lá, ele criou a fórmula de produtos como "Six-in--One Cold Cream", "Dr. Schotz Viennese Cream" e até mesmo "Hungarian Mustache Wax". (Ele também fabricava um eliminador do piolho das galinhas, um remédio para a ronha, supositórios, um creme que supostamente desenvolvia os músculos e fluido embalsamador.) Ele se tornou o mentor de Estée, e ela construiu o seu negócio vendendo os cremes dele nos salões de beleza.

Na época em que estava se lançando nesse caminho, Estée conheceu um "jovem agradável, de cabelos cacheados, chamado Joseph Lauter (preste atenção ao "t"), supostamente em um campo de golfe. Ele vendia seda e botões. Começaram a namorar quando ela tinha 19 anos e se casaram três anos depois. A Sra. Lauter deu à luz um menino, Leonard, em 1933. Em 1937, o nome "Estée Lauder" apareceu pela primeira vez na lista telefônica de Nova York. No final de 1939, o casal já tinha se divorciado. Estée queria mais, insinuam os seus biógrafos. Ela queria ser mais rica.

Nesse meio-tempo, a sua autoconfiança estava aumentando. Ela viajou para Miami, abrindo uma concessão para vender os produtos do tio, no Roney Plaza Hotel na Collins Avenue. Ela percorria resorts e clubes de praia, onde oferecia massagens e cremes faciais para os ricos de idade madura. Mas o verdadeiro ponto de virada na carreira de Estée surgiu quando ela conheceu o seu segundo mentor, um homem que se tornou um amigo para a vida inteira, Arnold Lewis van Ameringen, um industrial holandês que iria dirigir a International Flavors & Fragrances, uma empresa que elaborava fórmulas de fragrâncias para perfumarias (ver Capítulo 8).

Impressionado com o ímpeto de Estée, van Ameringen decidiu bancar o seu negócio emergente e, segundo se acredita, algumas das fórmulas dos produtos que levavam o nome dela. Os dois podem ou não ter sido amantes durante algum tempo, mas o fato era que Estée sentia saudades de Joe, que ainda a cortejava assiduamente. "Joe é um homem agradável. Não sei por que rompi com ele", ela confessou para uma amiga. Em 1942, eles se casaram de novo.

Ao longo dos anos seguintes, a marca Estée Lauder começou a superar a do Dr. Schotz, embora muitos dos seus cremes ainda se baseassem nas fórmulas dele. A sua rede de concessões cresceu: ela também vendia os seus produtos para salões de beleza no país inteiro por meio de intermediários, ou agentes. Grande parte do seu sucesso se baseava no fato de que ela passava pessoalmente algum tempo nas concessões, promovendo incansavelmente os seus produtos para os clientes. Uma amiga relembrou o seguinte: "Ela ficava apenas de meias, sem sapatos, e vendia... Ela era uma excelente vendedora".

Estée era calorosa e bonita; ela colocava um pouquinho de creme no pulso de uma cliente em potencial e esfregava-o suavemente, para que a cliente pudesse admirar o efeito sedoso do creme. "Toque a cliente, e você já venceu metade do caminho", dizia ela à sua equipe de vendas. Embora os produtos do Dr. Schotz fossem sem dúvida eficazes, o carisma de Estée era o ingrediente mágico. A essa altura, ela também estava vendendo batom, que provavelmente vinha de outro fornecedor. Lee Israel relata que Estée tinha conseguido se introduzir no circuito de palestras públicas de Nova York, oferecendo dicas de beleza para as mulheres. No início de um desses almoços de caridade no Waldorf-Astoria Hotel, todas as mulheres presentes no evento encontraram um batom Estée Lauder dentro de um tubo metálico ao lado do seu jogo de pratos – isso durante a guerra, quando os estojos de metal eram raros e caros. Naquela tarde, as mulheres afluíram em massa para a loja de departamentos Saks para comprar batons Lauder. O problema era que Estée não tinha uma concessão na Saks. No entanto, pouco depois ela passou a ter.

Estée Lauder tornou-se oficialmente uma empresa em 1947. Não se sabe como ela indenizou John Schotz; o obituário dela no *New York Times* apenas comenta que "ele morreu na década de 1960 em circunstâncias modestas". Não importa: Estée estava finalmente a caminho de se tornar uma rainha da beleza, deixando Corona bem para trás.

Uma das principais inovações de Estée – que influenciou o desenvolvimento do marketing da beleza em geral – nasceu da necessidade. Nos primeiros dias, ela não podia arcar com o custo da propaganda. Quando ela perguntou à agência BBD&O se ela poderia produzir uma campanha por 50 mil dólares, o que equivalia praticamente a todo o seu capital na ocasião, mostraram delicadamente a porta da rua para ela. Por conseguinte, ela decidiu abordar diretamente as clientes em potencial, pelo correio. Por sorte, ela tinha acesso a um excelente banco de dados, a lista de distribuição da Saks Fifth Avenue, que o gerente da mala direta da loja gentilmente havia cedido para ela. (Estée com frequência constatava que ser uma loura pequena e delicada tinha suas vantagens.) As clientes recebiam uma carta elegante dizendo que um presente as aguardava na loja se comprassem um dos seus produtos: a estratégia do "presente com a compra", que agora era praticada pelos distribuidores do setor da beleza de toda parte. Como a experiência anterior com os batons gratuitos demonstrara, a generosidade compensava. "Se você dá, você recebe", dizia ela.

No entanto, a marca Lauder poderia ter permanecido uma concorrente secundária não fosse por um acontecimento imprevisto que teve lugar em 1953. A empresa de repente se viu às voltas com um enorme sucesso – um produto memorável que transformaria completamente a sua sorte. Não se tratava de um creme para a pele, mas sim de um óleo para banho chamado Youth-Dew. E isso provavelmente aconteceu graças à amizade de Estée com A. L. van Ameringen da International Flavors & Fragrances.

De acordo com Lee Israel, Estée procurara a IFF tendo em mente uma fragrância. O resultado foi uma essência que Estée, exatamente como esperado, inicialmente deu de presente nas lojas de departamentos como amostra. Como escreve Israel, era "uma coisa do tipo experimente que você vai gostar. E as pessoas experimentaram, adoraram e compraram". Ela descreve Youth-Dew como "uma coisa que despejávamos na banheira e que aderia à pele por causa da alta concentração de óleos essenciais". O produto atendia à exigência do mercado de "uma essência intensa, aderente e pouco sutil".

Israel também cita uma das colegas de Estée Lauder, que analisa o sucesso do produto. "A fragrância tinha muito vigor. Era duradoura. Proporcionava à mulher americana um banho de óleo que substituía um perfume. Elas podiam comprá-lo por 8,50 dólares e ter um perfume que durava 24 horas. Era uma direção totalmente nova, e o seu preço era acessível. A classe média americana sentiu que estava recebendo o máximo pelo seu dinheiro.

O Youth-Dew tornou-se o produto mais importante de Estée Lauder. Ele apareceu depois em muitas diferentes variações, inclusive como perfume. Invertendo a sua estratégia original, ela passou a dar amostras dos seus produtos para a pele quando as clientes compravam a fragrância. Basicamente, ela quase não fazia nenhuma publicidade. Em vez disso, fazia o que hoje poderia ser chamado de "branding sensorial". "Estée... usava a sua nova fragrância em toda parte, e a borrifava nas amigas... a Saks estava simplesmente impregnada com ela. Ela a borrifava nos elevadores; toda a área carregava a mensagem do Youth-Dew."

Com o sucesso do Youth-Dew, a operação Lauder como um todo subiu vários níveis. Enquanto a família se mudava para uma grande casa com terraço e Estée começava a se misturar com o círculo elegante de Palm Beach – o início da sua inexorável ascensão da escada social – as técnicas de marketing da empresa foram ficando mais sofisticadas. Como a Revlon começara a perceber (e, para ser justo, Helena Rubinstein compreendera anos antes), os produtos para a pele podiam ser vendidos com mais eficácia quando os seus benefícios eram explicados em uma linguagem científica. O texto publicitário tinha que ser astucioso, já que a Food and Drug Administration (FDA) era rápida em tomar medidas severas contra as falsas afirmações, mas com as palavras certas as compradoras poderiam ser convencidas de que havia razões científicas para que um creme pudesse retardar, ou até mesmo reverter, o processo de envelhecimento.

Essa era a ideia por trás do Re-Nutriv de Estée Lauder, "um nome que não dizia nada e ao mesmo tempo dizia tudo". Era um creme caríssimo. Para justificar o preço, Estée acompanhou o lançamento do produto com a sua primeira campanha publicitária, na revista *Harper's Bazaar*. A foto de uma loura bela e austera – que se tornou a definição do alter ego de Estée Lauder – era acompanhada por um texto que combinava todos os melhores (ou piores) atributos do marketing da beleza: o esnobismo, a chantagem emocional, o culto da celebridade, a *faux* sofisticação continental e a pseudociência.

O QUE FAZ UM CREME VALER 115 DÓLARES?, dizia o título do anúncio. "Re-Nutriv de Estée Lauder. Raros ingredientes. Rara fórmula. Mas acima de tudo a percepção de uma mulher como Estée Lauder, que sabe melhor talvez do que qualquer pessoa como manter a sua aparência mais jovem, mais viçosa e mais encantadora do que você jamais sonhou ser possível. Ela criou o que gosta de considerar 'uma mina de ouro de beleza' – o seu Crème of Creams Re-Nutriv." A lista de ingredientes continha "agentes rejuvenescedores [que] ajudam a revitalizar e firmar a pele, refletindo o frescor e a luminosidade de uma cútis vários anos mais jovem".

Uma das colegas de Estée comentou que esta estava "à frente do seu tempo devido à... imprecisão das suas afirmações".

Mas as imagens eram tão importantes quanto as palavras. Estée usava um fotógrafo nascido em Chicago chamado Victor Skrebneski, que fora influenciado por filmes franceses na juventude e habitava o mesmo mundo de fantasia elegante de Estée. As suas fotos eram de um imaculado preto e branco – o que fazia com que fosse mais barato publicá-las nas revistas – mas o seu conteúdo era opulento. Como observa Lee Israel, elas mostravam "não apenas a mulher mas também a maneira como ela vivia, entre vasos Ming, decoração no estilo chinoiserie, arte pré-colombiana, tapetes orientais ou cerâmicas de Picasso". A redatora de publicidade June Leaman, que trabalhava junto com Skrebneski nas campanhas, acrescentou que as pessoas que viam a mulher Estée Lauder de alguma maneira sabiam que "os seus armários eram impecáveis, os seus filhos bem-comportados, o seu marido dedicado e os seus convidados paparicados".

A modelo que veio a definir o "visual" Estée Lauder foi Karen Graham. Esbelta e graciosa, com olhos luminosos e serenos, ela apareceu pela primeira vez nos anúncios da empresa em 1970, mas captou a imagem desta última com tanta eficácia que se tornou o seu modelo exclusivo de 1973 até o início de 1980. O seu nome nunca foi publicado e muitas pessoas achavam que ela era Estée Lauder. Isso era bastante deliberado. Na realidade, ela era uma projeção – o avatar de Estée. (Ironicamente, para uma mulher que se tornou o símbolo da sofisticação urbana, Karen Graham, nascida no Mississippi, era na verdade um tipo simples, amante do ar livre, com uma paixão pela pesca com mosca e pela equitação.)

Já em 1965, Estée Lauder estava ganhando 14 milhões de dólares. A empresa ainda estava longe do alcance de tiro da Revlon – que naquela ocasião tinha os seus produtos em 15 mil lojas, enquanto a Lauder só tinha os seus em 1,2 mil estabelecimentos – mas estava começando a ser notada. E então ela lançou a Clinique, uma invenção de pura genialidade de branding.

A CLINIQUE E ALÉM

Tanto na imagem quanto na concepção, a Clinique parecia diametralmente oposta a Estée Lauder. Mas esse era o segredo do seu sucesso, e uma prova da clareza de visão da companhia. Leonard Lauder – que estava agora profundamente envolvido com o negócio da mãe – explicou mais tarde: "A concorrência mais formidável que você pode conceber é você mesmo e alguma coisa que você mesmo idealize... A razão pela qual criamos a Clinique é que eu senti que se fôssemos abrir um negócio para concorrer com a Estée Lauder seria exatamente isso o que eu faria".

A gênese da Clinique recua a um artigo de 1967 publicado na edição americana da revista *Vogue* intitulado "É possível criar uma pele excelente?". O artigo foi escrito pela editora de beleza Carol Phillips e se baseou em uma entrevista com o dermatologista Dr. Norman Orentreich. A resposta foi "sim". O médico achava que limpar a pele com água e sabão era um bom começo, mas isso precisava ser seguido por um adstringente para esfoliação e depois por uma loção hidratante. A sua teoria era que, embora a camada superior da pele fique mais fina, ela pode ser induzida a reter água por meio da aplicação de um creme hidratante. Isso por sua vez evitaria que a camada inferior perdesse umidade, proporcionando um melhor apoio e "fazendo a pele ficar mais cheia". De acordo com a Clinique, "Orentreich foi requisitado pela Estée Lauder Company para trabalhar com Carol Phillips para criar a Clinique, a primeira marca de cosméticos dermatologicamente testada, sem fragrância". Orentreich permanece associado à marca como o "dermatologista orientador" junto com o filho David e a filha Catherine (www.cliniquetv.com.au/heritage).

Inspirada no artigo original, a Clinique se baseou em um processo de três passos: lavar, esfoliar e hidratar.

Com a sua embalagem verde pálida minimalista – o tipo de cor que poderíamos encontrar em uma ala de hospital – e posicionamento neutro, a Clinique atendeu à crescente necessidade de uma solução pragmática e "científica" para os cuidados com a pele. O número de artigos a respeito de alérgenos nos cosméticos vinha aumentando, junto com a conscientização de que o conteúdo químico dos produtos de beleza poderia não ser inteiramente saudável. A Clinique parecia limpa, antisséptica e tranquilizadoramente... bem, clínica.

Mas algumas decisões interessantes estavam por trás das suas principais afirmações de "testados contra alergia e 100% livres de fragrância". O termo mais conhecido é "hipoalergênico", uma palavra que não agrada à US Food and Drug Administration e ela vem tentando eliminar há anos. O órgão quase conseguiu o que queria em 1975, quando propôs regulamentações insistindo em que os produtos só poderiam conter o termo se tivessem sido cientificamente testados em seres humanos. Mas a proposta foi rejeitada em 1978 depois de ser contestada pela Almay... e pela Clinique.

A situação atual é a seguinte, como apresentada no website da FDA (www. fda.gov):

> Não existem padrões federais ou definições que regulamentem o uso do termo "hipoalergênico". O termo significa qualquer coisa que uma empresa específica queira que ele signifique. Os fabricantes de cosméticos rotulados como hipoalergênicos não são obrigados a apresentar comprovação das suas afirmações de hipoalergenicidade à FDA. O termo "hipoalergênico" pode ter um considerável valor de mercado na promoção de produtos cosméticos para os consumidores em uma base varejista, mas os dermatologistas dizem que ele encerra muito pouco significado.

Com toda a controvérsia em torno da palavra "hipoalergênico", talvez não cause surpresa o fato de a Clinique ter optado pelo termo mais seguro "testado contra alergia". No seu website, a empresa afirma que os seus produtos são formulados "sem alérgenos" e "testados 12 vezes em 600 pessoas".

E a respeito de "sem fragrância"? Este também é um campo minado semântico. A Clinique se recusou a fazer comentários sobre o assunto, mas no que diz respeito à FDA, o termo é quase tão inexpressivo quanto "hipoalergênico". Na realidade, um odor neutro é geralmente obtido usando-se um agente químico dissimulador para manter os odores afastados.

A Clinique também criou alguns engenhosos ativadores visuais. Lee Israel explica o seguinte: "A FDA foi... capaz de impedir a Clinique de fazer afirmações que *soassem* médicas. No entanto, não havia nenhuma lei na face da Terra que pudesse impedir a empresa de *parecer* tão médica quanto desejasse. Os membros da equipe de vendas... são chamados de 'consultores'. Eles vestem jalecos brancos de laboratório". Os consultores faziam às clientes perguntas específicas a respeito do seu tipo de pele e depois as inseriam em um "computador Clinique", que em seguida "cuspia" uma lista de produtos recomendados. Isso tudo era muito novo e parecia ficção científica, perfeito para uma época forjada na incandescência da tecnologia.

A publicidade impressa também era nova. Na realidade, ela é amplamente considerada como estando entre as melhores propagandas do setor de beleza de todos os tempos. O mérito dessa proeza pertence, em grande parte, ao talento artístico de Irving Penn, um fotógrafo com tanta habilidade na composição e na manipulação da luz, que era capaz de conferir personalidade aos objetos. E isso era tudo o que os anúncios mostravam: objetos. O primeiro anúncio com natureza-morta, publicado no *New York Times* em 1974, simplesmente mostrava uma escova de dentes dentro de um copo e as palavras "Duas vezes por dia", a imagem prístina enfatizando a necessidade do regime da Clinique. Versões posteriores ostentaram produtos da Clinique, todos impregnados de uma elegância austera graças à lente de Penn. Mais do que poções e cosméticos para cuidar da pele, eles eram acessórios de moda simples e eficientes.

Quando Irving Penn faleceu, em outubro de 2009, a Clinique publicou um anúncio na revista *Vogue* em homenagem a ele, com os seguintes dizeres: "Irving Penn nos ofereceu a verdade e a tornou tão convidativa que nunca precisamos da fantasia. Ele transformou a beleza para nós e para o mundo".

Ninguém sabe exatamente como aconteceu a parceria – parece provável que Penn trabalhasse com Carol Phillips na *Vogue* – mas foi uma perfeita fusão da imagem de uma marca e a criatividade publicitária. A campanha ainda é publicada e permanece única.

Os produtos da Clinique eram tão inovadores que a marca perdeu dinheiro no início, mas Estée Lauder persistiu e, já na década de 1980, a moda tinha alcançado a presciência da companhia. Isso aconteceu várias vezes. No início da década de 1970, Estée tinha feito a tentativa de introduzir uma fragrância masculina, Aramis, na forma de loção após barba e colônia. Em 1978, Aramis era uma das linhas masculinas de maior sucesso, abarcando todo um leque de produtos para homens, do sabonete perfumado ao *spray* de cabelo. Esse *know-how* incentivou a empresa a lançar a linha Clinique Skin Supplies for Men[10] em 1976, e pela primeira vez uma marca de beleza feminina tinha se expandido e formado uma segunda linha para homens (ver Capítulo 17, "A nova ordem masculina").

Como vimos, a criação de produtos de beleza de sucesso envolve tanto o texto publicitário quanto a elaboração de fórmulas e a embalagem. Tomemos, por exemplo, o creme de sucesso de Estée Lauder Night Repair, lançado em 1983. Era um creme, como indica o nome, que só atuava à noite. Pense a respeito disso por um momento. Na realidade, não pense a respeito; leia o texto publicitário:

> Night Repair é um avanço biológico revolucionário que utiliza o período da noite, a ocasião em que o seu corpo está descansando, para ajudar a acelerar a reparação natural de células que foram danificadas durante o dia pela luz ultravioleta que está à nossa volta (o que, a propósito, acontece o ano inteiro, tanto no inverno quanto no verão). Night Repair também aumenta enormemente a capacidade da pele de conservar a umidade.

Assim como Helena Rubinstein e Elizabeth Arden, Estée Lauder era versada na arte de usar uma linguagem poética temperada com ideias científicas para sugerir que os ponteiros do tempo poderiam ser imobilizados.

Ela era igualmente perita em criar a estrutura perfeita para os seus produtos, brigando por cada centímetro de espaço no balcão para as suas marcas nas lojas de departamentos. Ela abriu o seu primeiro *spa* na Bloomingdale's já em 1965, planejando pessoalmente os balcões, determinando que cada um deles seria um "*spa* minúsculo e lustroso". Ela escolheu uma cor entre o azul e o verde que "sussurrava elegância, aristocracia e complementava os papéis de parede dos banheiros". Ao longo de toda a sua carreira, ela manteve um olhar de falcão nesses espaços, frequentemente insistindo em treinar a sua própria equipe de vendas para trabalhar neles. Ela sabia que, por mais elegante e sofisticada que fosse a propaganda, as vendas basicamente se resumiam à interação entre a cliente, a vendedora e o produto.

Quando a Estée Lauder Companies abriu o capital em 1995, ela valia cerca de 5 bilhões de dólares. Estée recebeu o título de presidente-fundadora. Ela

---

10. Tradução literal: Produtos Masculinos para a Pele. (N. dos trads.)

sobrevivera a todos os seus rivais, comparecendo até mesmo ao funeral de Elizabeth Arden. Um artigo disse que Monica Smythe, a assessora de imprensa britânica de Elizabeth Arden, notou a presença de Estée e lhe disse: "Muito obrigada por ter vindo". Estée retrucou: "Ela não teria dito isso se soubesse que eu estava aqui".

Ela fora desdenhosa com relação a Helena Rubinstein ("a pele do seu pescoço não era tão perfeita") e, quanto a Charles Revson, ele permanecera o "arqui-inimigo implacável" de Estée até morrer.

Estée, agora, era a monarca governante da beleza. A sua habilidade em manter uma rede de contatos em Palm Springs e além, as brilhantes *soirées* que ela frequentara e organizara, colheram amizades que incluíam a Princesa Grace de Mônaco, a Begum Aga Khan, Nancy Reagan e Douglas Fairbanks Jr. Ela vivia verdadeiramente no mundo que os seus primeiros anúncios haviam fabricado.

Quando Estée morreu, em 2004, o valor da empresa tinha aumentado para 10 bilhões de dólares. Ela tinha 21,5 mil funcionários e estava presente em mais de 130 países. No momento em que redijo estas linhas, a companhia é dona de 27 marcas, e a família Lauder ainda tem a maioria das ações da empresa.

Independentemente do que possamos pensar a respeito das estratégias que conduziram ao seu sucesso, Estée parece ter genuinamente acreditado na utilidade dos seus produtos. "A busca da beleza é honrosa", afirmou. Desde aqueles primeiros dias em Corona, ela sentia que tinha um propósito na vida. O website da empresa cita o seu conselho para a equipe: "Não cheguei lá desejando chegar ou esperando chegar, e sim trabalhando para chegar".

DICAS DE BELEZA

* Assim como os seus predecessores, Estée Lauder desenvolveu habilidades de narração de histórias para descobrir uma maneira de abandonar a sua educação humilde.

* Ela promoveu os seus primeiros produtos dando palestras a respeito dos cuidados com a pele e oferecendo amostras grátis.

* Ela foi a pioneira das estratégias da mala direta e do brinde com compra.

* A sua publicidade era salpicada de palavras vagas porém emotivas como "raro", "rejuvenescedor", "natural" e "luminosidade".

* Ela também tinha aspirações elevadas, com imagens de mulheres ricas em ambientes opulentos.

* Entretanto, Estée Lauder construiu o seu império baseada na Youth-Dew, uma fragrância barata e aderente que era vista como oferecendo um grande valor pelo dinheiro despendido.

* Estée Lauder também lançou um produto "testado contra alergia", a Clinique, junto com o inovador processo de cuidados com a pele de três passos.

* A Clinique Skin Supplies for Men foi a primeira marca de beleza feminina que se expandiu em uma linha adicional para homens.

* Estée treinava a sua própria equipe porque sentia que nenhuma quantidade de propaganda era tão valiosa quanto o toque pessoal.

A FÁBRICA DE BELEZA FRANCESA

"Eu não envelheço mais — pinto o cabelo com L'Oréal."

Pouco depois de começar a fazer pesquisas para este livro, principiei a procurar um novo lugar para morar em Paris. Como os preços no centro da cidade tinham subido astronomicamente com relação à década anterior, minha mulher e eu começamos a percorrer a periferia da cidade em busca de áreas com prédios antigos reformados onde pudéssemos encontrar um apartamento com um preço acessível. Encontramos o lugar perfeito em Clichy, um subúrbio cosmopolitano – a cerca de 10 minutos de metrô de Montmartre – que ficou famoso porque o autor Henry Miller morou lá na década de 1930 e escreveu um livro a respeito dele chamado *Quiet Days in Clichy*.

No entanto, para muitos parisienses, Clichy tem um significado totalmente diferente. Ele é o lar da sede internacional da L'Oréal, a maior empresa de cosméticos e beleza do mundo, com vendas de quase 18 bilhões de euros por ano. A L'Oréal tem instalações salpicadas por todo o bairro, mas a sua base principal é um prédio gritante, blindado com aço, cuja fachada varia de tonalidade, indo do negro ao marrom, dependendo do tempo e da hora do dia. Ele está localizado na antiga estrada para Montmartre, a cerca de cinco minutos de onde estou agora escrevendo estas linhas.

O destino me conduziu quase à porta da frente da L'Oréal, mas isso não significou que eu ia entrar no prédio. A empresa protege rigorosamente os seus segredos. A sua cautela tradicional com relação à imprensa – particularmente com a imprensa não ligada à área da beleza – foi exacerbada em 2009 por um escândalo que levou a vida pessoal da filha do seu fundador, a octogenária fabulosamente rica Liliane Bettencourt, diretamente para baixo do olhar penetrante da mídia.

Essa não era a primeira vez que o lado menos atraente da empresa era exposto. O pai de Liliane Bettencourt, Eugène Schueller, o homem que criou a fábrica de beleza francesa, era sem dúvida uma figura polêmica. Na década de 1930, ele resumiu da seguinte maneira a sua abordagem do marketing: "Diga às pessoas que elas são repulsivas, que não cheiram bem e que não são atraentes" (Bruno Abescat, *La Saga des Bettencourt*, citado pelo *Le Monde Diplomatique* em junho de 2009).

AS ORIGENS DA L'ORÉAL

A ética de trabalho de Schueller se desenvolveu cedo. Filho de *boulangers-pâtissiers* que haviam se mudado da Alsácia para Paris em 1871, ele se deu conta, quando tinha 10 anos de idade, de que precisava se esforçar bastante na escola, que queria ter um bom emprego e que "o cliente tem sempre razão". Como Jacques Marseille assinala na sua história centenária da empresa, *L'Oréal 1909--2009*, o maior medo do jovem Eugène era que os seus esforçados pais dissessem o seguinte a seu respeito: "Ele é um grande preguiçoso!"

O perigo de que isso acontecesse era pequeno: Schueller trabalhou meio--expediente na *pâtisserie* dos pais enquanto estava na escola e depois continuou a fazer isso enquanto cursava a faculdade de química, o que o conduziu posteriormente à Sorbonne. Foi lá que um cabeleireiro apareceu certo dia com um problema para os alunos: como tingir o cabelo grisalho de uma maneira duradoura e convincente? Schueller aceitou o desafio do professor e dedicou-se à tarefa de tentar encontrar uma solução. Embora as suas primeiras tentativas não tenham alcançado sucesso, ele trabalhou febrilmente até chegar à fórmula certa. Finalmente, ele se sentiu tão confiante com relação ao seu produto, que deu entrada em um pedido de patente e abriu um negócio.

O seu pedido de patente de 1907 afirmava que os produtos existentes à base de chumbo "além da sua toxicidade, que fez com que fossem proibidos em vários países", deixavam de proporcionar um tingimento uniforme e duradouro. Schueller insistiu em que o seu produto era inofensivo e possibilitava que o usuário obtivesse uma cor satisfatória, do louro ao preto, com um único frasco. Essa transformação poderia ser obtida instantaneamente, em questão de momentos, ou progressivamente ao longo de algumas horas.

Em outras palavras, Schueller estava convencido de que tinha inventado a perfeita fórmula sintética de tintura para cabelos.

A maioria dos relatos afirmam que ele inicialmente chamou o produto de L'Auréale – inspirado em um penteado que era uma corruptela da palavra *auréole*, ou "auréola" – mas os arquivos de publicidade da empresa mostram que já em 1910 o produto estava sendo anunciado como L'Oréal, "o melhor produto conhecido atualmente", à venda por 2 francos e 50 cêntimos.

Outro anúncio retrata uma mulher jovem de pé diante do sinistro "relógio do tempo". O texto diz o seguinte: "Eu não envelheço mais – pinto o cabelo com L'Oréal".

Como a maioria dos pioneiros da beleza, Schueller se acostumou a ficar acordado até tarde e a ter os nós dos dedos esfolados, fabricando os seus produtos à noite no seu pequeno laboratório e mostrando-os nos salões de cabeleireiro durante o dia. Financiado por um conhecido – um contador chamado Georges Spery, que admirava de tal maneira o dinamismo de Schueller que colocou a maior parte da sua herança na empresa –, o jovem químico contratou um vendedor e um demonstrador. Dizem que este último fora "cabeleireiro da corte imperial na Rússia", deixando entrever um talento para vender com uma linguagem bombástica.

A história estava do lado de Schueller. No início da década de 1900, a França foi atingida por uma onda de inovação industrial e técnica que traria com ela os automóveis, o cinema, a imprensa popular e – impulsionando e lucrando com tudo isso – a propaganda de massa. O cabeleireiro de celebridades Antoine comentou em 1912 que, com o advento do carro movido a motor, as mulheres elegantes estavam usando o cabelo mais curto. Mas como assinala Jacques Marseille, até mesmo as operárias das fábricas que iam de bicicleta para o trabalho queriam parecer tão bonitas quanto as mulheres que apareciam nas revistas ilustradas. E Eugène Schueller, filho de padeiros humildes, que percorria regularmente as ruas em busca de novos clientes, não via nenhum motivo pelo qual elas não deveriam fazê-lo.

O sucesso de Schueller dependeu de uma estratégia dupla: um estreito relacionamento com donos de salões e cabeleireiros, e um marketing que postulava o estilo do penteado como um dos componentes essenciais da moda. Já em 1909, Schueller tinha uma coluna na recém-lançada revista especializada *La Coiffure de Paris,* na qual ele prometia responder a todas as perguntas relacionadas com as técnicas de tingimento do cabelo. Em 1923, ele deu um passo mais à frente lançando a sua própria revista especializada, *L'Oréal Bulletin*, que mantinha os salões atualizados com os últimos produtos da empresa. No lado do consumidor, ele lançou a publicação *L'Oréal Humoristique* em 1925 – concebida para ser distribuída e lida nos salões – seguida por uma revista feminina completa chamada *Votre Beauté* em 1933.

Para produzir os seus anúncios, Schueller trabalhava com ilustradores e fotógrafos de renome como Herbert Libiszewski e Harry Meerson, cujo trabalho enfatizava a destreza artística do penteado perfeito. Como acontece com frequência na indústria da beleza, Hollywood deu uma mãozinha: quando Jean Harlow apareceu no filme *Platinum Blonde* [*Loura e Sedutora*] em 1931, a demanda do charme em frasco atingiu o auge. Por sorte, a L'Oréal havia lançado um produto que agia ainda mais rápido, o Imédia, cerca de dois anos antes.

A empresa também era sensível à moda de outras maneiras. Ela já começara a se diversificar em 1928 com a aquisição da empresa de sabão Monsavon. Mas agora estava pronta para uma inovação mais radical. Notando que a pele bronzeada se tornara extremamente popular, Schueller pôs a sua pequena equipe de pesquisa em campo para criar uma loção que possibilitasse que os usuários se bronzeassem uniformemente sem se queimar. O Ambre Solaire foi lançado, como observa Geoffrey Jones, "pouco antes das férias de verão" de 1935.

A L'Oréal começara, gradualmente, a modificar os hábitos de cuidados pessoais e a aparência dos seus consumidores. Outra revolução teve lugar com o lançamento de um xampu destinado ao mercado de massa chamado Dop em 1934. Isso pode não parecer particularmente inovador, mas na época de Eugène Schueller, os cabeleireiros fabricavam o seu próprio xampu misturando sabão e cristais de bicarbonato de sódio na água quente. O resultado era um líquido branco no qual minúsculos fragmentos de sabão flutuavam como flocos de neve. Schueller reparara que, quando ele saía do cabeleireiro, o seu cabelo estava "praticamente tão sujo quanto estava antes de ser lavado com xampu". Na Alemanha, o químico e perfumista Hans Schwarzkopf tinha começado a experimentar os xampus em pó em 1908, mas estes ainda eram à base de sabão, e apresentavam o mesmo resultado fosco. Embora Schwarzkopf tenha sido responsável pela popularização da palavra "shampoo" – ela deriva do vocábulo híndi *champo*, que significa "massagear" – ele só lançou um produto não alcalino de sucesso em 1933.

O Dop surgiu da teoria de Schueller de que lavar o cabelo era como lavar qualquer outro tipo de fibra. Ele pediu o parecer de um químico especializado no tratamento de tecidos. O resultado foi uma solução de limpeza baseada em sulfatos de álcool, que não deixavam resíduo de sabão: na realidade, deixavam o cabelo brilhante e macio. Schueller patenteou o produto com o nome Dopal, que ele lançou no mercado como Dop. Em 1938, a L'Oréal estava vendendo três fórmulas de Dop: para cabelos normais, para cabelos grisalhos e para crianças. Isso era extremamente vanguardista numa época em que ainda era considerado desnecessário lavar o cabelo mais de uma vez por semana.

Schueller explicou pessoalmente o problema para o pessoal da sua equipe de vendas. "A França tem 43 milhões de habitantes. Vamos imaginar que esses 43 milhões de pessoas lavem a cabeça uma vez por semana. Venderíamos 20 vezes o número de unidades que vendemos no momento."

A fim de atingir essa meta ideal, Schueller fez uma propaganda agressiva do seu produto. Junto com a mídia impressa tradicional, os *outdoors* e os anúncios nas laterais dos ônibus, ele se voltou para o veículo emergente do rádio, saturando as ondas aéreas com *jingles*. Ele também organizou competições de lavagem de cabelo para as crianças nos circos. Dop estava em toda parte.

Na condição de empresário, Eugène Schueller estava construindo um império de tintura para o cabelo, espuma de sabão e xampu.

Politicamente, contudo, ele estava longe de ser muito limpo.

UMA GUERRA SUJA

No tumulto econômico e na crescente tensão política do final da década de 1930, vários políticos e empresários franceses sentiam que apaziguar Hitler talvez fosse a única maneira de salvar o seu país da ruína, e também de garantir o seu futuro financeiro.

Embora a plena extensão do seu envolvimento nunca tenha sido comprovada, Schueller pairava sobre a periferia de um grupo de extrema direita conhecido como *La Cagoule* (ou "O Capuz"). Fundado pelo ex-oficial de artilharia Eugène Deloncle, o Comitê Secreto de Ação Revolucionária, o seu nome oficial, jurava lutar pela "recuperação nacional e econômica do país" contra todos aqueles que fossem contrários aos seus objetivos. Idealmente, isso significava derrubar o governo.

Pode ter soado como uma conspiração de uma das brochuras sensacionalistas que eram populares na época, mas *La Cagoule* era ao mesmo tempo real e letal. Perto do final da década de 1930, ela praticou uma série de assassinatos, entre eles os do banqueiro e franco-maçom soviético Dimitri Navachine, do jornalista antifascista italiano Carlo Rosselli e do irmão deste último, Sabatino (em troca de uma partida de pistolas automáticas Beretta do serviço secreto italiano). O grupo também atacou com bombas dois prédios em Paris de propriedade de um sindicato de metalúrgicos na tentativa de incriminar o Partido Comunista Francês. Organizado mais como um exército particular do que como uma organização política, o grupo possuía um arsenal descomunal ("La Cagoule tombe le masque", revista *Historia*, 1º de junho de 2007). Em outubro de 1941, os seus membros explodiram sete sinagogas.

Segundo Jacques Marseille na sua história da L'Oréal, Eugène Schueller era amigo de uma série de "Cagoulards". Depois da queda da França em 1940, ele ajudou a financiar o grupo seguinte de Deloncle, Le Mouvement Social-Révolutionnaire (O Movimento Social Revolucionário), cujo objetivo era "construir uma nova Europa com a cooperação da Alemanha e de todas as outras nações que eram livres, como ela, do capitalismo liberal, do judaísmo, do bolchevismo e da Maçonaria". Dessa vez, o nome de Schueller apareceu abertamente nos pôsteres e panfletos políticos do grupo – ao lado do de Jacques Corrèze, o secretário de Deloncle, que se tornaria *chairman* das operações da L'Oréal American, ("Jacques Corrèze, L'Oréal official and Nazi collaborator, dies at 79"[11], *New York Times*, 28 de junho de 1991).

---

11. Tradução literal: ("Jacques Corrèze, executivo da L'Oréal e colaborador nazista, morre aos 79 anos". (N. dos trads.)

Depois da guerra, Schueller foi convocado a comparecer diante de uma comissão formada para identificar colaboradores. Durante a investigação, foi proposta uma visão diferente das suas atividades no período da guerra. Foi dada a impressão de que, na incerteza e ambiguidade dos anos que antecederam e que vieram logo depois da Ocupação, Schueller teria se aliado àqueles que ele julgou estar mais bem situados para ajudá-lo a promover as suas teorias econômicas – particularmente o "salário proporcional", no qual os trabalhadores seriam remunerados de acordo com a sua contribuição para os resultados. Já em 1942, ele tinha se afastado de Deloncle. Posteriormente, ele atuou na Resistência, ajudando pessoas a escapar dos campos de concentração nazistas e ajudando judeus a fugir para a zona não ocupada.

A comissão também constatou que os produtos vendidos para o ocupante entre julho de 1940 e agosto de 1944 representaram apenas 2,5% das vendas totais da L'Oréal, e 12,5% das da Monsavon.

Em 1947, a comissão inocentou Schueller. Ele se comportara de uma maneira imprudente, declarou o registro, mas os seus atos posteriores de patriotismo demonstraram que ele não era um colaborador. A mancha na sua reputação fora – quase – apagada. Os seus vestígios sombrios iriam voltar à tona muito depois da sua morte.

DEPOIS DE SCHUELLER – DA LANCÔME À NESTLÉ

Em 1952, Eugène Schueller aceitou "o Oscar de Publicidade" de uma associação industrial de publicidade francesa. No ano seguinte, um grupo de agências publicitárias especializadas em cinema lançariam outro programa de premiação, o Lions, que a partir de então se tornou a referência internacional nos círculos publicitários criativos. Mas nesse meio-tempo, esse bizarro Oscar tipicamente francês foi o maior reconhecimento que um profissional de marketing francês poderia esperar receber.

O próprio Schueller sabia que os franceses eram ambivalentes com relação à publicidade. O consenso geral, ele admitia, era que a propaganda possibilitava que as empresas "vendessem produtos baratos por preços mais elevados". Na opinião dele, o oposto era verdadeiro. A publicidade, argumentava ele, mantinha os consumidores informados a respeito de inovações que melhoravam a vida e incrementavam a renda que promovia a pesquisa de produtos ainda mais eficazes. Fazia sentido que a propaganda da L'Oréal equilibrasse imagens de beleza com explicações da ciência por trás do *glamour*.

Quando Schueller faleceu em 1957 aos 76 anos de idade, o seu posto no comando da L'Oréal foi ocupado por François Dalle, que ingressara no departamento de contabilidade da Monsavon em 1942 e subira os degraus da hierarquia, vindo a se tornar diretor executivo. O próprio Dalle tinha um relacionamento ambíguo com a publicidade. "Eu consideraria perigosa a ideia de uma empresa ser mais impulsionada pela propaganda do que pelos seus produtos", comentou ele. Assim como Schueller, ele achava que a missão fundamental da L'Oréal era de pesquisa e inovação, cujos resultados fomentariam as suas iniciativas de marketing.

A teoria de Dalle aparentemente foi corroborada em 1962 com o lançamento do *spray* para cabelo Elnett. Graças, uma vez mais, ao cinema – especialmente aos cachos engenhosamente desgrenhados de Brigitte Bardot – as mulheres francesas estavam tendo mais dificuldade em arrumar o penteado sem a ajuda de um cabeleireiro. Elas precisavam de algo que mantivesse o cabelo no lugar, e o Elnett cumpria esplendidamente a sua função. Era a primeira vez que as mulheres tinham acesso a um produto que segurava o cabelo sem, como disse Jacques Marseille, "que ele ficasse com o aspecto de cartolina". A propaganda era mínima, mas o boca a boca mais do que compensou a falta dela: logo o Elnett tinha conquistado 28% do mercado francês de laquê. O fato de os pesquisadores da L'Oréal terem distribuído o produto para os colegas, amigos e a família para que o testassem sem dúvida contribuiu para esse fenômeno.

Foi assim que Dalle iniciou o que seriam quase trinta anos no comando da L'Oréal. Ele era ajudado por trás dos bastidores pela filha de Eugène Schueller, Liliane, que se casara com o político André Bettencourt (um amigo do seu pai, que tinha um passado político analogamente ambíguo) em 1950. Dalle foi responsável por muitas das iniciativas que estabeleceram a base da evolução da L'Oréal e que a transformaram em uma gigante internacional. Tomemos, por exemplo, a aquisição da Lancôme.

Armand Petitjean criara a marca em 1935, tendo sido o seu nome inspirado nas rosas silvestres que ele vira ao redor do Château de Lancosme na região do Indre na França. Petitjean já vivera pelo menos três vidas antes disso: como exportador de produtos europeus para a América Latina, como consultor para assuntos da América Latina do Ministério das Relações Exteriores durante a

Primeira Guerra Mundial e como executivo da empresa de perfumes Coty. Essas experiências tinham despertado em Petitjean o desejo de compartilhar a elegância francesa com o resto do mundo. Para ajudá-lo, ele escolheu a dedo uma equipe de altíssimo nível da Coty, que incluía os irmãos d'Ornano – hábeis vendedores – e o *designer* de frascos Georges Delhomme.

Ele lançou as suas primeiras cinco fragrâncias (Tendre Nuit, Bocages, Conquête, Kypre e Tropiques) na Exposição Universal em Bruxelas daquele ano, onde recebeu um prêmio por inovação. Nesse meio-tempo, esse aspirante a embaixador do luxo fundou uma pequena fábrica em um local anteriormente dedicado, de uma maneira bastante apropriada, à fabricação de pérolas artificiais. Ele também abriu uma butique na prestigiosa rue du Faubourg Saint Honoré.

Trabalhando com um veterinário de cavalos, Petitjean desenvolveu um creme para a pele contendo uma solução de soro de cavalo a 4%, uma antitoxina derivada do sangue de cavalos e comumente usada em vacinações. Um anúncio da década de 1950 descrevia o Nutrix como "um creme milagroso... o anjo da guarda da sua pele". Dizem que o Ministério da Defesa Britânico até mesmo o recomendou como uma possível defesa contra os efeitos da exposição à radiação nuclear ("Il était une fois Lancôme", www.joyce.fr., 2008).

Instintivamente, Petitjean preferia o marketing boca a boca à publicidade tradicional – uma considerável ironia, levando-se em conta que a Lancôme é hoje um dos anunciantes de cosméticos mais agressivos do mundo, tendo recrutado celebridades como Isabella Rossellini, Juliette Binoche, Uma Thurman, Kate Winslet e Julia Roberts, entre outras, para fazer a propaganda dos seus produtos.

O rígido perfeccionismo de Petitjean iria determinar o futuro da empresa. Em 1937, ele lançara um batom macio e luxuoso de muito sucesso chamado Rose de France, que fazia "os lábios brilharem como os de uma criança". Os estojos de batom da Lancôme eram obras de arte, folheados com prata ou ouro. No entanto, já na década de 1960, a moda estava dando uma guinada na direção dos estojos de batom de plástico baratos descartáveis. Petitjean recuava diante deles horrorizado, incapaz de acreditar que as mulheres desejassem levar na bolsa essas monstruosidades. Por não aceitar as tendências do consumo, a Lancôme sofreu uma queda violenta nas vendas.

Em 1964, um cavaleiro branco apareceu na forma da L'Oréal e François Dalle. Petitjean aceitou a proposta de aquisição – desde que a L'Oréal não traísse a tradição de luxo da sua marca. A L'Oréal não tinha a menor intenção de fazer isso. Na realidade, ela usou a Lancôme para se reposicionar como fornecedora de produtos de beleza de luxo. Como se para marcar o início de uma nova era de sofisticação, nesse mesmo ano ela vendeu a Monsavon.

A obsessão dos anos 1960 pela juventude se revelaria útil para uma empresa como a L'Oréal. Tirando proveito de um mercado florescente de produtos de beleza, ela inaugurou maiores instalações de pesquisa e produção. Além da Lancôme, ela acrescentou à sua lista as marcas de luxo Jacques Fath e André Courrèges, bem como a empresa de cuidados com o cabelo Garnier. A L'Oréal intensificou a sua expansão internacional, criando departamentos de distribuição na Argélia, no Canadá, no México, no Peru e no Uruguai.

Embora a L'Oréal tivesse aberto o capital em 1963, Liliane Bettencourt continuou a ser a sua principal acionista. Mas a L'Oréal era ambiciosa demais para permanecer uma empresa familiar. Para financiar o seu futuro crescimento, ela precisava de um parceiro com grandes recursos. Em 1974, Liliane Bettencourt assinou um contrato passando efetivamente quase metade da companhia para a Nestlé.

As vantagens dessa transação ficaram visíveis na diversificação da L'Oréal na área farmacêutica, com a aquisição de 53,4% da Synthélabo, e na área das revistas de luxo com uma participação de editores franceses da *Marie Claire* e *Cosmopolitan*. A L'Oréal também assumiu o controle total da marca de cuidados com a pele Vichy Laboratories, que era sua parceira de pesquisa desde a década de 1950. A expansão continuou em direção à Austrália, Nova Zelândia, Hong Kong e Japão. Em 1984, Dalle renunciaria à liderança da L'Oréal, sabendo com segurança que o grupo já excedera em muito as ambições de Eugène Schueller para ele.

CIÊNCIA E ESCÂNDALO

Dalle foi sucedido na direção da L'Oréal por Charles Zviak, cujo reinado seria breve porém decisivo. Agora com 62 anos, Zviak trabalhava na L'Oréal desde 1942, quando ingressara na Monsavon como técnico de laboratório. Ele ajudou a descobrir métodos que transformaram os estilos de penteado das mulheres; entre esses métodos estava o "permanente a frio". Ao longo dos anos, ele ascendera ao cargo de diretor de pesquisas e depois ao de vice-presidente. Zviak entendia bem a ligação entre a beleza e a ciência. Na realidade, como afirma Jacques Marseille, Zviak acreditava que as marcas de beleza bem-sucedidas eram desenvolvidas em um "triângulo de ouro" de pesquisas, marketing e qualidade.

Zviak conduziu ainda mais a L'Oréal na direção da pesquisa dermatológica. Na década de 1980, o grupo adquiriu os laboratórios Galderma, Goupil e La Roche-Posay – todos especializados nos cuidados com a pele. O químico e pesquisador também assegurou que a L'Oréal poderia competir no mercado em expansão de cremes antienvelhecimento, graças a um produto chamado Niosôme (baseado em uma nova forma de lipossomo) lançado em 1986 pela Lancôme.

Mas François Dalle não estava de modo nenhum fora do cenário da L'Oréal. Na realidade, ele conseguira fazer com que o grupo ingressasse no setor do cinema.

Dalle se associara a um produtor de televisão e de filmes chamado Jean Frydman para criar uma produtora chamada Paravision, na qual a L'Oréal tinha uma participação de 75%. Frydman era um judeu sobrevivente de um campo de concentração e ex-herói da Resistência que vivia parte do tempo em Israel, onde tinha negócios na área de televisão por satélite. A importância desse fato logo ficará clara.

Em 1989, os dois homens brigaram por causa da orientação futura da Paravision. Através da imprensa, Frydman afirmou que a L'Oréal estava tentando obrigá-lo a sair da empresa porque o grupo adquirira a marca Helena Rubinstein e estava sendo ameaçado de um boicote pelos países árabes. Os artigos sugeriam que a L'Oréal sabia que a Liga dos Países Árabes estava avaliando a extensão das conexões da empresa com Israel, o que tornava Frydman uma desvantagem para ela. Isso teria sido desagradável em quaisquer circunstâncias, mas uma lei francesa de 1977 dizia que era ilegal para as empresas cooperar com o boicote. Frydman evocou o passado negro da L'Oréal, particularmente os vínculos entre o seu fundador, Eugène Schueller, e o ex-CEO da companhia nos Estados Unidos, Jacques Corrèze, com La Cagoule. A sujeira que o processo judicial do pós-guerra deveria ter limpado tornou-se de novo abruptamente aparente, chocando uma nova geração.

No meio do escândalo, Jacques Corrèze foi forçado a renunciar ao cargo de *chairman* da Cosmair, a divisão de marketing americana da L'Oréal. Corrèze, que sofria de câncer, faleceu nessa mesma noite. Posteriormente, Dalle e Frydman resolveram a disputa fora dos tribunais. A amargura e o escândalo se dissiparam quando a mídia voltou a atenção para outros assuntos.

Mas a "questão Frydman", como a imprensa francesa chamou o caso, foi sem dúvida uma experiência instrutiva para o novo chefe do grupo L'Oréal, Lindsay Owen-Jones.

TALVEZ ELA TENHA NASCIDO ASSIM

A nomeação de Owen-Jones como presidente e CEO em 1988 simbolizou o desejo da L'Oréal de se tornar uma protagonista internacional. Ele certamente não tinha nada a ver com a ideia – ainda arraigada na cultura da companhia – de que a L'Oréal era basicamente uma empresa de cuidados com o cabelo. Durante a sua gestão, a companhia iria se tornar uma das primeiras a ingressar na Europa Oriental depois da queda do Muro de Berlim. Ela se expandiu por toda a Ásia, prestando atenção à China bem antes de muitos dos seus concorrentes. Acima de tudo, ela conquistou os Estados Unidos, assumindo o controle total da Cosmair e adquirindo marcas americanas icônicas, passando depois a comercializá-las ao redor do mundo. Na história da L'Oréal, existe definitivamente o antes e o depois de Lindsay Owen-Jones.

Owen-Jones era natural do País de Gales e ingressou na L'Oréal em 1962 depois de estudar literatura em Oxford e administração na INSEAD, uma respeitável escola de negócios nos arredores de Paris. Inicialmente, ele pensara em seguir a carreira diplomática, mas chegara à conclusão de que os negócios internacionais poderiam ser uma maneira alternativa de conhecer diferentes culturas. O aspecto multicultural da sua personalidade era a chave do seu sucesso e a força motriz que transformou completamente a L'Oréal.

Como você já deve ter percebido, a L'Oréal prefere que os seus líderes tenham galgado os degraus em direção ao topo dentro do grupo. Owen-Jones não era exceção. Ele logo descobriu que entrar para a L'Oréal equivalia a um aprendizado à moda antiga. Ele passou períodos na fábrica, no laboratório (onde aprendeu a fazer permanente e tingir o cabelo) e atuou ainda como vendedor externo na Normandia antes de se tornar um gerente de produto do Elnett. Como ele próprio declarou certa vez para um entrevistador da revista *Barron's*, Owen-Jones tinha afinidade com a beleza. "Eu já tinha descoberto que realmente adorava as mulheres, e como fui criado com várias irmãs, em vez de as mulheres me inspirarem assombro, eu ficava mais atento ao dia a dia. Eu ficava bem menos perdido quando olhava para um batom do que a maioria dos meus amigos" (citado na *Encyclopaedia of World Biography,* edição *on-line,* 2004).

O fato de Owen-Jones acreditar no que estava fazendo era proveitoso. Os produtos de beleza não eram meras mercadorias: aqueles tubos, cremes e loções faziam com que as pessoas se sentissem melhor consigo mesmas e facilitavam o relacionamento delas com os outros. Ao trabalhar na L'Oréal, Owen-Jones estava fazendo uma contribuição positiva para a sociedade.

Ele continuou a galgar os degraus da escada: gerente de produto na Bélgica, diretor de marketing da divisão do consumidor, CEO na Itália e, finalmente, *chairman* e CEO da divisão americana de marketing. Nesta última função, ele transformou a *performance* da marca Lancôme.

A chave foi a loja de departamentos Macy's, que havia se recusado a conceder ao intruso francês um espaço de balcão igual ao da 100% americana Estée Lauder. Como relata Geoffrey Jones, Owen-Jones argumentou, com êxito, que "a propagação das roupas europeias e de carros como o BMW nos bairros residenciais abastados indicava que esses consumidores estavam 'prontos para um pouco de sofisticação europeia'". De uma maneira ainda mais persuasiva, ele comentou que o quinhão da Macy's seria maior se as marcas rivais tivessem um faturamento igual. A Macy's aceitou o argumento. Para melhorar o seu poder de fogo, Owen-Jones convidou a atriz e modelo Isabella Rossellini para ser o rosto da marca e triplicou o orçamento de publicidade desta última. O resultado foi que as vendas da Lancôme nos Estados Unidos aumentaram 30% entre 1983 e 1988, quando as vendas americanas representavam 35% da receita global da marca.

Isso era mais do que suficiente para fazer Paris abrir os olhos. Mas Jacques Marseille escreve que a L'Oréal apreciava mais Owen-Jones por ele se enquadrar na sua cultura do que pela sua habilidade em ganhar dinheiro para o grupo. "Em outras palavras, por ele ter ideias bem-sucedidas, trabalhar sem se fatigar em excesso porque a ocupação é gratificante e antever o mercado a fim de criar produtos que darão certo."

Quando Owen-Jones se tornou o CEO da L'Oréal, ele foi um dos primeiros estrangeiros a ocupar essa posição em uma empresa francesa. O seu truque foi manter a L'Oréal inteiramente francesa, ao mesmo tempo que a transformava em uma empresa verdadeiramente internacional. "Procurei ser um traço de união entre a França e os países anglófonos", declarou ele à *Businessweek* ("L'Oréal: the beauty of global branding",[12] 26 de junho de 1999). Em vez de homogeneizar as marcas e torná-las insípidas, ele enfatizava as suas raízes culturais. A aquisição da marca Maybelline nos Estados Unidos é um exemplo dessa abordagem.

Um químico chamado T. L. Williams havia fundado a Maybelline em Nova York em 1915. Ele deu esse nome à empresa em homenagem à sua irmã

---

12. Tradução literal: "L'Oréal: a beleza do branding global". (N. dos trads.)

Mabel, cujo hábito de espessar os cílios com vaselina e pó de carvão o havia inspirado a desenvolver um produto para escurecer os cílios. Em 1917, ele lançou um dos primeiros rímeis modernos. Até a década de 1960, a Maybelline se concentrou na maquiagem para os olhos. Em 1969, a empresa foi comprada pela Plough, Inc. (posteriormente Schering-Plough), que transferiu a sua base de operações para Memphis, Tennessee, e expandiu a sua linha de cosméticos. Em 1991, ela adotou o conhecido *slogan* de propaganda "Maybe she's born with it, maybe it's Maybelline".[13]

Por insistência de Owen-Jones, a L'Oréal adquiriu a Maybelline por 758 milhões de dólares em 1996. Ele a levou de volta ao seu lugar de origem, adicionando as palavras evocativas "New York" ao nome da sua marca e posicionando-a como um sinônimo "do tamanho, estilo, cor e sucesso que conferem à cidade a sua atmosfera cativante" (Maybelline.com).

Convencido (como a Revlon estivera vários anos antes) de que o fascínio de Manhattan se propagava bem, Owen-Jones começou então a vender essa imagem para o resto do mundo. "Eu tinha a ambição, talvez irrealista", disse ele para a revista *Time*, "de colocar um batom da marca Maybelline na mão de cada chinesa". Aparentemente, a ambição não era tão irrealista: lançada na China em 1998, já em 2004 a marca Maybelline era reconhecida por 98% das chinesas. Na realidade, ela era responsável por mais da metade do bilhão de dólares das vendas oriundas dos mercados fora dos Estados Unidos. Apenas no Japão, a Maybelline tornou-se a marca de cosméticos do mercado de massa mais vendida em 2000 ("Dreams of beauty", revista *Time*, 26 de abril de 2004).

Outros triunfos se seguiram. A L'Oréal adquiriu as marcas americanas Soft Sheen e Carson, que fabricavam produtos para o cabelo para consumidoras afro-americanas, fez a fusão delas como Soft Sheen/Carson e exportou a marca para a África do Sul e o Senegal. Logo, ela estava obtendo 30% da sua receita desses novos mercados.

Em 2004, a L'Oréal adquiriu a marca japonesa de cosméticos Shu Uemura. A empresa tinha o nome do seu criador, um maquiador de cinema que adquirira fama em Hollywood depois de transformar a atriz Shirley MacLaine na personagem principal do filme *My Geisha* [*Minha Doce Gueixa*] de 1962, e tinha exatamente o perfil multicultural perfeito. A aquisição conferiu à L'Oréal uma

---

13.   É um jogo de palavras em inglês, já que "maybe" significa "talvez", cuja tradução literal é: "Talvez ela tenha nascido assim, talvez seja Maybelline". (N. dos trads.)

posição mais segura no Japão, mas também pôde causar o efeito inverso, vendendo a ideia da beleza de vanguarda de Tóquio para consumidoras ocidentais sofisticadas. O posicionamento da marca enfatiza "a arte da beleza".

Outra aquisição inteligente foi a marca de cuidados com a pele e o cabelo *cult* de Nova York, a Kiehl's. Fundada em 1851 por um farmacêutico homeopata chamado John Kiehl, a empresa ainda era administrada a partir da loja original – que dava a impressão de praticamente não ter mudado – no East Village. Esse era o único ponto de venda a varejo da firma; o resto da distribuição era feita por lojas de departamentos selecionadas. A imagem prosaica da marca e a sua embalagem funcional a tornava popular com os consumidores do sexo masculino – um grupo-alvo ardiloso para as empresas do setor da beleza. O marketing era decididamente boca a boca, apoiando-se em amostras generosas e o endosso de clientes. Quando a L'Oréal abocanhou a marca em 2000, ela começou a abrir pontos de venda da Kiehl's no mundo inteiro. Ironicamente, ela correu o risco de destruir a qualidade simples e prática que atraíra originalmente os consumidores. Antigos fãs começaram a se queixar de que a marca perdera a autenticidade, mas a estratégia de marketing comedida permaneceu intacta.

Críticas semelhantes saudaram a aquisição da Body Shop em 2006, a marca de beleza "natural" britânica criada em 1976 pela falecida Dama Anita Roddick e pelo seu marido Gordon. Embora fosse ocasionalmente acusada de exagerar as suas credenciais Verdes para fins de marketing, a marca estava estreitamente associada a questões como o comércio justo, o desenvolvimento sustentável e a aversão às experiências com animais. A aquisição possibilitou que a L'Oréal explorasse o crescente interesse do consumidor nessas áreas.

Por trás dos bastidores, Owen-Jones otimizou a estrutura da L'Oréal. Ele fortaleceu e expandiu a linha de cosméticos vendida com o nome da marca L'Oréal Paris, transformando-a essencialmente em uma marca de beleza global de mercado médio. Ele reduziu drasticamente as marcas que estavam tendo um desempenho fraco ou que tinham pouco potencial global, conservando um núcleo de "megamarcas" internacionais. Para auxiliar esse processo, Owen-Jones criou uma equipe internacional de gerentes de marca que poderiam manter uma identidade global coesa para cada marca ao mesmo tempo que corresponderiam às tendências locais. (Um exemplo disso foi o lançamento do batom Water Shine da Maybelline no Japão, que atendeu ao desejo local de lábios úmidos e cintilantes. O produto alcançou um grande sucesso e, mais tarde, se expandiu pelo mundo inteiro.)

Em conformidade com a teoria de Eugène Schueller de que as marcas de sucesso são desenvolvidas com base na pesquisa e na inovação, Owen-Jones aumentou oito vezes a equipe de pesquisa da empresa (esta contém agora mais de 3 mil membros) e supervisionou a criação de catorze centros de pesquisa ao redor do mundo. As pesquisas na área de engenharia de tecido foram ajudadas pela aquisição de uma empresa chamada SkinEthic, especializada em pele desenvolvida em laboratório que elimina a necessidade de experiências com animais. Uma parceria com as pesquisas nutricionais da divisão da Nestlé resultou na Innéov, uma linha de pílulas de beleza.

Nesse meio-tempo, Owen-Jones voltou a enfatizar algumas das marcas mais antiquadas da L'Oréal, estabelecendo a Lancôme como um *slogan* internacional da beleza sofisticada "com um toque de charme francês" (lancome.com) reacondicionando a "beleza científica" de Helena Rubinstein para uma nova geração.

Sir Lindsay Owen-Jones (ele foi condecorado cavaleiro em 2005) afastou-se do cargo de CEO da L'Oréal em 2006, embora tenha permanecido como *chairman* até o início de 2011. Com ele na direção, a empresa alcançara décadas de um crescimento de dois dígitos e tinha sido drasticamente transformada de uma companhia francesa bem-sucedida de cuidados com o cabelo com aspirações de luxo em uma gigantesca corporação com mais de 64 mil funcionários e presente em 130 países. E ela fizera tudo isso com um portfólio de 23 marcas internacionais básicas.

A tarefa nada invejável de substituir Owen-Jones coube a um francês, Jean-Paul Agon. Descrito pelo grupo como tendo "afinidade com o marketing", Agon foi o homem de ponta de Owen-Jones durante a grande expansão asiática. Mais tarde, ele dirigiu a L'Oréal nos Estados Unidos no período em que a Garnier invadiu o mercado com a sua linha Fructis. Ele também ajudou a planejar a transação com a Body Shop.

Assim como o seu predecessor, Agon ingressara na L'Oréal logo que saíra da escola de negócios. Que tipo de cultura corporativa produz funcionários que nunca parecem querer deixar a empresa?

PORQUE VOCÊ MERECE

Nós nos encontramos no terraço de um restaurante no distrito Montparnasse de Paris. Eu conseguira convencer um ex-funcionário da L'Oréal a conversar comigo a respeito de como o grupo inculca uma extrema lealdade na sua equipe. Ele me contou muitas coisas, mas uma, em particular, me marcou. "Eles sempre dizem que você tem talento", comentou o meu contato, que vamos chamar de Alex. "Eles nunca afirmam que você tem 'potencial'. É sempre 'talento'. Pense na diferença que isso faz."

Na realidade, eu estava pensando no famoso *slogan* da L'Oréal: "Porque você merece". Essa é a perfeita abordagem de vendas para uma empresa do setor da beleza com um posicionamento de luxo. Na verdade, o *slogan* passara por várias iterações, começando em 1973 com "Porque eu mereço". A frase foi criada pelo redator de publicidade de 23 anos Ilon Specht, que trabalhava para a agência de publicidade McCann Erickson. Proferido pela primeira vez pela atriz Cybill Shepherd, ele era o sentimento ideal para um período em que as mulheres estavam exigindo uma maior igualdade. E o *slogan* perdurou – pelo menos até 2004. A essa altura a mensagem feminista se diluíra e a frase começou a parecer arrogante e narcisista, especialmente nos lábios de uma atriz que ganhava milhões de dólares para pronunciá-la. Por conseguinte, ela se transformou na frase mais inclusiva "Porque *você* merece". Mais tarde ainda, em 2009, a frase mudou para "Porque *nós* merecemos", com o objetivo de reforçar a conexão entre os consumidores e a marca.

A frase é ocasionalmente usada pelo departamento de recursos humanos do grupo para unir a equipe. Mas ela não parece pouco convincente ou tola para as pessoas que trabalham na empresa; a L'Oréal faz o possível para que os seus funcionários se sintam valorizados. Na realidade, o processo de introduzir a pessoa na família pode funcionar um pouco bem demais.

"Cada novo funcionário segue mais ou menos o mesmo percurso ao longo de um período de seis meses", explicou Alex. "Primeiro, você faz uma turnê completa atrás dos bastidores – P&D, distribuição, marketing e assim por diante – em um grau tal que você se sente como se já estivesse a caminho da gerência. Em seguida, você pega a estrada como profissional de vendas. Isso parece duro, mas não é. Você se hospeda em excelentes hotéis; é tratado com o máximo respeito. Na verdade, é uma experiência muito enriquecedora. Quando você volta, é recompensado com um cargo de gerente de produto."

Paralelamente, esses jovens *trainees* são incentivados a formar vínculos uns com os outros. "A L'Oréal organiza muitos eventos sociais para os seus aprendizes, de modo que você faz muitos amigos. E como todos estão no mesmo caminho, durante toda a sua carreira na L'Oréal, estão sempre topando uns com os outros, o que lhe confere uma incrível rede de contatos dentro da empresa. Você logo começa a se socializar fora da companhia. Grande parte da conversa gira em torno da L'Oréal e dos seus colegas."

Isso é ótimo – até que você vai embora. "Durante o período que passei na L'Oréal, nunca vi ninguém ser demitido. E muito poucas pessoas pedem demissão, porque quando você termina o período de experiência, você está mais ou menos convencido de que não vai encontrar um cargo melhor em nenhum outro lugar."

Uma pesquisa realizada por Béatrice Collin e Daniel Rouach para o livro *Le Modèle L'Oréal* (2009) afirma que as pessoas trabalham na L'Oréal em média durante 13 anos. A rotatividade de pessoal da empresa no mundo inteiro é de 5,9% para os executivos e de 4,5% para toda a força de trabalho. Mas ninguém deve concluir por causa disso que trabalhar na L'Oréal é fácil. Lindsay Owen--Jones era famoso por promover um espírito de competição dentro da empresa. Ele frequentemente lançava marcas rivais no mesmo mercado, jogando equipes uma contra a outra. Os funcionários eram constantemente desafiados a defender as suas decisões. Em uma certa medida, os funcionários da L'Oréal são irmãos de armas, unidos em combate contra a sua própria hierarquia exigente.

"Existe um culto da perfeição na L'Oréal", confirmou Alex. "Nada jamais está certo na primeira vez. Mesmo que você tenha seguido à risca as instruções do seu superior, eles encontrarão uma maneira de você recomeçar, mesmo que isso signifique modificar os parâmetros ou contradizer a si mesmos. Você aprende bem rápido que deve ter sempre um plano *b*."

Chegar cedo e trabalhar até tarde é obrigatório, já que os jovens executivos se esforçam para impressionar os seus chefes. No entanto, Alex considera a L'Oréal uma experiência positiva. "Poucas empresas são tão diversificadas ou oferecem tantas chances para os jovens. Você recebe muita autonomia desde cedo, porque a L'Oréal deseja que você desenvolva habilidades de tomada de decisões e um senso de responsabilidade. Ao mesmo tempo, os erros são geralmente perdoados, porque eles são parte de uma cultura que incentiva a inovação."

O perfil internacional da companhia é outra atração: a probabilidade de uma viagem ou de um cargo no exterior é forte. Parece haver pouca dúvida de que Alex teria ficado mais tempo na L'Oréal se tivesse tido a chance. Mas às vezes as pessoas escorregam através da rede. "Eu estava substituindo uma pessoa que estava de licença médica, e quando ela voltou não conseguiram encontrar um cargo de tempo integral para mim", explicou.

Tendo a L'Oréal no seu currículo, ele logo conseguiu outro emprego. No entanto, uma única noite foi suficiente para lembrar a ele que na L'Oréal, quando você está fora – você está fora. "Pouco depois de eu ter ido embora, convidei alguns amigos para ir à minha casa. Por acaso, algumas pessoas estavam viajando e a maior parte do grupo era composta por antigos colegas da L'Oréal. E não deu outra. Eles só falavam a respeito de um lugar onde eu já não trabalhava e de pessoas que eu não conhecia mais. Eu me senti excluído em uma reunião que eu dei na minha própria casa. Quando eu trabalhava lá, não me dera conta do quanto todos estávamos profundamente envolvidos com a empresa. Foi nessa ocasião que eu tive que aceitar o fato que a L'Oréal é uma espécie de seita."

É claro que as seitas são conhecidas pela sua discrição. E os *L'Oréaliens* têm a reputação de manter as suas fileiras firmemente fechadas. "Se eles não conhecem você, ou se você não foi apresentado por alguém em quem eles confiam, você não vai conseguir que alguém diga uma única palavra", me avisou uma assessora de imprensa de uma empresa rival. O prognóstico dela se revelou inteiramente correto. Os meus e-mails e telefonemas foram recebidos com um muro de silêncio.

Não se tratava de paranoia. Nas palavras de Collin e Rouach, "A L'Oréal é ao mesmo tempo altamente acessível graças à sua propaganda e à sua comunicação corporativa, e difícil de penetrar porque ela tem receio de revelar as suas vantagens estratégicas em uma indústria particularmente competitiva... A propensão para o sigilo dentro do grupo tornou-se uma arte praticada por vários dos seus dirigentes".

Os autores acrescentam que as pessoas que trabalham na L'Oréal têm a impressão de que assinaram um termo de confidencialidade. Mesmo depois de deixar a empresa, elas sentem que compartilhar os seus segredos seria como cometer uma traição.

Essa "inclinação para o sigilo" fez com que o escândalo que atingiu o auge no verão de 2010 parecesse particularmente suculento. A história girou em torno de uma rixa entre Liliane Bettencourt e a sua filha, Françoise Bettencourt-Meyers. Françoise não aprovava a amizade entre Liliane e um fotógrafo da sociedade chamado François-Marie Banier, que se tornara íntimo da idosa herdeira depois de fotografá-la para uma revista. Françoise levou a questão aos tribunais, alegando que Banier tinha explorado o "frágil estado mental" da sua mãe a fim de obter presentes de doações no valor de quase 1 bilhão de euros. Ela insistiu em que o tribunal entregasse o controle dos bens da mãe para ela.

A questão foi finalmente decidida com uma reconciliação inesperada entre as mulheres. Bettencourt-Meyers desistiu do processo judicial depois que a sua mãe prometeu romper todos os vínculos com Banier, inclusive retirando o seu nome de apólices de seguro que o designavam como beneficiário. O futuro da maior fortuna da França estava garantido – mas não antes de a mídia ter se fartado de histórias sobre gravações ilícitas, doações secretas para o partido da situação na França, sonegação de impostos em uma escala assombrosa e o tipo de benesse que considera uma ilha nas Seychelles uma gratificação apropriada.

Finalmente foi dado um basta ao assunto quando Liliane Bettencourt e a filha foram vistas juntas em público pela primeira vez desde que tinham resolvido as suas diferenças. Elas compareceram juntas ao show de Armani, para quem a L'Oréal fabrica perfume.

No mundo da beleza, até mesmo um escândalo termina em um tom sedutor.

DICAS DE BELEZA

* Eugène Schueller vendia as suas tinturas de cabelo usando uma dupla estratégia: um estreito relacionamento com proprietários de salões e cabeleireiros, e o marketing de consumo que associava o estilo de penteado à alta-costura.

* Ele também evocou a necessidade de parecer mais jovem como um motivo para comprar.

* Mais tarde, ele inovou nas áreas dos xampus do mercado de massa e dos óleos de bronzear.

* Os sucessores de Schueller deslocaram a L'Oréal para os setores de luxo e dos cuidados com a pele – por meio de aquisições como a Lancôme e a Vichy – e expandiram enormemente o departamento de pesquisa.

* Charles Zviak acreditava que as marcas de beleza de sucesso são desenvolvidas em um "triângulo de ouro" de pesquisa, marketing e qualidade.

* Lindsay Owen-Jones, nomeado CEO em 1988, tem o mérito de ter transformado a L'Oréal em uma gigante global.

* Ele se especializava em enfatizar a tradição de uma marca – como a atmosfera vibrante de Nova York para a Maybelline ou a sofisticação de Paris para a Lancôme – para conferir a ela uma atratividade mundial.

* Gerentes internacionais da marca garantiram que as "megamarcas" globais da L'Oréal mantinham firmes os valores e as identidades mas correspondiam às tendências locais.

* Owen-Jones incentivava um espírito de competição interna entre marcas e funcionários para tornar a empresa ainda mais dinâmica.

* As políticas de recrutamento e treinamento da L'Oréal produzem funcionários altamente leais e competitivos.

AS GIGANTES DO BANHEIRO

*"Descubra o que os consumidores querem
e depois ofereça-o para eles."*

William Procter talvez tenha tido um andar saltitante enquanto percorria as ruas de Londres naquela manhã de 1832. A perspectiva de um árduo dia de trabalho certamente não o amedrontava. Quando menino, ele trabalhara como aprendiz em uma grande loja, onde aprendera a fabricar velas, um processo conhecido como "mergulho" por causa da maneira como o pavio era mergulhado na cera. Agora, ele estava no início da casa dos 30 anos, e o futuro parecia mais brilhante do que mil velas. Um dia antes, Procter tinha inaugurado a sua própria loja para vender tecidos de lã e roupas. Era a sua primeira aventura empresarial e ele não tinha nenhum motivo para duvidar de que ela seria um sucesso.

Ao se aproximar da loja, Procter percebeu que algo estava errado. A porta parecia entreaberta, e havia uma rachadura na vidraça. Alguns momentos depois, os seus piores receios foram confirmados: a loja tinha sido arrombada por ladrões. As prateleiras estavam vazias. O roubo deixou Procter com uma dívida de 8 mil libras – uma enorme quantia naquela ocasião. Ele ficara arruinado da noite para o dia.

Movido por vergonha ou por um desanuviado otimismo, Procter decidiu recomeçar a vida no Novo Mundo. Ele e a esposa partiram para os Estados Unidos. Quando chegaram, seguiram o exemplo de muitos pioneiros antes deles e rumaram para o Oeste. No entanto, a má sorte ainda não tinha concluído sua tarefa com relação a William Procter. Quando eles estavam descendo o Rio Ohio, sua mulher ficou doente, obrigando-o a procurar cuidados médicos em Cincinnati. Ela faleceu alguns meses depois.

Aparentemente incapaz de prosseguir, Procter conseguiu um emprego em um banco de Cincinnati. Trabalhando arduamente para pagar as suas dívidas, ele começou a fabricar velas nas horas vagas. Este era um passo lógico, considerando-se a imediata disponibilidade de óleo e gordura como um subproduto do ramo de negócio mais proeminente da cidade: o abate e preparo da carne para o consumo. Logo Procter já tinha deixado o banco e estava administrando um lucrativo negócio próprio onde era o único dono.

Embora ele nunca tenha deixado a cidade onde a sua primeira esposa havia falecido, ele se recuperou o suficiente para se casar com uma jovem chamada Olivia Norris, filha do proeminente fabricante de velas Alexander Norris. A irmã de Olivia, Elizabeth Ann, era casada com um irlandês, fabricante de sabão, cuja família emigrara para os Estados Unidos em 1819. Por coincidência, a doença desse rapaz tinha originalmente feito com que a sua família se demorasse em Cincinnati. Quando ele se recuperou, decidiram ficar na cidade. Quando William Procter o conheceu, a sua fábrica de sabão e vela estava indo razoavelmente bem. O seu nome era James Gamble.

PROCTER & GAMBLE: UNIDOS PELO DESTINO

Alexander Norris era claramente um homem arguto. Podemos imaginá-lo sentado com os genros ao redor da lareira, talvez fumando um cachimbo após o jantar. De qualquer modo, ele tinha um bom conselho a dar para eles. Ele observou que eles estavam competindo pelas mesmas matérias-primas. Por que não se tornarem sócios em um negócio? A Procter & Gamble foi fundada no dia 31 de outubro de 1837. O seu ativo total: 7.192,24 dólares. (A história é narrada de uma maneira diferente na publicação de 2006 do grupo P&G, *A Company History: 1837 – today.*)

Ela não era, a rigor, uma empresa de beleza. O seu sucesso se baseou em grande medida no sabão, especialmente depois que a lâmpada elétrica destronou as velas. Mas como os pioneiros da beleza, a Procter & Gamble era especialista em branding – tanto instintivamente quanto por necessidade.

O conceito de branding surgiu durante a revolução industrial, quando lojistas que tinham anteriormente vendido os seus produtos apenas no balcão da loja começaram a despachá-los para toda parte, graças à era do vapor. Tendo acesso tanto à estrada de ferro quanto ao Rio Ohio, a Procter & Gamble estava idealmente localizada para lucrar nessa nova era. Assim como os outros fabricantes, eles eram obrigados a marcar os seus caixotes com um símbolo que possibilitasse que os estivadores e encarregados da carga, não raro analfabetos, os identificassem. A marca registrada original da P&G era uma estrela dentro de um círculo. Com o tempo, William Procter acrescentou a lua e treze estrelas, representando as treze primeiras colônias americanas. O logotipo permaneceria em grande medida inalterado até a década de 1930. E a companhia que ele simbolizava já era um negócio milionário no final da década de 1850.

A P&G se revelou perita em reconhecer oportunidades. A fabricação do sabão dependia de uma substância chamada breu, uma resina sólida extraída da seiva do pinheiro. Em meio aos rumores de uma iminente guerra civil, os filhos dos fundadores – James Norris Gamble e William Alexander Procter – viajaram para o sul para comprar um enorme suprimento de breu, negociando um grande desconto na barganha. Nesse meio-tempo, a companhia começou a construir uma nova fábrica para acompanhar o crescimento das vendas. Previsivelmente, em 1862, enquanto outros fabricantes foram obrigados a cruzar os braços, impotentes, quando o fornecimento de breu foi ficando cada vez menor, a Procter & Gamble conseguiu contratos para fornecer sabão e velas para o exército da União.

Essa nova geração também inventou uma das marcas mais duradouras da empresa. O sabão Ivory foi desenvolvido por James Norris Gamble e outro filho de Procter, Harley. Um feliz acidente no processo de mistura colocara mais ar no produto do que habitualmente, o que fez com que as barras de sabão flutuassem.

O nome se inspirou em uma frase da Bíblia que Harley Procter havia descoberto quando estava na igreja: "dos palácios de marfim".[14] Ele também tinha poder psicológico: naqueles dias, o uso do sabão era frequentemente associado não apenas à limpeza, mas também à pele clara.

Naquela época, a propaganda tinha uma reputação deplorável nos Estados Unidos. Ela era considerada a exaltada "poção mágica" da arte de vender – a linguagem elegante destinada a enganar os consumidores ingênuos e levá-los a comprar mercadorias questionáveis, o equivalente moderno do curandeiro que desce de uma diligência com um saco tilintante cheio de poções ineficazes. Mas Harley Procter achou que as propriedades exclusivas do Ivory se prestavam bem a uma campanha publicitária. Ele convenceu os sócios a separar o impressionante orçamento de 11 mil dólares. O sabão milagroso, "tão puro que flutua", foi anunciado no jornal *Independent* no país inteiro em 1882. O produto estava destinado a alcançar uma imensa popularidade. A P&G tirou proveito do surgimento das revistas ilustradas femininas, publicando o seu primeiro anúncio totalmente em cores na *Cosmopolitan* em 1896.

À medida que a P&G avançava a passos largos em direção ao século XX, ela começou a assumir parte da forma da empresa que conhecemos hoje. Em 1886, ela construiu uma fábrica enorme, ultramoderna, chamada Ivorydale, a alguns quilômetros ao norte de Cincinnati. Quatro anos depois, o local se tornou a sede de um dos primeiros laboratórios de pesquisa de produtos dos Estados Unidos, dedicando-se a descobrir melhores fórmulas e métodos de fabricação de sabão. No entanto, um avanço revolucionário em 1911 retirou a P&G totalmente do banheiro. A empresa estivera fazendo experimentos com óleo de semente de algodão hidrogenado, que permanece sólido à temperatura ambiente, como matéria--prima para sabão. Ao longo do caminho, ela inventou uma alternativa para a gordura de cozinha convencional. A empresa comercializou o produto com o nome de Crisco, a gordura vegetal mais saudável. A P&G impulsionou as vendas em 1912 publicando um livro de receitas culinárias que exigiam o uso de Crisco.

É desnecessário dizer que a Primeira Guerra Mundial praticamente não afetou a companhia, a qual, uma vez mais, tinha se preparado para momentos mais difíceis. Quando os Estados Unidos entraram no boom de consumo dos frenéticos anos vinte, a P&G estava em excelente forma para investir em um novo veículo: o rádio. Crisco patrocinava programas de culinária, enquanto o sabão

---

14. "Ivory" significa marfim. (N. dos trads.)

em pó Oxydol mais tarde associou o seu nome a um seriado chamado *Ma Perkins*. O patrocínio alcançou tanto êxito que a P&G repetiu a tática com outras marcas. Você certamente não precisa que eu lhe diga que aí nasceu a novela.

REDEFININDO O BELO

O desejo de entender como os consumidores reagiam à propaganda fez com que a Procter & Gamble inovasse de outra maneira. Em 1924, ela criou um dos primeiros departamentos de pesquisa de mercado. Até essa ocasião, o desenvolvimento de produtos fora em grande medida uma questão instintiva, sem muita lógica. Mas a P&G estava determinada a satisfazer as necessidades cotidianas dos seus clientes – e para fazer isso, ela precisava de mais informações a respeito da vida deles.

O departamento era dirigido por um economista chamado Paul "Doc" Smelser. O livro *American Business, 1920-2000: How it Worked* (2000), de autoria de Thomas K. McGraw, retrata Doc como "um homem pequeno, irritável e sério" cujos alinhados paletós esportivos e gravatas contrastavam com os trajes sombrios da maioria dos executivos da P&G. Ele costumava provocá-los ainda mais aproximando-se deles e fazendo, subitamente, "perguntas como 'Qual o percentual de sabão Ivory que é usado para o rosto e para as mãos, e qual o percentual que é usado para lavar a louça?' Com frequência, ninguém sabia a resposta".

Doc dirigiu o departamento de pesquisa de mercado durante 34 anos, transformando-o "talvez na mais sofisticada unidade do seu tipo no mundo". A sua equipe de pesquisadores cresceu e chegou a milhões de membros. Ele recrutou milhares de entrevistadores de porta em porta, muitos dos quais eram mulheres que eram obrigadas a usar "um vestido conservador, salto alto e chapéu". Elas interrogavam delicadamente as entrevistadas a respeito dos seus hábitos culinários, de lavar e passar a roupa e das tarefas domésticas em geral. Durante esse processo, "elas não deveriam carregar listas, formulários ou blocos de papel" para não intimidar as entrevistadas. Isso significava que elas tinham que correr de volta para o carro para anotar o que tinham acabado de ouvir.

A partir das numerosas informações que entravam no seu departamento, Doc descobriu "quase tudo o que poderia ser descoberto a respeito de como os produtos da empresa e os dos concorrentes estavam sendo usados, como poderiam ser usados e o que os consumidores gostavam ou não gostavam a respeito deles". Além disso, ele se interessava pelas pesquisas da mídia. "Ele gostava de surpreender os gerentes das estações de rádio fornecendo-lhes estatísticas precisas a respeito do índice da sua audiência, estatísticas que eles não possuíam."

Com a ajuda de Doc, a P&G pôde cumprir a sua missão: "Descubra o que os consumidores querem e depois ofereça-o para eles". Mas essa frase particular foi inventada por outro pioneiro do grupo. O seu nome era Neil McElroy – e ele foi o inventor da administração da marca.

McElroy tinha ingressado na P&G em 1925, vindo diretamente de Harvard. Seis anos depois, ele estava trabalhando em uma campanha publicitária para o sabonete Camay quando lhe ocorreu que poderia haver uma maneira mais eficaz de administrar o departamento de marketing. Ele distribuiu um memorando de três páginas sugerindo que, em vez de o pessoal de marketing da empresa trabalhar com várias marcas diferentes, a empresa deveria definir equipes dedicadas para cada marca. As marcas seriam administradas como linhas de negócios separadas, com um pequeno grupo de funcionários subordinados a um gerente de marca. Eles seriam responsáveis não apenas pelo marketing, mas também pelas vendas, pelo desenvolvimento do produto e por todas as outras tarefas necessárias para garantir o sucesso da marca. Cada marca competiria com todas as outras dentro da P&G, bem como com as dos concorrentes. Isso promoveria a inovação e obrigaria as marcas a descobrir novos nichos.

A Procter & Gamble adotou a proposta de McElroy. Ela foi precursora da técnica que Lindsay Owen-Jones iria usar muitos anos depois para a competição interna na L'Oréal. "A administração da marca como técnica comercial foi uma das notáveis inovações do marketing americano no século XX", confirma McGraw.

No final da Segunda Guerra Mundial, a P&G era um verdadeiro leviatã. A sua competitividade havia criado uma tenaz cultura corporativa. McGraw a encara como "fortemente coesa, reservada, ambiciosa [e] obcecada pelo marketing". Por meio de uma série de novos lançamentos e aquisições, ela parecia se insinuar em cada aspecto da vida do dia a dia dos consumidores. A lista de marcas lançadas na segunda metade do século XX dá a impressão de ser uma lista de compras semanais: detergente Tide (1946), creme dental Crest (1955), papel higiênico Charmin (1957), fraldas Pampers (1961), xampu Head & Shoulders (1961), detergente Ariel (1967), batatas fritas Pringle's (1968), amaciante de roupas Bounce (1972) e absorventes higiênicos Always (1983).

Ela se expandiu para o setor de produtos de beleza com a aquisição da Richardson-Vicks (Oil of Olay, Pantene e Vidal Sassoon) em 1985, da Noxell (fabricante da CoverGirl e de Noxzema) em 1989, da Old Spice um ano depois e dos cosméticos Max Factor e Ellen Betrix no ano seguinte.

Essas aquisições a encorajaram a desenvolver a sua linha de perfumes com o lançamento de Giorgio Beverly Hills; com o tempo ela iria produzir fragrâncias para Dolce & Gabbana, Dunhill, Escada, Gucci, Hugo Boss, Lacoste e Puma, entre outros.

A pesquisa de mercado da empresa e as técnicas de administração da marca fizeram dela uma máquina maravilhosa. Uma das suas metas, segundo Tom McGraw, era duplicar as vendas a cada dez anos. Para fazer isso, ela reservou bilhões para a propaganda, principalmente na televisão. Já em 1993, as vendas ultrapassaram os 30 bilhões de dólares, sendo que mais da metade delas ocorreu fora dos Estados Unidos.

Mas apesar dos seus negócios no setor da beleza, a P&G ainda era uma empresa de bens de consumo de massa superficialmente envolvida com o segmento da beleza. Como Geoffrey Jones descreve em *Beauty Imagined*, tudo isso mudou no início da década de 1990. Em 1992, o executivo principal da P&G, Ed Artzt, proferiu um discurso chamado "Redefinindo o belo", no qual ele opinou que a beleza era "o setor mais dinâmico" no qual a companhia atuava, e também o que encerrava "o maior potencial de crescimento". Explicando por que uma "empresa de sabão e detergente com 155 anos de idade iria desejar se aventurar no mundo da moda e do *glamour*", ele ressaltou que o setor da beleza estava sendo cada vez mais impulsionado pela pesquisa e tecnologia, o que fazia dele "o nosso tipo de atividade".

Menos de uma década depois, a P&G era chefiada por A. G. Lafley, que havia anteriormente dirigido o grupo de administração da beleza da empresa. Ele compreendia que as elevadas margens de lucro dos produtos de beleza proporcionavam um esplêndido retorno sobre o investimento. A beleza também estava em harmonia, escreve Jones, "com os pontos fortes da P&G no branding e na inovação, e o profundo conhecimento da companhia dos canais das lojas de descontos, das farmácias e dos supermercados". Ela começou a investir dinheiro de propaganda na adormecida marca Oil of Olay e a expandir o seu setor de cuidados com o cabelo, comprando a fabricante de tinturas de cabelo Clairol.

Depois, em 2005, ela adquiriu a Gillette por 57 bilhões, criando de uma só tacada o maior grupo de bens de consumo do mundo. A medida lhe conferiu o acesso não apenas aos produtos de barbear da Gillette, mas também aos aparelhos elétricos da Braun, ao desodorante Right Guard e às baterias Duracell.

E a transação conferiu força à P&G em uma área na qual ela fora um tanto deficiente: o mercado dos cuidados pessoais masculinos ("P&G to buy Gillette for $ 57 billion", Associated Press, 28 de janeiro de 2005).

No final da década, a P&G tinha deixado de ser uma "empresa de sabão e detergente" e se transformado em uma companhia que devia metade do total das suas vendas à beleza, aos cuidados pessoais e à saúde.

UNILEVER: CONTRIBUINDO PARA A ATRATIVIDADE PESSOAL

A P&G tem concorrentes nas categorias de produtos para o lar e cuidados pessoais. Você certamente está familiarizado com a Colgate-Palmolive, a Reckitt Benckiser e a Johnson & Johnson, todas as quais estão presentes nos nossos banheiros de uma maneira ou de outra, desde o creme dental e os comprimidos para dor de cabeça ao xampu e o talco. Mas vamos dar uma olhada mais detalhada na Unilever, que é dona de um punhado de marcas importantes como a Dove, a Lux, a Pond's, a Lifebuoy, a Sunsilk, a TIGI, a Vaseline e a atrevida fragrância masculina Axe (conhecida como Lynx no Reino Unido).

Ela também causou um grande impacto na história da higiene pessoal. No final do século XIX, um dos fundadores da companhia que se tornou a Unilever, um inglês chamado William Hesketh Lever, teve uma ideia que iria revolucionar a maneira como as pessoas compravam e usavam o sabão.

Nascido em Bolton em 1851, Lever era filho de um merceeiro, e como era o normal da época, ele naturalmente seguiu os passos do pai na profissão. Naqueles dias, o sabão era vendido para os merceeiros em grandes blocos, os quais o lojista cortava em pedaços menores para cada cliente. O jovem William Lever começou a se perguntar se não seria possível vender o sabão em barras individuais. Ele começou o seu próprio negócio, inicialmente comercializando sabão de outros fabricantes.

Convencido de que a qualidade do sabão poderia ser melhorada, ele começou a reinvestir os seus lucros na pesquisa. Junto com o irmão James, ele arrendou uma fábrica em Warrington em nome de Lever Brothers. (James nunca desempenhou uma função ativa no negócio – o livro *The King of Sunlight: How William Lever Cleaned up the World* de Adam Macqueen de 2005 leva a crer que ele sofria de diabetes, uma doença pouco compreendida na época, que pode ter feito com que ele fosse considerado mentalmente instável.)

Em Warrington, Lever fez experimentos com várias fórmulas antes de chegar a uma mistura de óleo de semente de palmeira, óleo de semente de algodão, resina e sebo. Ele comercializou o produto como sabão Sunlight, envolvendo cada barra em uma embalagem colorida e vistosa. Isso era "asseio" com um preço acessível, descomplicado e produzido em massa. As vendas aumentaram tão rápido que Lever se viu obrigado a abrir uma fábrica maior ao lado do Rio Mersey em Cheshire. Em um eco da Ivorydale da Procter & Gamble, ele chamou as novas instalações de Port Sunlight. Já em 1895, a nova fábrica estava produzindo 40 mil toneladas de sabão por ano.

Lever se considerava mais do que um mero empresário. O seu objetivo era melhorar a vida dos vitorianos típicos, "tornar o asseio corriqueiro, diminuir o trabalho das mulheres, promover a saúde e contribuir para a atratividade pessoal, para que a vida pudesse ser mais agradável e gratificante para as pessoas que usarem os nossos produtos" (www.unilever.com).

Ele também se esforçou para garantir que os seus trabalhadores vivessem felizes e com conforto. Port Sunlight não era apenas uma fábrica – era uma aldeia, com moradia e comodidades para todos os que lá trabalhavam. Isso tinha a desvantagem intrínseca que, se você perdesse o emprego, também ficava sem ter onde morar.

Adam Macqueen escreve que os trabalhadores de Lever

> viviam em grande estilo, com as suas casas espaçosas sendo uma mistura extraordinária de detalhes arquitetônicos e sentimentalismo piegas construídas de acordo com as predileções peculiares de Lever, mas cada aspecto do estilo de vida desses trabalhadores era rigorosamente determinado. Eles comiam juntos em refeitórios isolados sob o olhar de obras-primas pré-rafaelitas, que eram o excesso da coleção de arte pessoal de Lever. Eles se exercitavam juntos no ginásio da aldeia ou nadavam na piscina ao ar livre próxima à área verde da aldeia. Eles prestavam culto na falsa igreja medieval, bebiam no Temperance Inn e se sentavam juntos nas aulas "totalmente compulsórias" de história, idiomas e literatura.
>
> ("The king of sunlight", *Times*, 13 de maio de 2004)

A abordagem paternalista se estendia à vida social das pessoas. Nas horas vagas, era esperado que elas se envolvessem em uma das atividades impostas pela aldeia, que iam de uma orquestra filarmônica a uma companhia teatral "completa com o seu próprio auditório com mil lugares". As mulheres tinham que pedir permissão ao "departamento social" se quisessem comparecer ao baile semanal na câmara municipal com um colega do sexo masculino. Aqueles que infringissem as regras ou que não se encaixassem poderiam ser demitidos. Lever não foi de jeito nenhum o primeiro a equiparar o asseio físico ao conhecimento e à probidade, mas poucos levaram a ideia e esse extremo.

No trabalho, Lever ficava intensamente de olho nas atividades, observando atentamente o chão-de-fábrica da sua sala envidraçada. Não obstante – assim como as casas e os refeitórios no trabalho – a jornada de trabalho de oito horas, os programas de pensão, e os benefícios de desemprego e doença desfrutados pelos seus funcionários eram praticamente inauditos. Macqueen escreve o seguinte:

> Em 1888, o ano da fundação de Port Sunlight, mais de mil operários da fábrica de fósforos Bryant & May na área leste de Londres entraram em greve por terem sido obrigados a trabalhar turnos ininterruptos de catorze horas lidando com fósforo amarelo, um carcinógeno que literalmente deteriorava o rosto daqueles que eram expostos a ele. Quase todos os funcionários da fábrica tinham que pagar pelos seus jalecos e ferramentas com o seu escasso salário, e até mesmo pagar pelo custo do aquecimento da fábrica.
>
> (*Ibid.*)

Nem todas as inovações de Lever atraíam elogios universais. Em 1906, ele juntou forças com outros fabricantes de sabão para formar um monopólio do "cartel do sabão", com a ideia de que tanto os consumidores quanto os fabricantes se beneficiariam de economias de escala no que dizia respeito às matérias-primas, à produção e à propaganda. Mas esses monopólios já vinham sendo atacados nos Estados Unidos, e a atitude de Lever foi duramente criticada pela imprensa britânica. Um *cartum* publicado no jornal *Daily Mirror* parodiou o seu império como "Port Moonshine", representando um ganancioso magnata do sabão dizendo a um consumidor intimidado: "Sou dono da situação, somente eu posso fabricar sabão e aumentarei o preço para quanto eu quiser". Acusações semelhantes da parte do *Daily Mail* instigaram Lever a processar os jornais. Ele ganhou a considerável quantia de 50 mil libras, mas o monopólio foi desmantelado antes que o ano terminasse.

Esse contratempo não impediu Lever de expandir a companhia. Em 1910, ele adquiriu a empresa de sabão Pears. A popular marca fora lançada em Londres no final do século XVIII por um barbeiro do Soho chamado Andrew Pears. Muitos dos consumidores do Pears se queixavam dos efeitos irritantes do sabão na pele, de modo que ele começou a fazer experimentos com ingredientes mais suaves, criando finalmente um produto baseado em glicerina. A transparência e o aroma floral do sabão se revelaram altamente agradáveis, embora fosse somente por insistência do neto de Andrew, Francis Pears, que ele se tornou a base de uma empresa com o nome e A & F Pears Limited.

Francis Pears foi ajudado por um dos gênios pioneiros do marketing na forma do seu genro, Thomas J. Barrett. Em um famoso momento da história da publicidade, Barrett convenceu o artista pré-rafaelita Sir John Everett Millais a vender para ele um quadro sentimental de um inocente menino contemplando bolhas de sabão. Ele então convenceu Millais a acrescentar uma barra do sabão Pears à imagem. "Bubbles" tornou-se um ícone – o tipo de propaganda que as pessoas penduravam em casa nas paredes. Além disso, Barrett conseguiu um dos primeiros endossos de celebridades – o de Lillie Langtry, artista, cortesã e amante do Príncipe de Gales.

Quando Lever pôs as mãos na Pears, ele transferiu a produção para Port Sunlight. Ele também seguiu o exemplo de Barrett, comprando quadros e transformando-os em anúncios para as suas mercadorias. Ao contrário de Barrett, ele nem sempre pedia permissão.

Lever adotou uma abordagem singular da publicidade criando o que era, efetivamente, uma agência interna: a Lever International Advertising Services, mais conhecida como Lintas. Embora ela tenha mais tarde se separado da empresa controladora e se tornado uma agência independente, ela permaneceu fortemente dependente do seu criador durante décadas, até que o seu nome finalmente se dissolveu na interminável dinâmica de aquisições e consolidações.

A abordagem altruística que William Lever havia adotado na Grã-Bretanha não se estendeu às suas atividades ligadas ao óleo de palma no Congo Belga, onde ele se aproveitou de um horripilante sistema de trabalho forçado introduzido pelos colonizadores. A atmosfera estava mais para *Heart of Darkness*[15] do que para Port Sunlight. Hoje em dia, esses métodos provocariam a indignação dos consumidores e um boicote, mas as regras morais da era colonial eram diferentes, e Lever manteve a sua reputação de filantropo. Ele recebeu o título de Barão de Leverhulme em 1917, e de Visconde de Leverhulme em 1922. Lever morreu de pneumonia em 1925.

Cinco anos depois, o óleo de palma formou as bases escorregadias de uma nova entidade. A Lever Brothers uniu forças com a fabricante de margarina holandesa, a Margarine Unie, que também dependia do óleo de palma para fabricar o seu produto. Juntas, elas puderam importar maiores quantidades do óleo de uma maneira mais eficiente e econômica. A empresa resultante da fusão foi chamada de Unilever.

A companhia resistiu à Grande Depressão da década de 1930, em parte por adotar uma nova tendência, afastando-se do uso do "sabão em pedra" na limpeza doméstica em prol do sabão em flocos e em pó. Além disso, ela fez campanhas exaltando as vantagens da margarina enriquecida com vitaminas, levando as vendas às alturas. Em 1941, durante os ataques aéreos alemães contra Londres, o sabonete Lifebuoy da Unilever patrocinou um serviço de lavagem de emergência gratuito. Vans com a marca Lifebuoy equipadas com duchas quentes, sabão e toalhas seguiam velozmente para as áreas onde o fornecimento de água tivesse sido interrompido pelos bombardeios.

A partir de 1950, o progresso da Unilever se assemelhou bastante ao da Procter & Gamble. Em Port Sunlight, a ênfase na pesquisa estava aumentando, e foram montados laboratórios para analisar as tendências do consumo e os avanços tecnológicos nas áreas da higiene e da nutrição. A mesma década presenciou o lançamento de duas das marcas de maior sucesso da Unilever: o xampu Sunsilk[16] e o sabonete Dove.

Quando o Sunsilk começou a ser anunciado na televisão em 1955, a mensagem era que – ao contrário das marcas rivais – ele requeria apenas uma única

---

15. Pequeno romance de autoria de Joseph Conrad publicado em 1902. Foi publicado no Brasil com o título *O Coração das Trevas*. Os editores do site Modern Library o consideram um dos cem melhores romances já escritos. A história gira em torno de Charles Marlow, um inglês que vai para a África a serviço de uma companhia comercial belga como capitão de um barco fluvial. A obra expõe o lado negro da colonização europeia. (N. dos trads.)

16. O xampu, mais tarde lançado no Brasil, é o conhecido Seda. (N. dos trads.)

aplicação, eliminando, portanto, menos óleos naturais do cabelo. Mas a propaganda da marca realmente deslanchou em 1967, graças a John Barry, o compositor das músicas dos filmes de James Bond, que criou uma melodia chamada "The girl with the Sun in her hair".[17] Os anúncios em si eram bastante evocativos. Em um deles, uma mulher jovem sem maquiagem, de aparência agradável, é jogada no lago pelo namorado: "Um rosto sem maquiagem é a prova – o cosmético mais importante de uma mulher é o xampu que ela usa... isso faz parte da arte da beleza". Mas a verdadeira elegância e sofisticação foi conferida aos anúncios pelo tema inesquecível de Barry, que se revelou tão popular que fez sucesso como *single*.

Devido à crise do petróleo, os anos 1970 foram difíceis para todo mundo, mas para a Unilever, a atmosfera geral de dificuldade foi exacerbada pelo crescimento das redes de supermercado, cujo poder de compra enfraqueceu o poder de negociação da empresa. A Unilever contra-atacou: forçou a sua presença nos Estados Unidos com a aquisição da National Starch e tornou-se um dos maiores fornecedores mundiais de chá adicionando a Lipton International. A marca de desodorante Impulse ("Os homens não conseguem deixar de agir sob impulso") também foi lançada nesse período. No entanto, assim como a P&G na época, a Unilever ainda era uma empresa de bens de consumo com alguns negócios no setor da beleza.

Essa situação mudou, durante algum tempo, na década de 1980, quando a Unilever vendeu atividades que não estavam entre as principais da empresa – como as de transporte e de embalagem – e foi atrás da linha de negócios de que mais gostava: detergentes, alimentos e produtos de higiene. No meio dessa farra, ela abocanhou a Chesebrough-Pond's nos Estados Unidos, dona da Vaseline Intensive Care, do Pond's Cold Cream e, um tanto incongruentemente, do molho de espaguete Ragú.

Uma trinca de aquisições em 1989 tornou a Unilever uma importante protagonista no setor de perfumes e cosméticos. Em uma rápida sucessão, ela adquiriu o segmento europeu de fragrâncias da Schering-Plough, a Calvin Klein and Fabergé Inc., que abarcava a marca Elizabeth Arden e as fragrâncias de Chloé, Lagerfeld e Fendi. Assim como a P&G, a Unilever concluiu que a beleza era um setor com grandes margens de lucro, de modo que ela precisava ter uma presença

---

17. Tradução literal: "A moça com o sol no cabelo". (N. dos trads.)

importante nele. Sete anos depois, ela adicionou a Helen Curtis Industries, a empresa estabelecida em Chicago cujas marcas de cuidados com o corpo e o cabelo incluíam a Suave, a Finesse e a Salon Selectives.

Em 2000, a empresa tinha unificado todos os seus negócios de beleza em uma companhia separada chamada Univeler Cosmetics International. Ironicamente, essa medida marcou o início do fim do seu flerte com a beleza de prestígio.

A VERDADEIRA BELEZA

Em 2005, a Unilever decidiu, uma vez mais, racionalizar o seu portfólio de marcas. Ao longo das décadas de 1980 e 1990, o volume de crescimento da companhia tinha sido o medíocre percentual de 2,5%. Na virada do milênio, ela implementara uma estratégia chamada "Caminho do Crescimento", mas embora isso tenha gerado uma eficiência maior em áreas como a de compra de matérias-primas, a estratégia deixou de produzir um crescimento nas vendas.

Isso aconteceu porque a Unilever não tinha mudado com o tempo. Historicamente, ela "agira de um modo local" em vez de global, com empresas em grande medida autônomas administrando os seus próprios portfólios de marca em cada mercado. À medida que o mundo ia ficando menor, uma estratégia mais focalizada, de cima para baixo, se fazia necessária. A Unilever se tornaria um negócio global com uma única mensagem global e fortes marcas globais.

Como parte da nova abordagem, a Unilever faria uma perspicaz avaliação dos seus pontos fortes e fracos, e venderia as marcas que vinham exibindo um mau desempenho. A análise mostrou que as áreas que estavam crescendo rápido no setor dos cuidados pessoais eram os desodorantes, os cuidados com a pele e com o cabelo. Repare na ausência da palavra "fragrâncias". No final, a Unilever estava mais à vontade com o Sunsilk e o Dove do que com marcas sofisticadas, top de linha, com Vera Wang e Cerruti. Assim, a empresa teria que se descartar da Unilever Cosmetics International, a qual foi vendida para a gigante americana das fragrâncias, a Coty, por 800 milhões de dólares ("Unilever parts with perfume names", news.bbc.co.uk, 29 de maio de 2005).

Mais ou menos na mesma época, a Unilever lançou uma nova missão, anunciando que a sua meta era "satisfazer as necessidades diárias de nutrição, higiene e cuidados pessoais com marcas que ajudam as pessoas a ter uma boa aparência, se sentir bem e aproveitar melhor a vida". Essa política de "levar vitalidade à vida" iria influenciar tudo o que ela fazia.

Essa política certamente causou um efeito expressivo em uma marca particular: Dove.

Como determinamos nos capítulos anteriores, a mais antiga tática de marketing conhecida para marcas de beleza é fazer com que os consumidores fiquem paranoicos a respeito da aparência. Alguma coisa está errada com você – acne, pele seca, pele oleosa, sinais de envelhecimento, *especialmente* os sinais de envelhecimento – e essas marcas podem corrigir o problema. Mas e se Dove se posicionasse como a linha de produtos de cuidados com a pele para pessoas que se recusassem a aceitar essa chantagem emocional? E se Dove fizesse você se sentir bem por ser você?

A Campanha da Dove da Beleza Verdadeira foi lançada em 2004, com um trabalho criativo da agência de publicidade Ogilvy & Mather, e o apoio de relações públicas da Edelman Public Relations. O carro-chefe foi uma campanha na imprensa e em cartazes fotografados pelo fotógrafo de moda Rankin. As imagens mostravam mulheres comuns – algumas recrutadas por meio de anúncios em jornais – posando autoconfiantes em roupas íntimas em toda a sua imperfeita glória. Embora elas tenham sido perfeitamente iluminadas e apresentadas da maneira que lhes era mais vantajosa, elas claramente não eram supermodelos. Para início de conversa, elas tinham seios e coxas – e até mesmo uma barriguinha. A campanha se destacou tão fortemente em um setor povoado por náiades embelezadas digitalmente, que ela imediatamente atraiu uma enorme cobertura da imprensa.

Outro elemento que obteve sucesso na campanha foi um vídeo *on-line* de 2007 chamado "Evolution". Ele mostrava uma adolescente com espinhas no rosto de frente para a câmera. Uma sequência de *time-lapse* mostra como a maquiagem, o penteado e – crucialmente – as alterações com Photoshop a modificam, fazendo com que ela deixe de ser uma garota comum e se transforme no tipo de deusa que estamos acostumados a ver nos anúncios dos produtos de beleza. "É compreensível que a nossa percepção da beleza esteja distorcida", comenta a frase final do anúncio, antes de oferecer um *link* para o "Self-Esteem Fund" da Dove. Isso foi criado pela Unilever para "apoiar diferentes iniciativas que ajudam a educar e inspirar as jovens em uma definição mais ampla da beleza". Por exemplo, a empresa fez uma parceria com a Butterfly Association, uma organização australiana que ajuda pessoas com distúrbios alimentares.

"Evolution" ganhou dois Grand Prix no Cannes Lions – o equivalente do Oscar da indústria da publicidade – mas também impeliu alguns observadores a examinar com mais atenção a ética por trás da campanha da Dove. Houve sugestões de que os anúncios impressos não estavam totalmente livres da adulteração do Photoshop. Também foi ressaltado que a Unilever fabrica o creme para clarear a pele Fair & Lovely para o mercado asiático – e que os seus anúncios da marca Axe de cuidados pessoais masculinos (Lynx no Reino Unido) se baseiam na premissa de que o cheiro do produto é irresistível para as mulheres incrivelmente atraentes que fazem fila para fazer sexo com o herói.

A jornalista Alicia Clegg havia avaliado o dilema ético dessa campanha em um artigo anterior para o website Brand Channel da Interbrand. "A campanha... tem um propósito moral implícito", escreveu ela, "propósito esse que abraça as questões éticas do consumismo: a psicologia da autoestima, o suposto vínculo entre a pressão para se encaixar no visual esperado e os distúrbios alimentares, e os vários estigmas associados à velhice e às deformidades." E no entanto, opinou ela, "O marketing da Dove é a realidade dos *reality shows*, e não da vida do dia a dia. As modelos – embora não sejam *glamourosas* – receberam o tratamento do charme... Assim como os *reality shows* da televisão transformam pessoas comuns em estrelas da noite para o dia, a campanha da Dove eleva mulheres comuns à categoria de beldades honorárias" ("Dove gets real",[18] brandchannel.com, 18 de abril de 2005).

O argumento decisivo, é claro, era que o objetivo de toda a campanha era vender produtos de beleza. Os anúncios originais fotografados por Rankin eram de "cremes para firmar a pele", destinados a "reduzir visivelmente o surgimento da celulite". Se a abordagem ética não era hipócrita, era pelo menos insincera.

Mas funcionou. A campanha conferiu à Dove um propósito que a destacou das marcas concorrentes, aumentou significativamente as vendas (chegando a crescer 700% em alguns mercados) e colheu milhões de dólares em cobertura gratuita da mídia.

Depois do aumento repentino inicial, no entanto, as vendas começaram a se nivelar. Um novo debate teve início, no qual foi discutido se as mulheres realmente queriam parecer retratos "realistas" de si mesmas. Será que o que elas efetivamente queriam ouvir não era que as mulheres "fabulosas" – as atrizes e as supermodelos

---

18. Tradução literal: "A Dove cai na real". (N. dos trads.)

– compartilhavam alguns dos seus problemas e inseguranças? E que os produtos de beleza as ajudavam a ter a melhor aparência que elas poderiam ter?

Um profissional de publicidade francês me disse o seguinte: "O problema com a campanha da Dove é que ela não oferece esperança, que é no que consiste a propaganda da beleza. As pessoas compram produtos de beleza porque não desistiram de si mesmas. Elas não querem parecer 'comuns'. Elas querem parecer extraordinárias. Elas querem algo transformador. Do ponto de vista moral e intelectual, as mulheres aprovam a mensagem da Dove, mas quando estão na loja o coração delas lhes diz outra coisa. Portanto, elas compram o produto que promete torná-las mais bonitas".

A MAIOR MARCA MUNDIAL DE CUIDADOS COM A PELE

Outra marca encontrada nos armários dos nossos banheiros há muito tempo ocupa o território "saudável e natural" parcialmente invadido pela Dove. De acordo com a empresa de pesquisas Euromonitor, é a marca de cuidados com a pele mais vendida no mundo. Ela é alemã e o seu nome é, naturalmente, Nivea.

Em comparação com algumas das marcas de beleza mais sofisticadas, a Nivea parece inócua, amigável, quase inocente. Como ela colhe mais de 5 bilhões de euros em vendas anuais, existem todas as razões para acreditar que isso resulte de uma operação de marketing regular e sistemática.

A Nivea foi lançada em 1911. De acordo com o seu website, ela sempre foi "fomentada por... uma combinação de pesquisa, criatividade e *know-how* comercial", coisas que lembram o "triângulo de ouro" descrito por Charles Zviak da L'Oréal.

A marca é de propriedade da Beiersdorf, mas não foi criada pelo fundador dessa empresa, Paul Carl Beiersdorf. Tampouco Beiersdorf era inovador por mérito próprio. Farmacêutico por profissão, ele abriu um negócio em Hamburgo em 1880 e trabalhou com um pesquisador chamado Paul Gerson Unna para desenvolver o primeiro emplastro adesivo. Este era à base do látex natural guta- -percha, obtido da seiva da planta tropical que lhe deu o nome. A invenção foi patenteada em 1882.

Em 1890, Beiersdorf vendeu o negócio para outro farmacêutico, o Dr. Oscar Troplowitz. Foi esse homem que iria transformar a Beiersdorf em uma empresa global de artigos de marca. Ele combinava um espírito empreendedor com um arguto conhecimento dos consumidores e a capacidade de traduzir as necessidades deles em produtos.

O ex-consultor científico de Paul Beiersdorf, Paul Gerson Unna, mencionou para Troplowitz um novo agente emulsificante chamado Eucerit, derivado da lanolina, que tornava possível criar um creme estável à base de óleo e água, e fabricá-lo em quantidades industriais. Comprando rapidamente a patente do produto, bem como a fábrica que o fabricava, Troplowitz o utilizou como base para o Nivea. O nome deriva da palavra latina para "neve", *nix, nivis*. Além do Eucerit que ligava os óleos à água, o creme também continha "glicerina, um pouco de ácido cítrico e, para conferir a ele um aroma delicado, óleo de rosa e lírio-do-vale. A fórmula mudou pouco.

A cor branca pura do creme e a sua fragrância sutil deixam entrever a astúcia de marketing de Troplowitz. Ele compreendia que os cuidados com a pele não envolviam apenas a eficácia, mas também a emoção. Os primeiros anúncios retratavam uma "femme fragile" vulnerável, mas o estilo deles, contudo, era contemporâneo e dinâmico – trabalho de Hans Rudi Erdt, que pertencia a uma nova geração de artistas especializados na arte comercial.

Troplowitz faleceu em 1918, mas os seus sucessores se revelaram igualmente homens de visão. Muito antes de a L'Oréal, a P&G e a Unilever abraçarem a abordagem da "mega-marca", o nome Nivea foi expandido para abarcar uma multiplicidade de produtos de cuidados pessoais: sabonete, xampu, pó-de-arroz e creme de barbear.

A "femme fragile" sobreviveu até a década de 1920, quando o surgimento das moças atléticas, de cabelo curto e que dirigiam automóveis começou a fazer com que ela parecesse claramente ultrapassada. "Juventude e frescor" foram as palavras adotadas como valores da marca para os tempos em transformação. Além disso, o creme foi posicionado como um produto polivalente para toda a família – bom para suavizar tanto a barba do homem quanto a pele da mulher. Essa abordagem era realçada por um anúncio impresso mostrando três meninos de aspecto saudável sorrindo para a câmera. Ao mesmo tempo, a marca lançou uma competição para descobrir "as garotas Nivea". O artigo dizia: "Não queremos beldades ou a rainha do baile... mas vocês devem ser moças saudáveis, asseadas e viçosas, e simplesmente deslumbrantes".

Foi também nessa ocasião que a marca adotou as icônicas cores azul e branco, simbolizando o puro e descomplicado.

No final da década de 1930, a responsabilidade da propaganda da marca foi entregue à talentosa Elly Heuss-Knapp, que se tornou uma das mulheres mais famosas da área. Ela levou Nivea para o lado de fora, associando a marca ao céu azul e à vida esportiva em ilustrações de mulheres jovens e atléticas que não tinham por que ter inveja das meninas de Gibson. É importante ressaltar que ela foi obrigada a conduzir a imagem da marca durante toda a era nazista.

Os judeus da administração de Beiersdorf – entre eles o *chairman* Willy Jacobsohn – fugiram logo depois que os nazistas tomaram o poder. O controle da empresa passou para Carl Claussen, que se casara com uma das sobrinhas de Troplowitz. Mas a marca Nivea foi adicionalmente protegida por meio do licenciamento a fabricantes no exterior – uma estratégia que causou problemas depois da guerra, quando as diferentes estratégias de marketing dos licenciados ameaçaram diluir a imagem da marca. A Beiersdorf levou décadas para conseguir colocar a Nivea novamente sob um controle centralizado. Ela remediou o problema associando-se estreitamente a proprietários estrangeiros para garantir que as mensagens da marca estavam em harmonia.

Nesse meio-tempo, escreve Geoffrey Jones, os anúncios de Heuss-Knapp "executaram um delicado malabarismo". Eles poderiam "ser interpretados como estando em harmonia com a ideologia nazista a respeito da superioridade da beleza nórdica natural loura de olhos azuis, mas também se basearam na consagrada identidade da marca, que enfatizava a saúde e a prática de esportes para a mulher moderna liberada".

Graças à sua manobra diplomática e à ambiguidade da imagem, a Beiersdorf sobreviveu intacta à guerra. A empresa ingressou otimista nos anos 1950, certa de que a Nivea continuava a ser uma marca muito querida e que ela ainda poderia se expandir para várias áreas. E a companhia não teve que esperar muito tempo. Quando a prosperidade econômica voltou e as viagens internacionais se tornaram mais comuns, a Beiersdorf acompanhou a tendência de férias na praia no exterior com um leque de cremes para os cuidados da pele no sol.

Quando o mercado global de cuidados com a pele começou a se tornar cada vez mais competitivo, a Beiersdorf enfatizou a tradição da Nivea com afirmações de qualidade, eficácia e honestidade inigualáveis. "La crème de la crème", dizia em 1971 um dos seus anúncios impressos, com uma foto sem nenhum enfeite da clássica blue tin lata azul. Nada de modelos, telas de fundo sofisticadas; em vez de tentar competir com marcas de luxo, o anúncio parecia estar zombando da pretensiosidade delas – uma maneira sutil de perguntar: "Por que pagar mais?"

A Beiersdorf é proprietária de outras marcas – com destaque para a marca de luxo La Prairie, a respeito da qual falaremos mais no Capítulo 9 – mas a marca Nivea é um fenômeno. A atenção inabalável que a Beiersdorf manteve nela, bem como a uniformidade de confiança que ela desfrutava entre os consumidores, possibilitou que ela vicejasse em um ambiente globalizado. Ela hoje abarca cerca de 500 diferentes produtos para mulheres, homens, bebês, para a pele, o cabelo, as mãos, o banho e o sol. Ela oferece cremes de barbear e produtos antienvelhecimento, géis para o cabelo e cremes de limpeza para a pele. O seu departamento de pesquisa em Hamburgo é tão avançado quanto os dos seus rivais. A marca é vendida em 170 países, e na Alemanha ela tem um reconhecimento de marca de 100%. Acima de tudo, independentemente da extensão da marca, o seu marketing manteve de uma maneira constante a abordagem estimulante, otimista e voltada para a família que adotava na década de 1920. Sem promover a "qualidade comum" das mulheres de verdade da Dove nem a "qualidade extraordinária" das superestrelas cintilantes da L'Oréal, a marca existe para nos confortar, praticamente em qualquer circunstância.

A Nivea exala um halo de confiabilidade que teríamos dificuldade em encontrar entre marcas mais prestigiosas. Pense na possibilidade de esfregar um creme com um rótulo Chanel ou Yves Saint Laurent na pele de um bebê. Isso talvez aconteça porque Chanel e Yves Saint Laurent estão associadas acima de tudo com perfumes: poderosos, penetrantes, levemente pecaminosos, irredimivelmente adultos.

DICAS DE BELEZA

* No século XIX, a Procter & Gamble nos Estados Unidos e a Unilever no Reino Unido levaram a higiene para as massas.

* Apoiando-se inicialmente no *know-how* dos seus fundadores, elas desenvolveram mais tarde avançados departamentos científicos e de pesquisa de marketing.

* A meta delas era oferecer produtos que atendessem exatamente às necessidades do dia a dia de grupos-alvo específicos de consumidores.

* Principalmente interessadas em bens de consumo de grande saída, a P&G e a Unilever ingressaram na área da beleza porque ele oferecia margens de lucro elevadas.

* A Unilever se retirou do setor de fragrâncias de prestígio para se concentrar em marcas de massa que fazem os consumidores "se sentirem de bem com a vida".

* Um exemplo disso é a Dove, que foi astuciosamente reposicionada como uma marca que promove a "verdadeira beleza".

* A Beiersdorf transformou a Nivea na maior marca mundial de cuidados com a pele, concentrando-se implacavelmente na sua imagem saudável, benéfica e familiar.

* O branding sistemático e um legado de confiança possibilitaram que a Nivea, uma marca centenária, se expandisse em várias áreas de cuidados com a pele e da beleza.

* Desde cedo, as "gigantes do banheiro" se deram conta de que vender produtos de beleza não diz respeito apenas à eficácia, mas também à expectativa, à emoção e à experiência.

O FATOR POEIRA
DAS ESTRELAS

"A loucura da maquiagem, assim como a loucura do cinema, chegou para ficar."

A maquiagem salvou a vida de Max Factor. Na época, ele ainda era Maximilian Faktorowicz, esteticista e maquiador da Grande Ópera Imperial Russa e da corte do Czar Nicolau II. Ele era, escreve Fred E. Basten no livro *Max Factor: The Man Who Changed the Faces of the World* (2008): "eternamente disponível, a postos para atender os caprichos das favoritas da corte que queriam que ele cuidasse do seu embelezamento, criasse um novo penteado, ou corrigisse imperfeições cosméticas, para que os seus olhos pudessem brilhar, as maçãs do rosto reluzir e o cabelo resplandecer quando o Czar de toda a Rússia olhasse para elas".

Mas Max também estava sob vigilância de outra maneira. Por ser judeu, ele era considerado um intruso, constantemente observado pela polícia secreta do

Czar. Ele testemunhara a aprovação de leis antissemitas, e estava consciente de distúrbios e *pogroms*, os massacres organizados de judeus. Em uma total transgressão das regras, ele se casara em segredo e tivera três filhos. "Eu era um escravo", disse ele. "Tudo o que eu queria era ser livre."

O que é típico dos pioneiros da beleza, é impossível separar o ornamento da realidade no início da vida de Max Factor. Mas neste caso a história é tão arrebatadora, tão repleta de detalhes e incidentes, que temos vontade de acreditar nela. Max tinha um amigo na corte – um importante general, talvez um pouco vaidoso, que o esteticista tinha ajudado com algumas dicas. Esse homem – cujo cabelo era mais preto do que normalmente seria, cuja barba era mais aparada e elegante – ajudou Max a fugir. Ele espalhou na corte o boato de que o esteticista parecia doente. Um médico foi devidamente enviado para vê-lo. Ele encontrou Max doente na cama, com a pele amarelada da cor de pergaminho velho. Declarando que Max estava com icterícia, o médico recomendou um tratamento de 90 dias em Carlsbad, uma estação de águas na Boêmia.

A icterícia era falsa: a aparência doentia da pele era obra de um indetectável preparado cosmético.

Os guardas deixaram Max na estação de trem de Carlsbad. Pouco depois, ele se reuniu com a sua família. Eles escapuliram para a floresta que circundava a antiga cidade de estação de águas e se dirigiram para a costa – e para um navio cujo destino era os Estados Unidos. Isso aconteceu em fevereiro de 1904.

O ESTETICISTA DO CZAR

Max Factor não parece ter sido seduzido pelo *glamour*. Mais exatamente, ele o criou. Ele nasceu em 1877 em Lodz, na Polônia, e, se tinha alguma instrução, ele nunca mencionou o fato. Quando o conhecemos como menino, ele está vendendo frutas e bombons no vestíbulo do Teatro Czarina, a sua "introdução ao mundo do faz-de-conta". Pouco depois, nós o encontramos trabalhando como assistente de um farmacêutico local. Aos 9 anos, ele é aprendiz de um proeminente fabricante de perucas e esteticista. Max tem talento e consegue subir rápido: trabalha com Anton de Berlin, um cabeleireiro e criador de cosméticos. Viaja para Moscou para trabalhar com Korpo, fabricante de perucas e esteticista da Grande Ópera Imperial Russa. Aos 18 anos, em uma idade na qual quase todos ainda estamos incertos com relação ao rumo da nossa vida,

Max é perito na arte da fabricação de perucas e, principalmente, na de maquiagem de palco.

Não havia outro tipo de maquiagem. Esse foi um período da história em que a pintura do rosto estava decididamente fora de moda; na realidade, ela era considerada pecaminosa. A devastação causada por produtos branqueadores à base de chumbo e outros pós tóxicos que eram amplamente usados antes do século XIX tinham conduzido à demonização dos cosméticos. As mulheres comuns podiam aplicar um creme para suavizar a pele, um leve toque de ruge, talvez até mesmo um pouquinho de pomada para os lábios. Qualquer coisa mais ousada era para as atrizes e as suas semiequivalentes prostitutas.

Depois do serviço militar obrigatório, Max quase escapou da atração gravitacional da corte imperial. Abriu a sua própria butique nos arredores de Moscou, onde vendia perucas, ruge e cremes que ele mesmo fabricava. Mas as notícias sobre o seu talento se espalharam. Uma trupe de artistas de teatro contratada pela família imperial tornou-se o seu maior cliente. Logo, ele estava de volta à ópera imperial, deixando a loja nas mãos de um assistente, com ordens para só voltar lá uma ou duas vezes por semana para buscar material de maquiagem. É impressionante que ele tenha encontrado tempo para conhecer e cortejar clandestinamente Lizzie, a mulher que se tornou a sua esposa.

Há uma foto da família Faktorowicz no livro de Basten: três crianças sérias vestidas com roupas iguais, Lizzie com olhos castanhos, o cabelo puxado para trás, grandes brincos de argola, conferindo-lhe um exotismo cigano, mas de resto séria, pálida e claramente sem maquiagem. Max está sentado ao lado dela, magro e elegante em um terno escuro e colarinho em asa, os cabelos pretos ondulados escovados para trás com brilhantina, lustrosos e prestes a se rebelar. O bigode se enrosca garbosamente: a aparência é importante. A foto foi tirada em 1904, apenas algumas semanas antes de eles fugirem para os Estados Unidos.

Chegaram a Nova York a bordo do *Molka III*. Eles não estavam nos alojamentos mais baratos e nem mesmo na terceira classe. A escravidão de Max fora acompanhada por correntes folheadas a ouro, e a sua família estava entre as mais prósperas do navio. Eles não viram Ellis Island, mas passaram pela imigração no píer, onde o funcionário da alfândega inevitavelmente reduziu o sobrenome. A partir de então, o maquiador passou a ser conhecido como Max Factor.

Ele detestou Nova York desde o início: achou a cidade apressada demais, excessivamente agressiva. Ele parou um homem na rua e perguntou "se havia algum lugar nos Estados Unidos onde não houvesse tantas pessoas com pressa de chegar a algum lugar".

O próprio Max estava tendo sucesso e chegando rápido aos lugares – mas não a uma escola de idiomas. Ele fez a pergunta em polonês. Ele nunca aprenderia a falar inglês adequadamente; nós o imaginamos com um sotaque agradável como o dos imigrantes dos filmes, como o de Carl, o chefe dos garçons, em *Casablanca*.

Embora o seu sotaque possa ter sido levemente cômico, Max Factor era um empresário de notável inteligência. No navio, ele convencera um jovem que falava inglês a ajudá-lo a montar um estande na Feira Mundial de St. Louis que estava próxima. Isso permitiu que ele testasse os seus preparados no público americano: "cosméticos, perfumes, pentes e produtos de cabelo criados pelo ex-esteticista para a família real russa". A abordagem de vendas era sólida, o compromisso de sete meses um sucesso. Max ficou em St. Louis e abriu uma barbearia; o uso da maquiagem não era suficientemente difundido para sustentar um negócio, mas todo mundo precisava cortar o cabelo de vez em quando.

A tragédia o empurrou para Hollywood. Lizzie morreu de repente de hemorragia cerebral no dia 17 de março de 1906. Em agosto do mesmo ano, desesperado em busca de alguém para ajudá-lo a cuidar dos filhos – que agora eram cinco – ele se casou com uma moça russa, filha de um amigo. O casamento foi um desastre; eles não estavam apaixonados e tampouco eram compatíveis, de modo que se divorciaram dois anos depois. Uma vizinha solícita, Jennie Cook, ofereceu-se para olhar as crianças. Ela se tornou a terceira esposa de Max no dia 21 de janeiro de 1908.

Por volta dessa época, os clientes da barbearia começaram a falar sobre uma nova forma de entretenimento: "photoplays" – imagens animadas, os mesmos nickelodeons que extasiavam Florence Nightingale Graham, a futura Elizabeth Arden. Max pagou os cinco centavos e também ficou encantado. No entanto, ao contrário de Elizabeth Arden, ele não desejava ingressar no mundo de sonho do cinema. Ele esquadrinhou a maquiagem mal aplicada, as perucas pouco convincentes, as barbas falsas ridículas – e se deu conta de que poderia trabalhar para eles.

MAQUIANDO OS FILMES

A popularização da maquiagem no século XX estava diretamente vinculada ao desenvolvimento do cinema e das suas sedutoras estrelas. Max Factor estava na vanguarda dessa evolução. A palavra "visionário" é inteiramente apropriada; Max estava sempre um passo à frente, constantemente inovando, sem receio de assumir riscos. O seu empreendimento mais arriscado foi também o mais inteligente: ele abriu a sua primeira loja no número 1204 da South Central Avenue em Los Angeles no dia 11 de outubro de 1908. Em janeiro do ano seguinte, a Max Factor & Company foi oficialmente fundada.

A loja estocava a maquiagem de palco por marcas, como a Leichner e a Minor, junto com os próprios pós, cremes e pomadas de Max. Nas horas livres, ele visitava os cenários provisórios dos filmes onde diretores como D. W. Griffith estavam forjando uma nova indústria. Os atores geralmente usavam maquiagem de palco, que quase sempre parecia pesada e falsa na tela. Basten escreve o seguinte: "A maquiagem de palco tinha que ser aplicada com uma espessura de 3 milímetros, e depois coberta com pó de arroz. Quando ela secava, formava uma máscara rígida e frequentemente rachava, o que não era um problema no teatro onde as pessoas no auditório sentavam-se longe dos artistas, mas na tela, especialmente nos *close-ups*, ela não funcionava".

Alguns atores estavam experimentando os seus próprios preparados da cor da pele, como pó de tijolo triturado misturado com vaselina. Max insistia delicadamente para que eles dessem uma passada na sua loja: os seus pós eram muito mais confortáveis. Nesse meio-tempo, ele montou um laboratório nos fundos, onde trabalhava adaptando a maquiagem de palco para a tela. À medida que a sua loja ia tendo mais movimento, as suas habilidades na fabricação de perucas também começaram a ser solicitadas: ele forneceu dezenas de perucas de guerreiros índios para *The Squaw Man* [*Amor de Índio*] de Cecil B. DeMille, o primeiro filme de longa-metragem produzido em Hollywood.

No ano em que o filme foi lançado, 1914, Max aperfeiçoou a sua "maquiagem de palco flexível". Ela era vendida como creme em potes, em vez de na antiga forma em bastão, e era bem mais fina e mais fácil de aplicar. Estava disponível em doze tonalidades diferentes, projetadas para imitar o tom da pele do usuário. Max já estava bastante conhecido graças ao seu trabalho com Griffith e DeMille; agora, astros como Buster Keaton, Charles Chaplin e Fatty Arbuckle visitavam pessoalmente a sua loja para comprar maquiagem, sendo que muitos deles também pediam que ele a aplicasse. Durante o restante do período da sua carreira em Hollywood, Max tomava medidas para que as suas butiques estivessem sempre equipadas com camarins para os astros e estrelas.

A Max Factor & Company se expandiu à medida que Hollywood deixava de ser um bucólico subúrbio e se transformava no centro da indústria do cinema. A empresa se mudou para instalações maiores no Pantages Building no centro de Los Angeles. Max criou cílios postiços com cabelo humano para a atriz Phyllis Haver, o que iniciou uma tendência entre as mulheres jovens. Em 1918, ele lançou uma versão modificada da sua "maquiagem de palco flexível", que ele chamou de linha Color Harmony: ele acreditava que a maquiagem deveria complementar não apenas o tom da pele, mas também a cor do cabelo e dos olhos.

Ele usou sombra de olhos escura para conferir a Gloria Swanson um olhar lânguido e sensual, transformou o seu penteado frisado no corte macio e lustroso de uma *femme fatale* – o que deslanchou a carreira dela. Rodolfo Valentino talvez também deva o estrelato a Max, que desbastou as sobrancelhas do ator italiano, lustrou o seu cabelo e o puxou para trás, e clareou sutilmente a sua pele. Na década de 1920, Max começou a usar o termo das pessoas íntimas do teatro "make-up" em vez de cosméticos no seu material promocional, ajudando a expressão a ser mais amplamente adotada.

Magoado com a fria recepção que recebeu na Leichner quando visitou a sede do fabricante de maquiagem de palco na Alemanha em uma das suas raras férias – eles o deixaram esperando na recepção durante mais de uma hora –, ele rompeu os laços com a empresa e começou a comercializar agressivamente a sua própria marca. Max Factor começou a vender maquiagem de palco em tubos flexíveis em 1922: dessa vez, havia 31 tonalidades diferentes, entre elas "o branco, o rosa muito claro, amarelo pálido, bronzeado, marrom escuro e preto". As pessoas que visitavam Hollywood começaram a notar que as atrizes ainda estavam usando maquiagem depois da filmagem do dia. Os lábios cheios e vermelhos de atrizes como Clara Bow eram particularmente desejáveis. Eles eram simplesmente o resultado de uma técnica que Max havia desenvolvido para aplicar rapidamente a pomada nos lábios, antes da invenção do batom em tubo. "Ele introduzia o polegar na pomada e fazia pressão com o dedo, duas vezes, sobre o lábio superior. Em seguida, girava o polegar e fazia pressão no centro no lábio inferior. Finalmente, ele usava um pincel para fazer o contorno do lábio."

Na sociedade refinada, a resistência à maquiagem começou a se fragmentar. Fred Basten escreve o seguinte: "À medida que um número cada vez maior de mulheres se sentava em cinemas escuros pensando em como os lábios cheios e vermelhos de Clara Bow e o ruge ousado e o rímel chocante de Theda Bara pareciam irresistíveis, elas começaram a testar os limites da respeitabilidade antiquada. Ainda pior, a palavra imoral 'make-up' tinha substituído o vocábulo mais refinado e aceitável 'cosméticos'... A loucura da maquiagem, assim como a loucura do cinema, chegou para ficar".

Hollywood inevitavelmente também causou um impacto nos estilos de penteado. Max compreendia que a luminescência da tela prateada era particularmente favorável ao cabelo louro. Depois que ele tingiu o cabelo de Jean Harlow de um louro quase branco – "platinado" – a aparência se tornou mais desejável do que fora desde que as mulheres se esforçavam para descolorir os cachos na Itália renascentista.

Max se adaptava a todas as mudanças que a indústria do cinema lançava na direção dele. Quando o cinema falado exigiu um novo tipo de iluminação – lâmpadas de tungstênio silenciosas em vez das lâmpadas de arco de carbono que vibravam fortemente – ele aperfeiçoou a maquiagem adequada à iluminação mais suave e ao filme pancromático mais sensível que a acompanhava. Em 1928, foi inaugurado o seu gigantesco novo estabelecimento perto da esquina de Hollywood Boulevard e Highland Avenue.

Até essa ocasião, a Max Factor & Company nunca tinha feito nenhuma propaganda. Em vez disso, demonstrações de maquiagem eram feitas no saguão dos cinemas. "Experimente os famosos cosméticos das estrelas de Max Factor e veja como você pode realmente parecer encantadora." Todos os produtos eram inevitavelmente vendidos.

Agora, a empresa juntou forças com um grupo de vendas e distribuição chamado Sales Builders, que sugeriu que era necessário fazer uma publicidade a nível nacional. A Max Factor & Company fechou um acordo de endosso de celebridades com os estúdios. Ela usaria as estrelas da tela do cinema na sua propaganda em troca de promover os seus últimos filmes. O custo desse acordo para Max Factor, segundo Fred Basten, foi de um dólar por atriz. Entre as estrelas agradecidas – todas autênticas usuárias dos produtos de Max – estavam Mary Astor, Lucille Ball, Madeleine Carroll, Joan Crawford, Paulette Goddard, Betty Grable, Rita Hayworth, Veronica Lake, Myrna Loy, Ida Lupino, Merle Oberon, Maureen O'Hara, Barbara Stanwyck, Lana Turner... a lista era interminável. "Já na década de 1950, praticamente todas as atrizes importantes e as iniciantes ambiciosas tinham assinado o contrato para ser uma Max Factor Girl."

Nesse meio-tempo, Max se vira diante de uma concorrência inesperada na forma de Helena Rubinstein e Elizabeth Arden, que tinham feito nome na área dos cuidados com a pele mas estavam agora explorando experimentalmente o território da maquiagem. No entanto, os seus impulsos elitistas as deixaram desconfiadas de um mundo que, para elas, ainda estava corrompido pela vulgaridade. Essa postura as deixou em desvantagem. Nas palavras de Basten, elas "pediam a mulheres famosas da sociedade para apoiar os seus produtos na propaganda, mas a maioria das mulheres americanas estava mais interessada em se parecer com Greta Garbo do que com Madame Vanderbilt".

Elizabeth Arden, que tinha com o cinema o mesmo relacionamento que muitas pessoas têm com o chocolate, fez uma audaciosa incursão em Hollywood em 1935, criando uma divisão chamada Stage and Screen. Aparentemente, escreve Lindy Woodhead, "ela estava alheia ao fato de que Max Factor era o mestre supremo na área". Na realidade, ela lançou os seus produtos na mesma ocasião em que Max inaugurou as suas instalações reformadas, um palácio da beleza Art Deco de 600 mil dólares, cuja festa de inauguração ostentou um brilho que só Hollywood é capaz de oferecer. Holofotes percorriam o céu e *flashes* estouravam enquanto celebridades caminhavam ondulando pelo tapete vermelho diante do alarido dos repórteres. Do lado de dentro, as fitas em cada camarim eram cortadas por quatro estrelas famosas: Jean Harlow, Ginger Rogers, Rita Hayworth e Rochelle Hudson.

Além de ter sido completamente ofuscada por Max Factor, Elizabeth Arden teve problemas de distribuição: as lojas não queriam abrir espaço nas prateleiras para a linha Stage and Screen ao lado dos produtos mais nobres dela que elas já vendiam. O projeto foi "mal planejado e silenciosamente extinto". Tanto Elizabeth quanto Helena permaneceram no seu espaço etéreo e luxuoso, deixando para outros o mundo ostentoso da indústria do entretenimento.

Com o campo novamente livre, Max e os seus filhos – Frank e Davis, que já estavam estreitamente envolvidos com o negócio – se voltaram para a última novidade na evolução da história do cinema. A tecnicolor tinha chegado, trazendo com ela um conjunto totalmente novo de desafios para a maquiagem. A solução foi uma linha de maquiagem chamada "Pan-Cake",[19] por causa das embalagens achatadas e da consistência semelhante à de uma panqueca. As tonalidades eram ainda mais sutis e mais perfeitas do que antes. Quando a linha foi testada durante testes de cinema para o filme *Vogues of 1938*, os figurantes escaparam com produtos no valor de 2 mil dólares em apenas uma semana.

---

19. Tradução aproximada: "Panqueca de Frigideira". (N. dos trads.)

Até mesmo antes de o filme ser concluído, o Pan-Cake foi usado em outro: *The Goldwyn Follies* [*As Folias de Goldwyn*]. E, dessa vez, os créditos apareceram na tela: "Color Harmony Make-Up de Max Factor".

Os filmes estrearam com meses de intervalo entre um e outro. Ao mesmo tempo, o Pan-Cake, com uma fórmula especial mais leve criada por Frank Factor, foi lançado nas lojas para o público em geral. O lançamento teve o apoio da primeira campanha de publicidade colorida da marca, que reluziu com nomes de estrelas e fez a sua estreia na revista *Vogue*. O resultado, segundo Basten, "foi o artigo de maquiagem individual que vendeu mais e mais rápido na história dos cosméticos". (Elizabeth Arden lançou por curto tempo um produto de imitação chamado Pat-A-Kake, cujo nome foi alterado para Pat-A-Crème depois de ela ser ameaçada com uma ação judicial.)

A vida extraordinária de Max Factor chegou ao fim com um incidente tão bizarro quanto aqueles retratados na tela pela Hollywood que ele conquistara. Ele estava a caminho de Roma para investigar as possibilidades oferecidas pelo novo estúdio Cinecitta da cidade. Durante a viagem, quando passou por Paris, ele recebeu um bilhete ameaçando-o de morte caso não pagasse o equivalente a 200 dólares. O extorquidor propôs um encontro na base da Torre Eiffel. Como era apropriado, a polícia francesa enviou um substituto para se passar por Max, com bigode falso e óculos. Ninguém apareceu, mas Max ficou extremamente abalado com o incidente. Debilitado, voltou para os Estados Unidos.

Ele faleceu no dia 30 de agosto de 1938. Depois de tudo o que vivera, poderíamos imaginar que ele estaria bem idoso. Mas ele tinha apenas 61 anos de idade.

A MAX FACTOR DEPOIS DE MAX

A revista *Glamour* (citada por Basten) resumiu da seguinte maneira a contribuição de Max para o mundo da beleza:

> Se você um dia já... experimentou um pincel de pó, admirou a maquiagem de uma artista de cinema, combinou o batom com a cor do seu cabelo, usou um pincel de batom, comprou uma peruca ou aplique pelo correio, disse "make-up" em vez de "cosméticos", então a sua vida foi tocada pelo Factor vital conhecido como Max... porque todas essas coisas foram inventadas ou

criadas por Max Factor, que veio a simbolizar a beleza na tela e fora dela, não apenas neste país como também numa infinidade de outros.

Os cosméticos teriam descido do palco e da tela sem Max, graças à mera beleza hipnótica das estrelas e à emancipação das mulheres, que adotaram a maquiagem como uma forma de autoexpressão e uma declaração de independência. Não devemos nos esquecer de que Elizabeth Arden viu as mulheres do movimento sufragista usando batom vermelho brilhante nas manifestações de protesto. Não obstante, é difícil superestimar o papel que Max Factor desempenhou no processo de tornar os cosméticos não apenas aceitáveis como também desejáveis.

Ao seguir os passos do pai, Frank Factor mudou o seu nome para Max Jr. Demonstrando ter talento para a autopublicidade, ele fez o seguro das suas mãos por 50 mil dólares. Pôs-se a trabalhar idealizando um novo "batom indelével", inventando uma "máquina de beijar" movida a manivela que juntava dois pares de lábios de borracha modelados para testar a durabilidade do produto. O batom Tru-Color foi lançado em 1940.

O comportamento das mulheres durante a guerra foi uma evidência do poder da beleza: em Londres, os batons eram equipados com lanternas para ajudar as mulheres a enxergar durante os *blackouts*; Max Jr. estava entre aqueles que ofereciam dicas para as mulheres que eram obrigadas a pintar a perna para fingir que estavam usando meias de nylon.[20] Assim como as outras empresas do ramo da beleza, a Max Factor também era procurada para aplicar o seu *know-how* no desenvolvimento de uma camuflagem eficaz. E os homens que decoravam os seus quartos nos alojamentos com fotos de mulheres atraentes com pernas longas e bonitas reforçavam a ideia da beleza de Hollywood como símbolo da liberdade.

Em 1947, a Max Factor & Company lançou o produto de maquiagem Pan-Stik que foi um grande sucesso de vendas. Ainda mais conveniente do que o seu predecessor, ele vinha em tubos no estilo de batom. Já na década de 1950, a Max Factor era um império global, com uma distribuição mundial e 10 mil funcionários. Ela não foi deixada para trás com a chegada da televisão: o programa imensamente popular de Lucille Ball *I Love Lucy* [*Eu Amo a Lucy*] incluía a frase

---

20. Durante a Segunda Guerra Mundial, as meias de nylon, que estavam no auge da moda, ficaram escassas, e quando estavam disponíveis, o seu preço era proibitivo. Assim sendo, as mulheres pintavam na parte de trás da perna uma linha preta (as antigas meias de nylon tinham uma costura atrás) para dar a impressão de que era a costura da meia. (N. dos trads.)

"Make-up by Max Factor". A empresa estava agora tão poderosa que foi capaz de comprar o seu distribuidor de muitos anos, a Sales Builders. Em uma guinada agradável para a narrativa da beleza, ela adquiriu uma empresa de perfumes chamada Corday. Foi um desses momentos em que mundos se cruzam: a marca fora criada em Paris por Blanche Arvoy como uma versão mais aristocrática da sua linha descontraída Jovoy (ver Capítulo 8, "A solução de cinco por cento").

Em 1959, a Max Factor & Company celebrou o seu 50º aniversário com uma torrente de anúncios e comunicados à imprensa, bem como com uma festa que nada deixava a desejar à Idade de Ouro de Hollywood. No entanto, esse foi o começo de uma era irregular e incerta para a marca. No início da década de 1960, a Max Factor se tornou uma companhia de capital aberto, com um registro na bolsa de valores de Nova York. Os cosméticos tinham se tornado uma indústria gigante – as empresas não eram mais geridas por visionários com um sotaque esquisito da Europa Central, e sim por financistas e profissionais de marketing. A família Factor se afastou lentamente da empresa. Max Factor Jr. se aposentou na década de 1970, porém não antes de presenciar o sucesso de uma linha de perfumes no nome do figurinista Halston; durante algum tempo, as vendas mundiais desses perfumes só ficaram atrás das do Chanel Nº 5. (Max Jr. faleceu em 1996.)

Em 1973, a Max Factor se uniu à Norton Simon – uma empresa estranhamente diversificada que abarcava, entre outras, a Hunt Foods e a Avis Car Rental. Graças a fusões e aquisições sucessivas, ela passou para as mãos da Esmark, depois da Beatrice Foods – que fez a fusão da marca com a sua divisão de lingerie Playtex – e depois do investidor Ron Perelman, que desde 1985 era o dono da Revlon.

Finalmente, em 1991, a empresa foi vendida para a Procter & Gamble. Na ocasião em que escrevo estas linhas, ela se encontra em uma espécie de animação suspensa nos Estados Unidos, disponível somente *on-line* por intermédio do website Drugstore.com, já que a P&G prefere se concentrar da sua linha de cosméticos CoverGirl. Mas a marca Max Factor permanece bastante conhecida internacionalmente, onde tem um mercado-alvo jovem e é posicionada como "a maquiagem dos maquiadores de artistas".

MAC E COMPANHIA

A Max Factor tem uma improvável concorrente na Grã-Bretanha na forma da Rimmel. As origens da marca são intrigantes: ela começou a vida em Londres em 1834 com uma perfumaria fundada por um francês chamado Eugène Rimmel, cujo pai também estivera no ramo das fragrâncias. Rimmel era um comerciante empreendedor, atuava em instalações prestigiosas na Regent Street e firmou uma reputação sofisticada com catálogos ilustrados luxuosos de vendas pelo correio e anúncios nos programas de teatro. Ele contratou o ilustrador francês Jules Chéret – famoso pelos seus cartazes para o cabaré Folies Bergère – para criar o *design* dos rótulos dos seus frascos. Ele até mesmo escreveu um livro sobre a história dos perfumes e mandou imprimi-lo em papel perfumado. Era um viajante curioso e um inovador natural, e dizem que inventou um dos primeiros rímeis não tóxicos (a maquiagem para os olhos continua a ser até hoje uma das especialidades da casa).

Os dois filhos de Rimmel herdaram o negócio quando o pai faleceu em 1887, e a marca continuou a florescer sob a liderança deles antes de iniciar um longo período de altos e baixos. Depois da Segunda Guerra Mundial, a empresa foi reanimada pelo executivo publicitário Robert Caplin e a sua irmã Rose. Eles diminuíram a ênfase na tradição de luxo da marca em uma medida que anteviu a democratização da moda e da beleza dos anos 1960, lançando o primeiro provador de perfume de balcão para que as pessoas pudessem escolher elas mesmas o perfume. Esse foi um dos momentos na história em que Londres legitimamente se considerou a capital mundial da moda: a figurinista Mary Quant popularizou a peça de roupa emblemática da época, a minissaia, lançando em seguida uma maquiagem com estupendas tonalidades metálicas.

A Rimmel ricocheteou entre vários donos nos anos 1970 e 1980, até que foi parar nas mãos da Coty em 1996. Assim como a L'Oréal se apossou da imagem da cidade de Nova York como uma identidade de marca para a Maybelline, a Coty associou estreitamente a Rimmel à juventude, à energia e às cores de Londres. "Com a Rimmel, mudar de aparência é tão fácil quanto embarcar em um trem do metrô de Londres e ir do Soho para Camden, de Portobello para Notting Hill", afirma entusiasticamente o website da empresa. Em 2001, a Rimmel assinou um contrato com a insuperável supermodelo britânica, Kate Moss, como o seu rosto oficial. Depois disso, ela acrescentou outros nomes à lista, mas conserva a sua imagem "descolada" centrada em Londres e os preços acessíveis.

Outra marca que poderia ser descrita como "parente" da Max Factor é a MAC, fundada em Toronto em 1984 por Frank Toskan e o seu inovador diretor de marketing, Frank Angelo, que faleceu com apenas 49 anos de idade em 1997. Dois anos antes da tragédia, eles tinham vendido 51% do negócio para Estée

Lauder. William Lauder disse a eles: "No dia em que eu entender o que vocês estão fazendo, vocês estão fazendo errado" ("Cosmetics Company soars by making its own rules",[21] *Toronto Star,* 5 de outubro de 1995).

Os dois só sabiam que queriam fazer as coisas de uma maneira diferente dos outros. A empresa se chamava originalmente Make-Up Art Cosmetics. Assim como Max Factor, eles visaram primeiro o mercado profissional.

Nascido em Trieste, Frank Toskan chegara a Alberta com os pais aos 8 anos de idade, e depois acabou indo parar em Toronto quando a família foi visitar uma prima e decidiu ficar por lá. Depois que saiu da escola, ele começou a trabalhar como fotógrafo, maquiando também as suas modelos. Como acontece com frequência, a insatisfação determinou o seu desejo de começar um negócio. Ele não gostava da limitada gama de cores que tinha disponíveis – "entre outras coisas, muitas delas não davam certo na pele que não era branca" – e que ele achava que estavam sendo impingidas às mulheres pelas empresas do setor da beleza que eram obrigadas a promover "as cores desta temporada". Frank odiava o acabamento brilhante que refletia um excesso de luz nas fotografias.

Ele formou uma parceria com Frank Angelo, um empresário que estava administrando uma rede de salões de beleza. O sonho deles era criar uma marca de maquiagem para todo mundo: "Para todas as idades, raças ou sexo". O plano deles era começar a vender "para maquiadores e modelos profissionais, e depois se expandir a partir daí". Toskan recrutou um aluno do segundo ano de química que estava namorando a sua irmã para ajudá-lo a criar o seu produto. "Eu não precisava perguntar a ninguém se o produto era bom o bastante. Estávamos trabalhando no ramo. Conhecíamos o visual dele nas ruas, conhecíamos o visual dele nas passarelas."

Rod Ulmer, de uma rede de lojas de departamentos chamada Simpson's, foi um dos primeiros a reconhecer o potencial da marca e dar aos Franks o espaço que eles precisavam para formar um vínculo com os seus clientes. "Eu sabia que essa era uma nova geração de empresários que interpreta o consumidor com muito mais exatidão do que as grandes corporações", disse ele ao jornal *Toronto Star*, acrescentando que a MAC genuinamente colocava o serviço antes dos lucros. "Quando você fala a respeito de prestar um serviço ao cliente sem conseguir uma venda – isso é ser radical."

---

21. Tradução literal do título do artigo: "Empresa de cosméticos cresce vertiginosamente criando as suas próprias regras". (N. dos trads.)

Ulmer precisou tranquilizar os gerentes de loja que estavam céticos com relação à aparência da equipe de vendas da MAC. Eles não se pareciam nem um pouco com "consultores de beleza" com imaculados jalecos brancos: eles se vestiam de preto e, não raro, tinham *piercing* no nariz. Ulmer logo descobriu que a MAC estava vendendo mais do que as marcas consagradas no mercado. Ela agradava um público jovem e moderno falando a língua deles. Em primeiro lugar, ela se recusava a testar os seus produtos em animais. Foi uma das primeiras defensoras da reciclagem, oferecendo às clientes um batom se elas levassem para a loja seis tubos vazios. Não demorou muito para que a supermodelo Linda Evangelista e a superestrela Madonna estivessem usando as cores da MAC, sem nenhum contrato para testemunhar a qualidade da marca ou campanha de publicidade. Os Franks não faziam propaganda dos seus produtos.

A não ser quando estavam ajudando outras pessoas. Pouco depois de a marca ter sido lançada, eles criaram o MAC AIDS Fund. Parte dos rendimentos do fundo eram gerados por cartões de Natal desenhados por crianças com Aids. Mas a iniciativa mais significativa foi o lançamento da linha Viva Glam de batons e brilhos para os lábios, cuja receita vai integralmente para o fundo. Um dos seus primeiros rostos foi o do travesti negro RuPaul, uma escolha que enfatizou a atitude superabrangente da MAC com relação à beleza. Mais recentemente, Lady Gaga passou a ocupar a posição. A agitação provocada pela sua imensa presença na mídia social – mais de 20 milhões de fãs no Facebook e mais de 8 milhões de seguidores no Twitter – dinamizou de tal maneira a propaganda impressa que Viva Glam arrecadou 34 milhões de dólares em 2010, o equivalente à quantia total arrecadada pela linha nos seus primeiros dez anos de existência ("The Lady Gaga effect", *Fast Company*, 18 de fevereiro de 2011).

A MAC retirou a beleza de salões elegantes porém sérios, tornando-a alternativa e divertida. Outras pessoas na indústria começaram a notar os potes de cor única que deixavam que os usuários combinassem os seus próprios preparados, as fórmulas propícias para as câmeras, a embalagem preta e os membros da equipe de vendas que pareciam trabalhar em um estúdio de tatuagem da moda no centro da cidade. Estée Lauder foi inteligente o bastante para abocanhá-la primeiro.

O estreito relacionamento da MAC com os maquiadores amalgamou-a com os mundos do entretenimento e da moda. O programa MAC Pro está aberto para "maquiadores, esteticistas, especialistas em cosméticos, cabeleireiros, estilistas de moda, manicures, figurinistas, modelos, talentos/intérpretes ao vivo e fotógrafos". Os membros recebem descontos, acesso a produtos profissionais e convites para aulas ministradas por pessoas famosas e para eventos de networking. A MAC também tem uma equipe de maquiadores que trabalham nos bastidores nos desfiles de passarela e nos cenários de filmes no mundo inteiro.

O resultado é que, quando os consumidores compram produtos MAC, eles se sentem hábeis e criativos. É como se fizessem parte do fabuloso mundo dos maquiadores profissionais.

MAQUIAR É DIFÍCIL

O batom estava em evidência: depois da MAC, todos os membros de uma geração de maquiadores se tornaram empresários.

Tomemos como exemplo Bobbi Brown, que no início dos anos 1990 tinha trabalhado com fotógrafos como Bruce Weber, Arthur Elgort e – no seu trabalho de vanguarda – Patrick Demarchelier para uma capa da *Vogue* americana que destacou a jovem modelo em ascensão Naomi Campbell. Assim como Toskan e Angelo, Bobbi estava insatisfeita com os produtos do mercado, que ofereciam um visual excessivamente artificial. Ela queria uma maquiagem que parecesse natural – quase como se a modelo não estivesse usando nenhuma maquiagem. "A maquiagem era realmente exagerada nos anos 1980 – pele clara e lábios vermelhos com contorno. Eu preferia a pele saudável, simples e natural", declarou ela para a revista *Inc* ("How I did it", 1º de novembro de 2007.). "Eu... detestava quase todos os batons do mercado. Eu queria que ele fosse cremoso e não seco, que permanecesse nos lábios por um longo tempo, não tivesse cheiro e cujas cores parecessem tons de lábios."

Ela compartilhou essa ideia com um químico, que a ajudou a criar o seu primeiro batom, Brown Lip Color, que era na realidade um marrom rosado. Outras nove tonalidades de marrom se seguiram. Um encontro casual com um comprador de cosméticos da Bergdorf Goodman em um jantar fez com que a linha fosse vendida na loja. Ela debutou em 1991, e cem batons foram vendidos em um único dia. A linha se expandiu para cores mais brilhantes e audaciosas, bem como para bases, que tinham ingrediente amarelo em vez de rosado, o que era uma inovação. A partir do seu trabalho, Bobbi sabia que a pele da maioria das mulheres – fossem elas negras, orientais ou brancas – tinha uma tonalidade amarelada. Em 1995, a Bobbi Brown Cosmetics foi comprada por... Estée Lauder, que queria um conjunto de marcas de beleza modernas e populares para contrabalançar a sua imagem de classe dominante. Segundo Bobbi, Leonard Lauder teria lhe dito o seguinte: "Queremos você porque você está nos superando em todas as lojas... e você me faz lembrar da minha mãe quando ela começou".

Com a Lauder, a marca intensificou o seu marketing. Ela transferiu a sua sede de Nova York para um "sobrado legal no centro da cidade" e criou uma propaganda com mais drama e movimento do que os retratos convencionais. Bobbi disse o seguinte: "As nossas fotografias de publicidade eram mais editoriais, como se estivéssemos trabalhando para uma revista. Uma marca normal nunca faria um anúncio com batons borrados. Agora você vê isso o tempo todo. Fomos uma das primeiras marcas a usar regularmente modelos negras e apresentá-las como noivas". Assim como a MAC, Bobbie Brown reconheceu a grande variedade de etnias nos Estados Unidos. Ela mostrou aos jovens americanos um rosto que eles reconheceram.

Outro maquiador que lançou a sua marca na cola da revolução da MAC foi François Nars, um francês que crescera na década de 1970 lendo a *Vogue* francesa e inspirado pelas nervosas fotografias de moda de fotógrafos como Guy Bourdin. Ele estudou na escola de maquiagem Carita em Paris e foi trabalhar nas revistas de moda que tanto admirava, formando um trio glamouroso com o fotógrafo Steven Meisel e o cabeleireiro Oribe Canales.

Obrigado a combinar diferentes marcas para conseguir os efeitos dramáticos que desejava, ele criou uma linha de nove batons e lançou-a em 1994 na elegante loja de departamentos Barneys. A linha cresceu rápido, saltando das prateleiras graças, em parte, à embalagem moderna e minimalista criada por Fabien Baron. O próprio Nars fotografou a propaganda, recorrendo a técnicas que aprendera com Meisel e outros. Ele escolheu modelos não convencionais – como Alek Wek, uma estonteante inglesa nascida no Sudão com o rosto oval e o cabelo bem curto, e Karin Elson, uma ruiva translúcida – conferindo-lhes uma aparência etericamente bela: mais sobrenatural do que natural. Outro toque crucial foi a provocante nomenclatura da linha: tonalidades denominadas Orgasm (um *blush* que foi campeão de vendas), Deep Throat, Striptease e Sex Machine.

É um tipo de marca da alta-costura, de casas noturnas, mas aparentemente Nars permanece em contato com a realidade. "Na passarela, você vende uma fantasia – é muito teatral... Mas quando crio as cores da minha linha, eu penso nas mulheres que efetivamente as estão usando", declarou ele para o website Style. com ("Beautiful lives: François Nars").

A Shiseido Cosmetics adquiriu a linha Nars em 2000. Para celebrar, Nars comprou uma ilha na Polinésia francesa, chamada Motu Tané. Mas ele manteve o controle criativo da sua marca, abrindo a primeira loja independente em Nova York em fevereiro de 2011. Caracteristicamente, o espaço combina um piso desgastado de madeira preta com um salpico fulgurante de verniz vermelho. Resumindo a marca, o embaixador criativo da Barneys, Simon Doonan, a descreveu como *tough chic...*, memorável, anticonformista". Ele acrescentou: "François oferece drama às mulheres com semblantes vívidos, cores audaciosas. Ele oferece a elas um pouco de idiossincrasia, autoexpressão e individualidade. Pense em Frida Kahlo, Ava Gardner ou até mesmo Simone de Beauvoir!" ("François Nars: behind the makeup, a low-profile artist",[22] *New York Times*, 9 de fevereiro de 2011).

Há décadas, os cosméticos têm sido vinculados à moda, mas o que as marcas dos maquiadores oferecem – além do encanto das suas ligações com figurinistas, fotógrafos e modelos – é uma promessa de profissionalismo. Se os produtos foram criados para o ambiente frenético, artisticamente exigente da passarela, não existe nenhuma razão pela qual eles não deveriam ter um bom resultado na vida do dia a dia: criatividade e eficiência em um refinado pacote.

Sem nunca deixar escapar uma boa história, a Chanel também vende a fantasia do maquiador talentoso. Ela passa grande parte do tempo promovendo o diretor criativo internacional da sua linha de maquiagem, Peter Philips. O maquiador belga se formou na Antwerp Academy, que está historicamente ligada a figurinistas belgas de vanguarda como Martin Margiela e Ann Demeulemeester. Ele se voltou para a maquiagem depois de passar algum tempo ajudando nos bastidores dos eventos de moda em Paris. "Eu vi as equipes de maquiagem e me dei conta de que seria possível ganhar a vida fazendo aquilo... eu sempre maquiava as minhas amigas nos anos 1980; elas pediam: 'Você pode pintar os meus olhos?' e eu fazia bem aquilo. Assim, quando compreendi que na moda também era possível trabalhar com maquiagem, fiquei intrigado" ("Peter Philips: Chanel's golden boy", *Independent*, 17 de agosto de 2008).

Depois de uma carreira de sucesso trabalhando para revistas e figurinistas, ele agora colabora com o figurinista da Chanel Karl Lagerfeld nos desfiles de passarela e na publicidade da marca. Philips diz que ele anteriormente "associava a maquiagem aos salões de beleza", o que é exatamente o ponto. Associar os

---

22. Tradução literal: "François Nars: atrás da maquiagem, um artista discreto". (N. dos trads.)

cosméticos ao trabalho dos maquiadores no contexto de um evento de moda garante que eles pareçam emocionantes e dinâmicos. Isso justifica coleções sazonais e uma constante renovação, bem como uma harmonização de cabelo, maquiagem e roupas que Max Factor teria reconhecido.

O *glamour* da passarela caminha de mãos dadas com o preço da Chanel – um batom Rouge Allure custa 32 dólares na loja *on-line* deles – e uma embalagem opulenta. Uma jornalista da beleza veterana me disse o seguinte:

> Se você está procurando uma boa relação custo/qualidade, é preferível que você use um batom da [rede francesa de supermercados] Monoprix. Quando você compra Chanel, você está pagando pelo logotipo gravado na extremidade do batom, pelo deslumbrante tubo dourado e pela mitologia da marca. Ninguém pode ver nada disso nos seus lábios, mas você se sente bem por ter o objeto na bolsa.

Ela acrescenta que o batom é um prazer à prova de recessão – um luxo a preço acessível, uma maneira de aumentar a autoconfiança sem desembolsar uma nota de 50.

É claro que a MAC não é a única marca de beleza a se associar com maquiadores profissionais de artistas. A Estée Lauder contratou Tom Pecheux como o seu diretor criativo em novembro de 2009. Outros nomes incluem Gucci Westman na Revlon e Aaron de Mey na Lancôme.

> Além de conferir credibilidade e um toque de classe às marcas, e oferecer dicas de aplicação de maquiagem, esses artistas não raro criam vídeos de treinamento interno, conversam com a imprensa, fazem apresentações e ajudam no desenvolvimento do produto e da embalagem. Eles geralmente se propõem a perpetuar a ideia de que qualquer mulher pode ser um protótipo de beleza e felicidade se ela conseguir encontrar a tonalidade adequada da base.
>
> ("It's your makeup artist's autograph that I want",[23]
> *New York Times*, 20 de março de 2008)

---

23. Tradução literal: "O que eu quero é o autógrafo do seu maquiador". (N. dos trads.)

Uma das maquiadoras mais bem-sucedidas do mundo é Pat McGrath da Grã-Bretanha, que ficou famosa ao trabalhar com o editor de moda Edward Enninful na influente revista de moda *i-D* na década de 1990. Ela colaborou com John Galliano em alguns dos seus mais exagerados desfiles de passarela e foi escolhida por Giorgio Armani para criar a sua linha de cosméticos. Pat McGrath é negra, o que é importante, porque ela herdou da mãe a mania de cosméticos: "Ela estava sempre misturando cores porque não havia produtos para a pele negra" ("The shape of things to come"[24], *Time Style & Design*, primavera de 2003).

McGrath é diretora criativa internacional da Max Factor.

DICAS DE BELEZA

* Max Factor levou habilidades compiladas nos camarins da Grande Ópera Imperial Russa para o mundo emergente de Hollywood na década de 1920.

* Nos primeiros anos, ele teve o mercado praticamente para si mesmo, e tornou-se o rei do "make-up" do cinema – um termo que seria popularizado.

* Os cosméticos haviam sido demonizados, inicialmente devido às suas qualidades tóxicas, mas depois por causa das suas associações com as cortesãs. Hollywood levou a maquiagem de volta para a cultura predominante e também exportou os cânones ocidentais de beleza para o mundo inteiro.

* Max Factor foi o pioneiro da propaganda com celebridades, usando estrelas de Hollywood para promover os seus produtos, mas a inovação nos produtos e no *design* das embalagens foi o verdadeiro segredo do seu sucesso.

* O rival da Max Factor na Grã-Bretanha foi Rimmel, que cooptou a imagem "descolada" de Londres como a identidade da sua marca. A marca está estreitamente identificada com a supermodelo britânica Kate Moss.

* A Max Factor ainda é conhecida como "a maquiagem dos maquiadores dos artistas". Pat McGrath, a sua diretora criativa internacional, é uma das maquiadoras mais famosas do mundo.

* Na década de 1990, maquiadores insatisfeitos com o leque de cores dos cosméticos no mercado começaram a lançar as suas próprias marcas: MAC, Bobbie Brown e François Nars são nomes que se destacam.

* Muitas marcas de produtos de beleza empregam hoje maquiadores como consultores criativos e porta-vozes; eles sugerem talento artístico e autenticidade.

---

24. Tradução literal: "A forma das coisas que estão por vir". (N. dos trads.)

A SOLUÇÃO DE CINCO POR CENTO

"As pessoas não compram apenas aromas; elas compram histórias."

Há uma lenda a respeito da tentativa de Maria Antonieta de escapar da guilhotina. Na primeira parte da história, a Rainha deixa em segredo o Palácio das Tulherias no escuro. Ela está vestida com a roupa preta simples de uma governanta e o seu guarda-costas segue-a de perto. Eles se perdem um pouco nas ruas estreitas ao redor do palácio, mas finalmente se reúnem com o restante da família real – o Rei, o Delfim, a irmã deste último, vários servos – na rue de l'Echelle. Lá, uma pequena carruagem os conduz aos arredores de Paris, onde eles passam para uma carruagem de viagem maior, fabricada sob encomenda – uma *berline* – que parte em disparada, no meio da noite, em direção a um baluarte monarquista na fronteira nordeste.

Se o plano funcionar, eles terão escapado da fúria dos revolucionários jacobinos e ao que corresponde à prisão domiciliar sob a vigilância da guarda nacional de Lafayette. Se não funcionar, eles terão apenas poucos meses de vida.

Na maioria das versões da história, a família real é avistada na pequena cidade de Sainte-Menehould por um agente do correio observador, que julga reconhecer o perfil do Rei a partir de uma cédula. Ele avança então, galopando, para organizar a prisão dos membros da realeza que estão fugindo mais adiante na estrada.

A tentativa de fuga termina em Varennes, onde a carruagem suspeita é detida por uma multidão de cidadãos locais. Quando Maria Antonieta aparece, não pode haver nenhuma dúvida com relação à sua identidade. Embora a ansiedade tenha feito o seu cabelo ficar branco, o que alterou radicalmente a sua aparência, o seu perfume a trai. O argumento é que apenas uma rainha poderia ter condições de comprar uma fragrância tão refinada.

Junto com a família, Maria Antonieta é escoltada de volta a Paris e o iminente cadafalso. O simbolismo é perfeito, e perfeitamente parisiense. O Rei é reconhecível devido ao seu nobre perfil, mas a Rainha é traída pelo seu perfume.

NOSTALGIA OLFATÓRIA

No fascinante livro *The Secret of Scent* (2006), o perfumista Luca Turin revela que a fragrância traiçoeira provavelmente fora fornecida pela perfumaria Houbigant de Paris, fundada em 1775 por Jean-François Houbigant de Grasse.

A butique de Houbigant localizada no número 19 da rue du Faubourg Saint Honoré se chamava *A la Corbeille des Fleurs* [*A Cesta de Flores*]. Segundo as palavras do letreiro do lado de fora da loja, esta vendia "luvas, Pós, Pomadas e Perfumes; também o genuíno Ruge vegetal que ele aperfeiçoou no mais elevado grau". Ao contrário de Maria Antonieta, Houbigant sobreviveu à revolução – dizem que Napoleão levou uma seleção das fragrâncias da casa na sua arca de campanha quando o seu exército avançou pela Europa. Houbigant fora inteligente ao situar a sua butique na rua mais elegante de Paris, e não hesitou em lucrar com uma forma primitiva de endosso de celebridade.

O fato de Houbigant ter vindo de Grasse é significativo. Com o seu clima agradável e um abundante suprimento de jasmim, introduzido no sul da França pelos mouros no século XVI, essa cidade provençal cercada por uma luxuriante paisagem rural tornou-se a capital da indústria de perfumes francesa. Originalmente, a área fora famosa pelos seus curtumes, mas a moda de luvas perfumadas, iniciada por Catarina de Médici e a sua irmã Marie, impeliram os comerciantes de couro a começar a cultivar plantas aromáticas. Grasse hoje fornece mais de dois terços das fragrâncias da França e é o lar de muitos dos seus perfumistas mais proeminentes.

É claro que o perfume surgiu muito antes do século XVIII. Para descobrir as suas origens, temos que revisitar os egípcios, os pioneiros da beleza, cujos ritos religiosos eram acompanhados pelos odores da fumaça aromatizada. (A palavra "perfume" deriva do latim *per fumum* – "através da fumaça" – e para muitos de nós, até mesmo hoje em dia, o odor do incenso é o cheiro da igreja.) O perfume também era aplicado às estátuas dos deuses – e os mortos eram perfumados para a sua viagem na vida após a morte. Os egípcios construíram verdadeiros laboratórios onde podiam extrair a essência do lótus, da íris ou do lírio comprimindo as flores ou macerando-as em óleos quentes.

No entanto, Houbigant é um nome importante na história do odor porque a casa criou o primeiro perfume que continha um ingrediente sintético. O perfumista Paul Parquet compôs a fragrância em 1882. Ela foi chamada de Fougère Royale, ou "Samambaia Régia". Como observa Luca Turin, esse foi um passo em direção ao segmento moderno do perfume acionado pelo marketing porque "as samambaias... não têm cheiro, e não há nada régio a respeito delas".

O ingrediente mágico foi uma versão sintética da cumarina, que geralmente é descrita como tendo o cheiro de feno recém-ceifado. Na sua forma natural, ela está fortemente presente na fava-da-índia ou fava-de-cheiro. Por que, então, recriá-la quimicamente? Turin escreve o seguinte: "A principal justificativa para usar o material sintético, tanto naquela época quanto agora, é que o processo fica mais barato do que extraí-lo da planta verdadeira". Hoje em dia, acrescenta ele, os ingredientes sintéticos são mais populares com os perfumistas do que os materiais naturais, que são extraídos de plantas colhidas "principalmente na Rússia e na antiga Iugoslávia". Estas são "amontoadas em caminhões, transportadas para a fábrica de extração mais próxima e misturadas com algum solvente quente. O bom material é extraído da planta e mais tarde destilado a vapor a partir da mistura".

Turin argumenta que os materiais naturais são "frágeis e irregulares, e frequentemente... estão danificados". Eles também são altamente complexos. Enquanto as substâncias químicas individuais são notas, os materiais naturais são composições completamente formadas, o que torna a tarefa do perfumista muito mais difícil quando ele precisa se sentar para compor a sinfonia de uma fragrância.

Uma família italiana adquiriu os direitos ao nome Houbigant em 2005 e começou a relançar as suas fragrâncias mais famosas, entre elas a Fougère Royale e a 1912 Quelques Fleurs. É questionável que essas fragrâncias tenham mais do que uma efêmera semelhança com as originais – mas em um mundo repleto de fragrâncias de grife, o clássico é elegante. Gian Luca Perris, vice-presidente executivo da Houbigant, declarou o seguinte à revista *Forbes*: "Depois da recente crise, existe um brado por autenticidade, por uma qualidade autêntica, não apenas por juntar as coisas de uma certa maneira, colocar um rótulo bonito nelas e vendê-las por um preço muito alto" ("Names you need to know: Houbigant", 7 de dezembro de 2010).

Caso você aceite esta ideia, a sua busca por uma fragrância retrô poderá levá--lo à Jovoy, uma perfumaria na rue Danielle Casanova em Paris. Lá, você talvez tenha a sorte de encontrar o loquaz e entusiástico François Hénin, o dono da firma. Hénin se envolveu com a indústria do perfume por acaso, quando era comerciante de matérias-primas no Vietnã. Ele ficou intrigado com a busca de odores elusivos e, junto com um primo, ressuscitou a Jovoy, uma marca lançada originalmente em 1923. Hénin fala da sua fundadora, Blanche Arvoy, com algum afeto.

"Ela era muito inovadora, estava muito à frente da sua época", diz ele. "Ela foi a primeira a usar um vaporizador, por exemplo. Os seus perfumes visavam firmemente o tipo de mulheres jovens que podiam ser vistas passeando nos *grands boulevards* nos braços dos seus 'tios' ricos. Nos padrões de hoje, as suas fragrâncias não eram sutis. Eram ricas, agressivas. Eram projetadas para chamar a atenção."

Hénin relançou várias das fragrâncias da Jovoy, entre elas a Oriental, a Terra Incognita e a provocadoramente denominada Quand?

Mas a butique está novamente um pouco diferente. Enquanto Hénin abria caminho na indústria, comparecendo a eventos e conferências, ele topou com outros que tinham marcas de perfumes clássicas ou setorializadas. A butique reúne as suas favoritas debaixo de um telhado pequeno porém elegante. Junto com as fragrâncias da Jovoy, você encontrará fragrâncias de LT Piver (1774), Dorin (1780) e Rancé (1795). Este último, afirma Hénin, fabricava a colônia predileta de Napoleão: "Ele costumava bebê-la".

Um barbeiro italiano, Gian Paolo Feminis, criou a primeira *eau de Cologne*, na cidade com esse nome, em 1709. Era uma mistura de solução alcoólica de uva, óleo de néroli, bergamota, lavanda e alecrim. Ela era vendida não apenas para disfarçar o cheiro do corpo, mas também para curar a dor de estômago, desinfetar a gengiva e "limpar o sangue".

Hénin adora esses detalhes e admite que a maioria das pessoas não compra apenas aromas; "elas compram histórias".

Mas na sua butique, os clientes não testam os perfumes diretamente dos seus frascos refinados. As fragrâncias estão contidas em fileiras de frascos marrons sem nomes. "Encorajamos os clientes a experimentar as fragrâncias, a mergulhar nelas, a encontrar a fragrância que combina com a personalidade deles, antes de ser seduzidos pelo frasco e pela embalagem. Você não encontrará aqui nenhuma imagem de atrizes famosas. Estamos oferecendo um antídoto para a 'mania de celebridade' que contaminou a indústria".

Houve um momento exato no qual o mundo coquete do perfume que François Hénin adora começou a se curvar diante da voraz máquina de marketing que a indústria do perfume se tornou. Foi quando Gabrielle "Coco" Chanel apontou para uma ampola em uma fileira de dez amostras de fragrâncias alinhadas e disse: "A número cinco".

COCO E "LE MONSTRE"

Em 1921, quando a Nº 5 foi lançada, Coco Chanel já era uma figurinista bem-sucedida que havia transformado a sua visão elegante das roupas das mulheres em riqueza e celebridade. A morte do seu amante *playboy* Boy Capel em um acidente de carro a deixara inicialmente inconsolável, e depois dominada por uma determinação dura e amarga. (De certa forma como a Torre Eiffel, Chanel é mais bem apreciada a distância, com o esnobismo e o antissemitismo sendo apenas duas das suas qualidades menos encantadoras.)

A esta altura, você já deve ter percebido que os figurinistas não criam fragrâncias. Isso é função dos perfumistas, às vezes chamados de "narizes". Hoje em dia, a maioria deles trabalha para empresas gigantes como a Firmenich, a Givaudan, a International Flavors and Fragrances (IFF) e a Symrise. Eles criam não apenas belos perfumes, mas também os aromas comuns dos produtos de toucador, detergentes e aperitivos.

O "nariz" de Chanel era Ernest Beaux, que trabalhara anteriormente na empresa de perfumes A. Rallet & Company. Poderíamos imaginar que Beaux aceitou avidamente a chance que teve quando Chanel lhe pediu que criasse a sua primeira fragrância, mas segundo Tilar J. Mazzeo, autor de *The Secret of Chanel Nº 5* (2010), Beaux ficou apreensivo. "Afinal de contas, criar uma fragrância para uma *couturière* ainda era naquela época um terreno desconhecido. Naquele verão, Coco Chanel seria apenas a terceira figurinista da história a se aventurar nessa área."

Com o tempo, ela conseguiu persuadi-lo e, depois de ouvir o que hoje seria chamado de um "brief", ele se pôs em campo para criar a fragrância dos sonhos dela. Um dos seus principais ingredientes foi o jasmim de Grasse – uma grande quantidade dele. "Ela queria o perfume mais extravagante do mundo", escreve Mazzeo.

Extravagante, sim – mas também severo. Assim como muitas das heroínas desta história, Gabrielle Chanel tinha origens humildes. A sua mãe morrera de tuberculose quando ela tinha 12 anos de idade, obrigando o pai, "um vendedor ambulante", a abandonar Gabrielle e as suas duas irmãs em um convento chamado Aubazine, na área de Corrèze na região centro-sul da França. Algo da austeridade desse lugar, com paredes brancas e o piso de pedra esfregado, subsistiu na alma de Chanel. Mais tarde, ela conseguiu ganhar a vida de uma maneira duvidosa como cantora em cabarés provinciais: ela obteve o apelido com a interpretação atrevida de uma canção chamada *Qui qu'a vu Coco*.

Então essa era Chanel Nº 5: a freira encontra a corista.

A severidade era proporcionada por substâncias sintéticas chamadas aldeídos, que ocorrem em muitas formas, mas são frequentemente descritos como o cheiro do frio e da limpeza. A quinta ampola da série que Beaux preparou para Chanel continha um excesso de aldeídos. Ela tocou a essência emocional da figurinista e se tornou Chanel Nº 5, uma fragrância sintética, sem nenhum constrangimento, para a era da máquina. A figurinista colocou-a em um austero frasco Art Deco. Retangular, a embalagem foi inspirada em uma das garrafas de uísque de Boy Capel.

Um frasco de Chanel Nº 5 é vendido a cada 30 segundos. Em um mundo no qual os perfumes não permanecem no mercado mais tempo do que na pele, a marca, que tem 90 anos, ainda tem um efeito poderoso. Ela não é apenas uma fragrância, é uma lenda, um rito de passagem, um monumento. Chandler Burr, o crítico de perfume do *New York Times*, a chama de "Le monstre".

Nos idos de 1921, o perfume não explodiu no mercado amparado por uma agressiva campanha de publicidade. Ele foi introduzido furtivamente.

Chanel lançou o Chanel Nº 5 usando-o em um jantar em Cannes. Como ela previra, as pessoas lhe perguntaram que perfume ela estava usando. Em seguida, ela deu frascos dele para os seus clientes prediletos como presente de Natal. Eles foram à butique de Chanel para comprar mais – e os amigos deles fizeram o mesmo.

Chanel Nº 5 estava bem avançado no caminho de se tornar o código de reconhecimento olfatório da elite parisiense quando a figurinista fez uma coisa extraordinária: vendeu os direitos da marca.

Hoje, os ricos elegantes se encontram nas *vernissages* e nos jantares beneficentes, nos desfiles de passarela dos grandes figurinistas, nos eventos luxuosos em Cannes e Hollywood, e nos clubes e restaurantes exclusivos. Em 1923, eles se encontravam na pista de corridas em Deauville, onde Chanel foi apresentada a Pierre e Paul Wertheimer, donos da empresa de perfumes Bourjois.

A empresa tinha as suas raízes no teatro, tendo sido fundada em 1863 por um ator que inventou uma maquiagem de palco fácil de aplicar que ele começou a vender para o público. Alexandre-Napoléon Bourjois comprou o negócio quatro anos depois, vendo-se com um sucesso nas mãos na forma do "Pó de Arroz de Java", que suavizava e clareava a pele. O seu sucessor, Emile Orosdi, expandiu as ofertas, adicionando verniz de unha, cor para os lábios e perfumes inebriantes destinados a ser borrifados nos lenços. Pierre e o pai de Paul, Ernest Wertheimer, ex-vendedor de gravatas, compraram metade da empresa em 1898. Quando os seus filhos se envolveram no negócio, eles levaram a Bourjois para os Estados Unidos e para a prosperidade.

Coco Chanel entregou a eles o controle quase total do seu negócio de perfumes, ficando com apenas 10% dos lucros. A decisão parece louca em retrospecto – e Chanel iria se arrepender amargamente de tê-la tomado – mas ao mesmo tempo fez totalmente sentido. Chanel era figurinista; não sabia nada a respeito da indústria de perfumes. Sem os Wertheimers, Chanel Nº 5 poderia ter permanecido a fragrância inconfundível de um pequeno grupo em Paris. Com eles, o perfume conquistou o mundo.

Tilar J. Mazzeo critica fortemente a abordagem inicial de marketing dos Wertheimers, especialmente a decisão deles de "enterrar" Chanel Nº 5 no meio de um leque de produtos com nomes semelhantes – Chanel Nº 1, Chanel Nº 2, Chanel Nº 11, Chanel Nº 14, Chanel Nº 20, Chanel Nº 21, Chanel Nº. 22 e Chanel Nº 27 para ser preciso – mas o catálogo que enviaram para os distribuidores americanos mostrava o firme domínio das tautologias floreadas do linguajar de luxo: "Os perfumes Chanel, criados exclusivamente para conhecedores, ocupam um lugar inédito na história do perfume... Mademoiselle Chanel tem o orgulho de apresentar frascos simples adornados apenas pela sua alvura, preciosas lágrimas de perfume de incomparável qualidade, com uma composição exclusiva, revelando a personalidade artística da sua criadora".

E assim por diante. Na realidade, o sucesso desproporcional do Chanel Nº 5, *apesar* dessa estratégia de marketing absurda, finalmente convenceu os Wertheimer a aplicar mais dinheiro da propaganda do perfume na década de 1930.

A fragrância também conseguiu evitar a concorrência de uma rival com uma fórmula suspeitosamente semelhante. L'Aimant (O Ímã) foi lançado por uma empresa de propriedade de um antigo conhecido de Chanel, François Coty. Natural da Córsega, François Spoturno adotara uma forma refinada do nome de solteira da sua mãe, Coti, e fez um treinamento como perfumista em Grasse. Em 1904, ele lançara um perfume baseado em óleos florais concentrados, La Rose Jacqueminot, que se revelou um enorme sucesso. Coty combinou o amor pelas fragrâncias com um talento para embalagens: ele trabalhou com René Lalique para criar frascos Art Nouveau esculturais que teriam vendido até mesmo sem o seu conteúdo. Quando Chanel criou o Nº 5, Coty estava administrando um império. (A sua empresa de perfumes financiou uma nociva carreira política: em 1922, ele comprou o jornal *Le Figaro* e o transformou em um jornal de extrema-direita; mais tarde, ele fundou organizações fascistas.)

Em 1926, ele adquiriu uma empresa chamada Chiris, que por sua vez era proprietária da A. Rallet & Company, onde o perfumista de Chanel, Ernest Beaux, aprendera o seu ofício. Com a compra, Coty conseguiu a fórmula do Rallet Nº 1, uma criação anterior de Beaux. Na realidade, como Coty desconfiava, Beaux baseara estreitamente nele a fórmula do Chanel Nº 5. Quando Coty lançou L'Aimant, uma versão levemente adaptada do Rallet Nº 1, ele estava basicamente lançando Chanel Nº 5 com outro nome.

Era tarde demais. Mazzeo escreve o seguinte: "Chanel Nº 5 era o perfume mais famoso do mundo. Ele ganhara as alturas na bolha econômica dos anos 1920 e, em uma era dedicada à busca de luxos incomparáveis, tornara-se um dos mais cobiçados".

Foi mais ou menos nessa época que Coco compreendeu o seu erro e começou a cogitar maneiras de arrebatar de volta o controle da marca – algo que nunca conseguiu. Enquanto ela observava a distância, o Chanel Nº 5 continuava a vender ao longo dos economicamente turbulentos anos 1930. Os Wertheimer tinham desacelerado a produção das outras fragrâncias numeradas e se concentraram no seu *best-seller*. Como sugeria a propaganda do perfume, ele era "mais usado pelas mulheres inteligentes do que qualquer outro perfume".

A fragrância garantiu o seu *status* icônico durante a Segunda Guerra Mundial, quando os Wertheimer tomaram a decisão arriscada de distribuir o perfume nas lojas de varejo das bases militares dos Estados Unidos (as cooperativas militares, ou "PXs"). Vender a marca livre de impostos nesse ambiente poderia ter acabado com o seu *status* de luxo, mas, como Mazzeo observa, "ninguém esperava encontrar butiques opulentas e *showrooms* ostentosos em uma zona de guerra".

O Chanel Nº 5 tornou-se a fragrância da liberdade, "parte de um mundo antes da guerra, um mundo de *glamour* e beleza que de alguma maneira sobrevivera". Isso possibilitou que a marca ingressasse na década de 1950 sob um halo de nostalgia erótica – todos os homens que tinham estado no exterior tinham trazido um frasco para aquela pessoa especial, ou talvez para duas ou três delas.

Como era de esperar, Coco passara a guerra coabitando com um oficial nazista. Enquanto o perfume do qual ela tinha apenas uma pequena parte continuava a voar das prateleiras, ela foi obrigada a se esconder na Suíça com a sua reputação em farrapos. Quando finalmente voltou para Paris em 1954 para reativar a sua linha de moda, ela foi obrigada a pedir ajuda aos Wertheimer. Eles responderam assumindo o controle total da marca Chanel. Havia muito tempo eles eram donos do perfume; agora, também eram donos dela. O ressentimento envenenou o seu espírito e assim permaneceu até o dia em que ela faleceu, aos 87 anos de idade, no dia 10 de janeiro de 1971.

Na década de 1960, o negócio era administrado pelo filho de Pierre, Jacques, mas parece que ele se interessava mais pelas atividades de corridas e reprodução de cavalos dos Wertheimer do que por administrar uma casa de moda. Nesse meio-tempo, a onipresença do Chanel Nº 5 corria perigo de torná-lo antiquado. Nos Estados Unidos, ele era o perfume da sua mãe – ou até mesmo da sua avó. Quando o filho de Jacques de 24 anos, Alain, assumiu as rédeas da empresa em 1974, ele se pôs rapidamente em campo para remediar a situação, restabelecendo o posicionamento de elite do perfume levando-o para as drogarias e lojas de conveniências, e reduzindo drasticamente o número de pontos de vendas de 18 mil para 12 mil.

A duradoura popularidade do Chanel Nº 5 pode ser atribuída ao trabalho de publicidade de Jacques Helleu, o diretor artístico da marca, que ingressou na casa em 1956 aos 18 anos e trabalhou lá até falecer em 2007, aos 69 anos de idade.

O seu pai, Jean, tinha ocupado o cargo antes dele. Com exceção da própria Chanel, ninguém entendia melhor o DNA da marca.

Em 1968, Helleu contratou Catherine Deneuve para ser o rosto do Chanel Nº 5. Coco Chanel talvez tivesse aprovado essa escolha: glacial porém sensual, a atriz loura captou a tensão que jazia na essência do perfume. No ano anterior, no filme *Belle de Jour* [*A Bela da Tarde*], ela interpretara uma bela mulher burguesa que evitou o tédio experimentando a prostituição.

A campanha do Chanel consolidou o estrelato internacional de Catherine Deneuve e realçou o *status* icônico do perfume. Os anúncios impressos são enganadoramente simples – o rosto impecável de Catherine, fotografado por Richard Avedon, ao lado do frasco inconfundível. Helleu reconheceu que o frasco audaciosamente minimalista não era nada menos do que um logotipo de vidro. Todos os seus anúncios subsequentes ostentariam enfaticamente essa característica. Um deles simplesmente mostrava o frasco em cima das palavras "Compartilhe a fantasia" (a abordagem "garrafa como logotipo" também foi usado pela marca de vodka Absolut e, até certo ponto, pela Coca-Cola).

As propagandas de televisão gravadas para o mercado americano usaram amplamente o sotaque francês e a dicção ligeiramente rouca de Catherine Deneuve. Quando ela falava a respeito de pôr uma gota de Chanel Nº 5 "em um lugar especial" – "atrás do joelho", ela fazia com que aquela depressão na pele soasse como a suprema zona erógena. "Você não precisa pedir", ronronava ela, quando o frasco aparecia. "Ele sabe o que você quer."

Helleu repetiu inúmeras vezes esse truque, emparelhando o frasco com belas atrizes debaixo das lentes de famosos fotógrafos e diretores. Os anúncios de televisão e do cinema se tornaram cada vez mais extravagantes, atingindo o auge com a atuação de Nicole Kidman em 2004 em um anúncio de enorme sucesso dirigido por Baz Luhrmann, que filmara a atriz em *Moulin Rouge* três anos antes. (Kidman interpretou o tipo de corista-cortesã que Coco Chanel teria reconhecido.) O anúncio é assustadoramente ostentoso ou descaradamente romântico, dependendo do seu gosto. De qualquer modo, Kidman não se queixou: ao que consta, ela embolsou 12 milhões de dólares pelo comercial de três minutos.

Anunciar um perfume é notoriamente ardiloso. Obviamente, é impossível demonstrar o principal benefício do produto, de modo que somos deixados com vagas noções de sexo e romance, embrulhadas em uma imagística que expressa a atmosfera que a fragrância foi criada para evocar. Os resultados são frequentemente pretensiosos, carecendo totalmente de calor e humor, sem mencionar a completa falta de narrativa. Os da Chanel são melhores do que a maioria, mas de jeito nenhum melhores do que anúncios premiados de produtos em outras categorias.

Quando Helleu faleceu, a *Vogue* prestou um tributo a ele. "[Ele] era a força motriz por trás das campanhas publicitárias icônicas da casa, que... estabeleceram Chanel como uma marca essencial no moderno mercado de consumo" ("Jacques Helleu remembered", 1º de outubro de 2007). A CEO internacional da Chanel, Maureen Chiquet, disse o seguinte em uma declaração: "A sua personalidade exuberante, os seus imensos talentos e visão exclusiva definiram Chanel como a suprema casa de luxo, com uma presença global sem precedentes... Ele conseguiu trazer Chanel para o século XXI como um dos líderes no mundo da exclusividade".

Isso pode ter ferido de alguma maneira Karl Lagerfeld, figurinista das coleções de moda da marca. Mas como Coco descobriu quando emergiu do seu reduto suíço, a indústria da moda é abastecida pelos perfumes. O fato de as modelos que percorreram a passarela durante o desfile de alta-costura da marca de outono/inverno de 2009 terem sido ofuscadas por grandiosas réplicas do Chanel Nº 5 não foi coincidência.

UMA FANTASIA EM UM FRASCO

Yves Saint Laurent sabia tudo a respeito da importância dos perfumes para a indústria da moda. A fragrância do "oriental" Opium de enorme sucesso do figurinista transformou o destino da casa; no seu 30º aniversário em 1992, mais de 80% da renda da empresa era gerada por perfumes e cosméticos. É por esse motivo que, quando grandes conglomerados como a LVMH e a PPR contratam jovens grifes, praticamente a primeira coisa que eles fazem é incentivar o recém-chegado a lançar um perfume.

Na sua biografia (2002) de Saint Laurent, a jornalista francesa Laurence Benaïm descreve o lançamento do Opium como "uma magnífica aula de comunicação". Saint Laurent já tinha preparado o terreno com a coleção "chinesa": 36 peças enervadas com ouro e orladas com pele, uma mistura alucinógena de *Shanghai Express* e uma aventura de Tintin. "Menos de um ano depois da morte de Mao, Saint Laurent celebrou os excessos da China Imperial", escreve Benaïm.

O Opium foi lançado em Paris no dia 12 de outubro de 1977. "O Opium é a *femme fatale*, o pagode, as luminárias!", declarou entusiasmado Saint Laurent no folheto de apresentação. A sua intenção, escreveu, era engarrafar "o momento em que um homem e uma mulher olham pela primeira vez um para o outro". O frasco vermelho se baseava no *inro* do samurai (a China e o Japão aparentemente estavam um tanto confundidos na paisagem de sonho do figurinista), um estojo laqueado para transportar moedas, selos, tintas e medicamentos. Saint Laurent criou o frasco com o *designer* Pierre Dinand, que foi capaz de sugerir o brilho enigmático da laca no nylon. A isso ele acrescentou, entremeado através da tampa, um cordão preto fino terminando em uma borla, bem como uma delicada corrente dourada ao redor do gargalo do frasco.

A imagem da propaganda ostentava Jerry Hall fotografada por Helmut Newton. Ela estava reclinada vestindo uma blusa oriental bordada, lábios entreabertos, pálpebras abaixadas, perdida em um lânguido êxtase. A foto foi tirada no apartamento do próprio Saint Laurent; ele projetou a foto e vestiu a modelo nos mínimos detalhes, até o anel. O *slogan*? "Pour celles qui s'adonnent à Yves Saint Laurent" (Para os fans de Yves Saint Laurent).

As vendas europeias atingiram 30 milhões de dólares em um ano. Quando o Opium foi lançado nos Estados Unidos, no dia 25 de setembro de 1978, Saint Laurent ocupou um veleiro de 1911 chamado *Peking*, atracado no South Street Seaport Museum em Nova York, engrinaldando-o com flores e lanternas, adornando-o com pagodes e um Buda gigante. Uma fartura de celebridades e 32 equipes de televisão compareceram à festa de lançamento; fogos de artifício escreveram YSL no céu de Manhattan iluminado pelas estrelas.

Inevitavelmente, o Opium provocou um escândalo – a Coalition against Drug Abuse[25] quis saber como YSL pôde dar a uma fragrância o nome de uma droga que havia matado milhões de pessoas – incitando um tufão na mídia e fazendo o jogo dos seus criadores. No final do ano, o Opium era a fragrância mais notória desde o Chanel Nº 5. As mulheres entendiam que o perfume era um convite à fuga, uma fantasia num frasco.

O figurinista Thierry Mugler talvez tenha tido o Opium em mente quando usou Jerry Hall como o rosto do seu próprio perfume, Angel, em 1992. Mas essa nova fragrância era muito diferente. Excessivamente adocicada, com notas de patchouli, pralinê, caramelo e baunilha, ela exalava uma corrente de perfumes

---

25. "Coalizão contra o consumo de drogas." (N. dos trads.)

"*gourmand*". Mugler disse que ela deveria fazer com que você "quase sentisse vontade de comer a pessoa que você ama". Aumentando a sua esquisitice, o perfume vinha em um frasco com a forma de uma estrela. Os críticos de perfume não gostaram do Angel, mas o odor de algodão-doce agradou às mulheres de variadas faixa etária e renda. Além disso, ele era diferente. Thierry Mugler era uma marca relativamente pequena, de modo que a empresa podia se dar ao luxo de correr um risco: não havia tantos dólares de marketing em jogo quanto os que havia quando Dior ou Gucci lançavam um perfume. Mugler estava se divertindo – e essa diversão ficou evidente no resultado. Finalmente, havia o fator tempo. As fragrâncias vêm e vão com uma velocidade alarmante, mas as vendas do Angel cresceram gradualmente ao longo de vários anos. O perfume tem uma qualidade viral – o efeito "O que você está usando?" – que não se consolida da noite para o dia. A estrela de Thierry Mugler como figurinista podia estar caindo, mas o perfume azul no frasco em forma de estrela tornou-se um fenômeno de vendas.

O negócio dos perfumes não se baseia apenas em nomes de figurinistas. Muitas celebridades emprestaram a sua identidade para fragrâncias. Acredita-se com frequência que o fenômeno começou com Jennifer Lopez com o perfume Glow, lançado pela Coty em 2002. Foi um enorme sucesso e levou a cantora e atriz a lançar várias fragrâncias baseadas no Glow. Mas ele não foi de jeito nenhum o primeiro desse tipo: Sophia Loren lançou Sophia nos idos de 1981; O Uninhibited de Cher apareceu em 1987; Elizabeth Taylor nos ofereceu White Diamonds em 1991.

O Glow era apenas "a encarnação moderna do perfume de celebridade", como diz Chandler Burr no livro *The Perfect Scent* (2007). Ao acumular milhões de vendas em um curto espaço de tempo, ele lançou uma tendência que atraiu muitas outras celebridades para o mercado. É justo comentar que a Coty domina a categoria de fragrância de celebridades, com poções de Sarah Jessica Parker, Gwen Stefani, Beyoncé Knowles, Celine Dion, David e Victoria Beckham, Faith Hill, Halle Berry, Kate Moss, Kylie Minogue e Lady Gaga, entre outros. Isso é escapismo na sua forma mais básica: a irrealidade confortante da tela ou da revista de luxo destilada e engarrafada.

A empresa fundada pelo grande conhecedor de marketing corso, François Coty, o melhor "aminimigo" de Gabrielle Chanel, é hoje a maior empresa de fragrâncias do mundo, com vendas anuais de 4 bilhões de dólares. De propriedade da Benckiser e firmemente estabelecida nos Estados Unidos, ela tem participações em cosméticos, artigos de higiene pessoal e de cuidados com a pele, mas 65% da sua renda deriva dos perfumes.

OS COMPOSITORES

Como determinamos, empresas como a Coty não criam perfumes. Elas estão envolvidas com o licenciamento, o marketing e a distribuição. Os perfumistas estão em outro lugar, usando as suas extraordinárias habilidades olfatórias para compor uma fragrância a partir das informações de um cliente.

Céline Ellena é uma perfumista da terceira geração de Grasse. Seu pai, Jean--Claude Ellena, é o "nariz" interno da Hermès. Essa é uma função muito incomum: além da Hermès, somente a Chanel e a Guerlain têm perfumistas exclusivos (Jacques Polge e Thierry Wasser, respectivamente). Céline atualmente é independente, mas trabalhou na Symrise e na companhia estabelecida em Grasse chamada Charabot.

Como muitos perfumistas, Céline aprendeu o seu ofício no Institut Supérieur International du Parfum de la Cosmétique et de l'Aromatique alimentaire (ISIPCA), a escola de perfumes em Versalhes. Você precisa ser formado em química e ter o respaldo de uma empresa de perfumes antes de o seu ingresso no instituto ser considerado. Depois disso, a escola aceita apenas 15 alunos por ano, escolhidos com base em uma prova escrita e uma apresentação feita para um corpo profissional de jurados. "É aí que você começa a se dar conta", diz Céline, "que o perfume é um negócio difícil".

Digamos que você tenha a sorte de ser contratado por uma das grandes empresas de perfumes – o que acontece então? Como é o seu dia?

Antigamente, o perfumista se sentava diante de uma estante contendo ampolas de vidro chamada de "órgão". Cada uma das ampolas, é claro, continha um aroma, sintético ou natural. Ao combiná-las em diferentes quantidades, o perfumista chegava a uma nova fragrância.

Hoje, o perfumista fica sentado em uma sala diante de um computador. Depois de avaliar os odores que ele poderia precisar para criar a fragrância que está no momento girando na cabeça dele, ele se volta para o banco de dados de matérias-primas no computador. Cada material tem um preço, de modo que o perfumista pode adicionar e subtrair elementos para descobrir quanto a fórmula que ele tem em mente poderá custar. Os aromas são mantidos em laboratórios povoados por técnicos, que usam escalas de alta precisão para misturar minúsculas gotas de líquido segundo as instruções do perfumista. O concentrado resultante é adicionado ao álcool para formar uma amostra, que é então levada à sala do perfumista.

O perfumista é pressionado a manter o custo por quilo de uma fragrância o mais baixo possível. "Há dez anos", escreve Luca Turin em *The Secret of Scent*, "uma fragrância de qualidade costumava custar de 200 a 300 dólares por quilo. Hoje em dia, 100 dólares é considerado caro... a modicidade de preço da fórmula é a razão pela qual quase todos os perfumes 'de qualidade' são uma total porcaria".

O perfumista também é pressionado a criar um sucesso, motivo pelo qual muitas fragrâncias são versões levemente ajustadas daquelas já existentes. Os perfumistas estão constantemente cheirando amostras de perfumes lançados recentemente para se manter atualizados.

"Para economizar tempo, sabe-se que os perfumistas misturam as fórmulas de fragrâncias existentes", afirma Céline. "Portanto, você poderá ouvi-los dizer: 'Ele é 80% J'Adore e 20% Nina de Nina Ricci'. Na indústria, chamamos isso de 'twist'."

Uma das grandes habilidades de um perfumista é a de fazer a engenharia inversa de uma fragrância pelo cheiro. Os perfumistas mantêm uma enorme biblioteca de aromas na cabeça – algo que pode parecer semelhante a um superpoder para aqueles que não trabalham na área.

"Na realidade, desenvolver uma memória olfatória não é a parte mais difícil", diz Céline. "Você aprende os aromas de memória. A verdadeira habilidade consiste em saber o que os diferentes elementos oferecerão quando combinados, porque, no perfume, um mais um é igual a três. Se eu combinar um sintético chamado ionona, que tem um odor parecido com o da íris, com o aldeído C14, que lembra o pêssego, eu obtenho damasco."

Céline concorda que o baixo padrão dos perfumes se deve em parte aos orçamentos rígidos, mas também culpa os prazos finais apertados. "Em uma grande empresa de perfumes, você não tem tempo de pensar, explorar, fazer a sua pesquisa. Não raro você trabalha com informações de diferentes clientes ao mesmo tempo. Se adicionarmos a isso a falta de disposição dos clientes de correr riscos, você acaba com uma seleção bastante insípida nas prateleiras."

Um importante fator cultural também está em jogo. Desde a década de 1970, os consumidores de países desenvolvidos têm sido cercados por um aroma extremamente comum encontrado nos detergentes. Para quase todos nós, esse odor equivale a "limpo". Quando ele não está presente em um perfume – digamos, um perfume que prefira os aromas naturais aos sintéticos –, temos a tendência de considerar essa fragrância desagradável. Por conseguinte, quase todos os perfumes cheiram, em grande medida, a detergente. Os nossos narizes foram submetidos a uma lavagem cerebral.

O nascimento de um novo perfume começa com a decisão de um cliente – um LVMH, um L'Oréal ou um Coty – de lançar uma fragrância. Ele pode precisar substituir uma marca que está desaparecendo, ou seguir uma tendência (os "orientais" estão em voga nesta temporada). O gerente de produto entra em contato com três ou quatro das grandes empresas de perfumes, as quais enviam as suas equipes de vendas e marketing. Elas não enviam os perfumistas: esse papel é desempenhado por uma pessoa chamada "avaliador", que combina habilidades de perfumaria e marketing. O avaliador e os seus colegas pegam o *briefing*, que é geralmente um documento impresso contendo as informações: grupo demográfico-alvo, família olfatória, com que fragrância o perfume deve se assemelhar (ou não) e assim por diante.

Céline diz o seguinte: "Em um bom dia, a equipe da empresa de perfumes fica sozinha com o cliente em uma sala de reuniões. Ocasionalmente, as informações são apresentadas para um punhado de empresas de perfume concorrentes ao mesmo tempo. A equipe comercial deve então fazer anotações e levá-las consigo".

Eu me pergunto em voz alta qual a contribuição de um figurinista na criação da fragrância que leva o seu nome.

Céline diz o seguinte: "Se o contrato do figurinista com a empresa controladora reza que ele efetivamente cedeu o seu nome, ele mal é consultado. Ele pode ser chamado no final para cheirar rapidamente a fragrância, mas de resto a sua opinião é irrelevante. O perfume não é *métier* deles. Não é preciso dizer que o *público* é informado de que o figurinista esteve fortemente envolvido com a criação da fragrância. Mas isso é marketing".

Fiz posteriormente a mesma pergunta a Judith Gross, diretora internacional de marketing de fragrâncias e ingredientes naturais da International Flavors and Fragrances (IFF). "Isso depende", diz ela, citando Giorgio Armani como um figurinista particularmente ativo. "O profundo envolvimento no processo, do começo ao fim, é muito raro."

O mesmo se aplica às celebridades, é claro. Judith Gross reconhece que a presença observada de um figurinista ou uma celebridade durante a criação de um perfume pode ser uma parte importante da estratégia de marketing.

"Os perfumes que realmente funcionam são aqueles que contam uma história convincente; eles levam o consumidor para o mundo deles."

Com aproximadamente 400 lançamentos de perfume por ano, você precisa de uma história convincente para se destacar. Judith Gross estima que a "essência" representa apenas 5% do preço que o consumidor paga por um frasco de perfume. O resto dos seus 70 dólares vai para o *design* da embalagem, a propaganda – inclusive o cachê de endosso de celebridade – e a distribuição.

Os perfumistas não estão envolvidos com nada disso. Eles nem mesmo veem o frasco, que é responsabilidade de agências de *design* especializadas.

Quando a equipe comercial volta da reunião com o cliente, o dossiê é entregue a um grupo de perfumistas, que competem internamente para criar a fórmula que a empresa irá apresentar ao cliente. Isso precisa ser feito em um intervalo de tempo de 15 dias a três semanas. Os resultados considerados dignos de nota pelo avaliador e pela equipe de vendas são então levados para o cliente. No final, o cliente acaba com uma escolha de cinco ou seis fragrâncias de diferentes empresas de perfume. Quando o cliente decide qual a fragrância que prefere, as outras companhias estão fora do páreo – sem ter ganho um único centavo.

"Depois disso, começa o verdadeiro trabalho, porque o cliente sempre quer fazer modificações", diz Céline. "Floral demais, insuficientemente floral..."

A fragrância é testada em grupos de discussão para determinar qual poderia ser o seu desempenho no mercado, depois do que seguem-se mais modificações. O processo completo, do *briefing* inicial ao lançamento, pode levar de um a dois anos.

Parece um negócio desanimador – até que eu peço a Céline para descrever como é, de fato, criar um perfume.

"Para mim, começa com uma imagem", retruca ela. "Pode ser uma forma. Eu poderia, por exemplo, querer criar uma coisa com um cheiro redondo. Ou poderia ser a memória de uma viagem. Certa vez, eu quis criar um perfume que desse a impressão de que eu estava mergulhando as mãos em uma pilha de penas. Outra vez, eu estava pensando na camiseta de Marlon Brando em *A Streetcar Named Desire* [*Uma Rua Chamada Pecado*]. Depois disso, eu escrevo a fórmula que poderá recriar o sentimento que tenho em mente. Soa estranho, eu sei, mas é possível criar aromas com texturas: áspero, suave, metálico. Você leva o frasco ao nariz e, de repente, tem uma sensação."

E isso, apesar das duras realidades da indústria do perfume, é uma espécie de magia.

DICAS DE BELEZA

* A "essência" de um frasco de perfume representa apenas 5% do seu preço – o restante vai para a embalagem e o marketing.

* Os perfumistas dizem que os rígidos orçamentos e os prazos finais apertados significam que o padrão das chamadas "fragrâncias de qualidade" é geralmente baixo.

* Cansados das marcas tradicionais, alguns consumidores estão redescobrindo perfumes lançados no século XVIII.

* Chanel Nº 5 continua a ser o perfume mais famoso do mundo. Gabrielle Chanel promoveu-o inicialmente com um marketing dissimulado.

* Parte do seu sucesso se deve à mera longevidade, mas também à propaganda que explora a sua tradição: atrizes que evocam o espírito de Coco Chanel junto com o frasco icônico.

* O efeito viral dos perfumes significa que eles frequentemente precisam de tempo para se propagar entre os consumidores.

* Mas as empresas da beleza preferem se concentrar na novidade acionada pela propaganda na esperança de criar um sucesso instantâneo.

O FASCÍNIO
DO LUXO

"Assim como na moda, existem tendências na beleza."

Ficar sentado na recepção de Parfums Christian Dior em Paris dá a impressão de que estamos esperando para embarcar em uma viagem de férias de luxo no espaço sideral. Consigo imaginar a mesma atmosfera de perfeita calma, a mesma mobília cinza-clara, um balcão de recepção adornado com um logotipo prateado. Se a mulher elegante que entrou um momento antes tivesse passado flutuando por mim em vez de andar no chão com saltos altos e finos, eu não teria ficado nem um pouco surpreso. Espero ouvir o suspiro comprimido de uma câmara de vácuo quando ela desaparece dentro do prédio.

O figurinista Christian Dior começou o seu negócio de fragrâncias em 1947, com o perfumista Serge Heftler-Louiche, no exato momento em que lançou a sua primeira coleção. O perfume debutante foi Miss Dior, inspirado, segundo dizem, na irmã do figurinista, Catherine. No ano seguinte, a Parfums Christian Dior já tinha aberto escritórios em Nova York. Dior estava bastante consciente do poder que a marca de uma moda tinha de atrair consumidores para produtos secundários: em 1950, ele licenciou o seu nome em uma série de gravatas e acessórios nos Estados Unidos. O batom Dior Rouge apareceu em 1955, embora o Crème Abricot para a pele só tenha sido lançado em 1963, seis anos depois da sua morte. Dez anos mais tarde, a Parfums Christian Dior lançou uma linha de produtos para a pele com o nome Hydra Dior.

É sobre pele que vim conversar hoje. Edouard Mauvais-Jarvis é o diretor científico da marca. Quando ele me cumprimenta com um aperto de mão, reparo que ele parece mais jovem do que os 41 anos indicados na minha busca no Google, o que o torna um embaixador convincente.

"O relacionamento entre os figurinistas, os produtos para a pele e os consumidores depende da legitimidade", explica ele, depois que nos instalamos na sua modesta sala. "Ao lançar um perfume junto com a sua primeira coleção, Christian Dior foi particularmente visionário. O seu nome foi associado ao mundo da beleza desde o início. A maquiagem se seguiu com relativa rapidez; afinal de contas, ela é um acessório da moda."

Os cuidados com a pele alçaram voo mais tarde, em parte porque a divisão de perfumes foi vendida e só se reintegrou à empresa de moda quando ela se tornou parte da LVMH (Moët Hennessy Louis Vuitton) em 1988. A Parfums Christian Dior ainda é administrada como uma empresa separada, o que significa que ela tem pouco a ver com Christian Dior, a marca de moda. Mas a combinação do seu posicionamento de luxo e a observada legitimidade de Dior no setor da beleza faz com que os consumidores voltem em busca de algo mais.

Mauvais-Jarvis me garante, contudo, que os produtos encerram mais coisas do que uma elegante embalagem: "Desempenhamos um papel de liderança na pesquisa dos cuidados com a pele. Na realidade, compartilhamos a nossa pesquisa com as outras marcas do grupo LVMH, como a Guerlain, Givenchy e Kenzo, graças aos nossos laboratórios em Saint Jean de Braye. Temos 260 pesquisadores, o que poderá parecer um número muito pequeno quando comparado com o da L'Oréal, por exemplo, mas nós também trabalhamos com parceiros no exterior, como o Institute for Stem Cell Biology and Regenerative Medicine de Stanford".

A pesquisa com células-tronco se revelou um terreno fértil para os que comercializam produtos na área dos cuidados com a pele. Como as células-

-tronco têm o poder de se renovar, reza a teoria que as células-tronco da epiderme devem ser protegidas – ou até mesmo incrementadas – a fim de garantir que elas cumpram a sua função de manter a nossa pele com uma aparência viçosa e radiante com a máxima eficiência. Essa é a ideia por trás da linha antienvelhecimento Capture Totale de grande sucesso, promovida há muito tempo com imagens publicitárias da aparentemente imutável Sharon Stone. Essa linha defende as células-mães com TP Vityl, um componente tópico derivado da vitamina E. É a isso que os comerciantes dos produtos para a pele querem se referir quando falam a respeito de "ingredientes ativos" – elementos que têm um trabalho a fazer, em vez de ser simplesmente um componente comum, como o agente de coloração ou a fragrância.

As empresas de beleza tendem a promover os ingredientes ativos com uma linguagem que reflita o DNA da sua marca. Por exemplo, La Prairie (assim como a Nivea, de propriedade da Beiersdorf) enfatiza muito as suas origens suíças, relacionando o ar puro e a neve da sua terra natal com beleza e pureza. Desse modo, ela nos assegura que a sua Cellular Power Infusion contém "as células--tronco de uvas vermelhas suíças e o extrato de algas da neve suíças". Isso de certo modo explica por que o pote do produto custa quase 500 dólares. De qualquer modo, voltemos a Mauvais-Jarvis.

"Acredito que uma equipe menor com parceiros no exterior seja mais flexível do que um enorme departamento de pesquisas que seja praticamente uma empresa dentro de uma empresa", diz ele. "No nosso negócio, temos que ser reativos, porque é importante ser o primeiro a chegar ao mercado com uma descoberta."

Essas parcerias também são proveitosas para as instituições acadêmicas; elas indicam que os cientistas estão lidando com questões do mundo real, e de qualquer modo existe um incentivo financeiro. "Não é uma doação", enfatiza Mauvais-Jarvis. "Os nossos pesquisadores trabalham juntos. É uma abordagem científica – financiada, admito – mas tem lugar uma troca genuína de opiniões e *know-how*."

Não que descobertas científicas conduzam imediatamente ao lançamento de novos produtos. Na realidade, uma descoberta pode "ficar em uma gaveta", metaforicamente, até que a Dior decida qual a melhor maneira de utilizá-la. "Estamos constantemente falando com os consumidores a respeito das suas necessidades e desejos, de modo que sabemos quando está na hora de lançar um produto. Comparo isso com a tela de toque do iPhone. A tecnologia já existe há muitos anos, mas a Apple desenvolveu a melhor maneira de incorporá-la a um produto."

O fato é que quase todas as empresas de produtos de beleza têm um plano de marketing que se estende meses ou anos no futuro. Elas sabem exatamente quando precisam renovar ou substituir as linhas de produtos existentes. Ocasionalmente, elas podem ser obrigadas a reagir rapidamente ao lançamento de um concorrente. Em ambos os casos, elas se voltam para o departamento de pesquisas.

Mauvais-Jarvis nega que o marketing impulsione a pesquisa, mas concorda em que eles precisam "estar de acordo". Ele acrescenta: "Não faz sentido lançar um novo produto antes que o mercado esteja pronto para ele. Afinal de contas, somos um negócio. Assim como na moda, existem tendências na beleza. Há até mesmo um aspecto sazonal: sabemos que devemos lançar produtos antienvelhecimento no início do ano, cremes para clarear a pele na Ásia em março, cremes para emagrecer e tonificar na primavera.

Ele cita o lançamento do Serum Capture Totale One Essential da Dior como o exemplo perfeito da pesquisa e do marketing trabalhando em paralelo. (O sérum ou soro é mais rico e intenso do que o creme.) O produto derivou de pesquisas que os cientistas da Dior estavam fazendo com o Pierre and Marie Curie Institute em Paris sobre o envelhecimento das proteínas. A chave foi a descoberta da proteassoma, uma proteína encontrada dentro das células que atua como uma "fábrica de reciclagem" em miniatura, livrando as células de toxinas ou convertendo-as em proteínas saudáveis. Esse processo natural – e aqui está o problema – fica mais lento com a idade, o que significa que as células da nossa pele acumulam mais toxinas à medida que envelhecemos, o que resulta em linhas, na descoloração e em uma cútis opaca. A resposta da Dior foi um produto contendo o seu ingrediente patenteado Perle de Longoza, extraído da planta Longoza em Madagascar, a qual é capaz – você adivinhou – de intensificar a atividade do proteassoma.

"A ideia do sérum One Essential é que ele confere à pele um impulso global e a prepara para outros produtos", afirma Mauvais-Jarvis. "Ele respondeu, para ser sincero com você, a uma tendência no mercado em direção ao sérum universal, que outras empresas tinham lançado mas ainda não tínhamos na nossa linha. Já conhecíamos o efeito do proteassoma havia anos, mas ainda não tínhamos encontrado a maneira certa de utilizá-lo. Agora, junto com a equipe de marketing, desenvolvemos um conceito que funcionou."

A máquina promocional da Dior entrou em ação a pleno vapor. O frasco em si, projetado pela empresa de embalagens Rexam, foi uma obra de arte. Ele era de um vermelho brilhante e intenso, com uma bombinha oculta por uma tampa metálica prateada, um estilo repetido pela descrição do produto e pela marca. Sharon Stone foi fotografada para a campanha nas revistas e nos cartazes, e amostras foram enviadas para jornalistas e *bloggers* de beleza que favoreciam a marca.

O "supersérum que estimula a pele" foi "um extraordinário sucesso", afirma Mauvais-Jarvis. O produto obteve uma menção nos resultados financeiros da LVMH do primeiro trimestre de 2010, e foi descrito como "tendo um bom desempenho".

ONDE A CIÊNCIA ENCONTRA
O *STATUS*

O desejo de cegar os consumidores com ciência conduziu ao equivalente de uma corrida armamentista na indústria, já que cada marca tenta sobrepujar a outra com a sua mais recente descoberta. Elas obtêm a patente das suas descobertas e se vangloriam dessas patentes nas afirmações das suas propagandas: por exemplo, Estée Lauder indica "20 patentes no mundo inteiro" e "25 anos de pesquisas de DNA", tudo isso enfatizado por uma dupla hélice dourada, no seu creme Advanced Night Repair.

Desde 1991, a Chanel administra o Centre de recherches et d'investigations épidermiques et sensorielles (centro de pesquisas e investigações epidérmicas e sensoriais) (CERIES), que oferece um prêmio anual de 40 mil euros para pesquisas pioneiras nos cuidados com a pele. Uma das armas da Chanel nas guerras dos cuidados com a pele é Xavier Ormancey, o diretor da pesquisa de ingredientes ativos da marca. Ormancey passeia pelas remotas regiões do planeta em busca de plantas exóticas que possam ajudar a reduzir os efeitos do envelhecimento. Não raro pode parecer que ele faz isso apenas para divertir os jornalistas.

"Ormancey, 42, percorre o mundo em busca de ingredientes naturais ainda não descobertos que poderão constituir o próximo grande sucesso dos cuidados com a pele", escreveu em 2006 um repórter do *Times*. "Ultimamente, o seu destino predileto tem sido Madagascar... onde ele tem acompanhado crocodilos e o vírus chikungunya transportado pelo mosquito e que enrijece as articulações, mas também escorpiões, cobras, aranhas e sanguessugas. É um espírito de aventura que lhe conquistou o apelido de 'Indiana Jones do mundo da beleza."

Graças ao trabalho de Ormancey, lemos, a Chanel está pronta para lançar um creme antienvelhecimento que está sendo desenvolvido há oito anos:

> O creme, Sublimage, tem as suas origens no extremo norte de Madagascar onde, há quase uma década, Ormancey recebeu uma dica a respeito de uma espécie de baunilha que dá um fruto incrível e vital, da qual só restavam treze espécimes. Testes de campo da *Vanilla planifolia* revelaram que ela continha mais de 60% do ingrediente ativo, neste caso polyketones da fruta, insuperáveis até mesmo por superfontes de antioxidantes como a semente de uva ou o chá verde.
>
> ("Beauty in full Bloom?",[26] *Times*, 2 de setembro de 2006)

Assim como o endosso de celebridades, Ormancey e as suas aventuras conferem uma dimensão humana a esses tubos de creme escorregadios.

Depois do *Times* de Londres, foi a vez do seu homônimo nova-iorquino demonstrar o seu entusiasmo. "Quer ele esteja seguindo monges tibetanos pelos contrafortes do Himalaia em busca de uma rosa que só floresce na neve, abrindo picadas nas selvas do Peru procurando uma videira que é comida pelos condores para curar a picada de cobra ou buscando receitas de antigos elixires de beleza indonésios, Ormancey é o guerreiro ecológico secreto da Chanel" ("Ecochic", *T Style Magazine*, 27 de agosto de 2006).

Com os jornalistas escrevendo tudo isso, quem precisa fazer propaganda? Mais recentemente, para o lançamento do Essential Revitalizing Concentrate da Chanel (o nome soa familiar), encontramos Ormancey no rastro da "Flor Dourada do Himalaia: o ingrediente sintetizado como Golden Champa".

Onde quer que a planta tenha sido descoberta, ela se encontrava na interseção de três imperativos do marketing: o desejo de novos ingredientes ativos, a necessidade de histórias convincentes e a crescente demanda dos consumidores por produtos naturais. A Dior tem o que ela chama de "jardins" salpicados pelo mundo: áreas protegidas das quais ela obtém ingredientes ativos naturais. Já mencionamos as sementes de Longoza de Madagascar; a isso você pode adicionar flores raras do Uzbequistão e, mais perto de casa, as vinhas de Yquem na região francesa de Bordeaux. É um acaso extremamente feliz e inesperado que

---

26. Tradução literal: "A beleza em plena florescência?". (N. dos trads.)

essas vinhas tenham propriedades que combatem o envelhecimento, já que a empresa controladora da Dior, a LVMH, é dona do Château d'Yquem, produtor de alguns dos vinhos mais caros do mundo. É o equivalente de uma premiação adicional da indústria do luxo.

Os cuidados de luxo com a pele são afrontosamente caros, mas não devemos nos esquecer da teoria de Helena Rubinstein de que as pessoas elegantes não querem comprar nada que tenha um preço acessível. Elas ficam ainda mais felizes quando aquilo que desejam é praticamente inalcançável. Veja este *clipping* do *New York Times*:

> Você precisa ter mais do que apenas dinheiro – você precisa ter influência. O Sensai Premier da Kanebo custa 1.320 dólares, quando você consegue comprá-lo; a Barney's New York vendeu tudo em menos de duas semanas. Um suprimento para 21 dias da La Mer the Essence custa 2.100 dólares, e só está disponível por convite... Como explicar esses valores de tirar o fôlego? "Você pode comprar uma bolsa de grife para o outono, mas você só tem um rosto", diz Jose Parron, o diretor de imagem da Barney's New York.
>
> ("Luxe creams – tags to riches",[27] 16 de outubro de 2005)

É a equação familiar do marketing de luxo: você não tem condições de comprar o produto; você não é importante; a disponibilidade é limitada – portanto, você o deseja intensamente.

La Prairie da Suíça entende isso perfeitamente.

A marca tem as suas origens na Clinique La Prairie – hoje uma entidade separada – fundada pelo Dr. Paul Niehans em Montreaux em 1931. Nesse estabelecimento exclusivo, Niehans fazia experimentos com o que ele chamava de "terapia celular", que envolvia injetar células frescas de feto de carneiro nos seus pacientes (isso é explicado no website da clínica, www.laprairie.ch). A ideia surgiu de uma experiência que envolveu um paciente com alteração na função das glândulas paratireoides (as glândulas que controlam a quantidade de cálcio no sangue e nos ossos). Niehans injetou no paciente uma solução contendo células

---

27. Tradução literal: "Cremes de luxo – etiquetas para ricos". O título do artigo na verdade foi um trocadilho, devido à expressão inglesa "rags to riches", que significa "da pobreza para a riqueza". (N. dos trads.)

da paratireoide de uma vaca. Quando o paciente se recuperou, Niehans continuou a fazer experimentos com transplantes celulares de animais em seres humanos. Ele chegou à conclusão de que o processo prolongava a vida e até mesmo combatia o câncer. (A American Cancer Society descarta essa afirmação, dizendo que o tratamento nunca foi cientificamente testado.)

Como era de prever, o Santo Graal de uma expectativa de vida mais longa revelou-se irresistível, e Niehans tratou milhares de clientes ricos e influentes, entre eles Gloria Swanson e o Papa Pio XII. O vínculo entre La Prairie e a elite foi assim estabelecido.

Em 1976, cinco anos depois da morte de Niehans, o banqueiro suíço Armin Mattli comprou a clínica. Ele lançou a La Prairie Cosmetics, uma linha de produtos de cuidados com a pele cujo marketing enfatizava a reputação da clínica no campo da terapia celular. A linha foi vendida em 1982, quando passou primeiro para a US Cyanamid Company e depois para a Sanofi. Em 1987, ela foi adquirida por Georgette Mosbacher, empresária e "socialite animada" que fora casada com George Barrie, *chairman* da Fabergé, e era agora esposa do magnata do petróleo e arrecadador de recursos do partido Republicano Robert A. Mosbacher. Na qualidade de CEO de La Prairie, ela se revelou uma força dinâmica, recuperando a empresa que estava em dificuldades com uma personalidade dinâmica e extrovertida, e um dom para motivar a equipe de vendas que lembrava Estée Lauder. Em 1991, ela vendeu a marca para a Beiersdorf, ao que consta, por 45 milhões de dólares.

Hoje, La Prairie tira proveito da sua salutar tradição suíça, das suas elegantes embalagens e do seu "Cellular Complex patenteado" – raramente visto sem estar associado à palavra "exclusivo" – para seduzir um mercado-alvo maduro e abastado. Os *spas* da marca dentro de hotéis de luxo ajudam a manter o seu perfil dentro desse grupo. O segredo do Cellular Complex parece ser a inclusão de glicoproteínas, que estimulam a restauração celular. No entanto, como observou uma fonte na indústria da beleza, não existe nenhuma razão pela qual isso deveria funcionar quando aplicado à pele. "Você teria que ir muito mais fundo para obter qualquer efeito. Os consumidores basicamente estão pagando pela fragrância, pela textura – e pelo *status*."

No verão de 2010, jornalistas da área da beleza selecionados foram convidados pela La Prairie para ir ao restaurante The Modern no Museu de Arte Moderna de Nova York, onde a marca estava lançando um número reduzido de novos produtos. A empresa tipicamente faz isso de quatro a seis meses antes do lançamento, para que os editores tenham bastante tempo para descobrir a mercadoria antes de fechar as edições de setembro e outubro – as mais volumosas e com mais propaganda do ano.

Os jornalistas foram cortejados com bebidas e petiscos, recebendo ainda agendas e canetas com a marca La Prairie. Entre os produtos que estavam sendo lançados estava o Cellular Radiance Emulsion SPF 30 (425 dólares), o "Anti--Ageing Neck Cream" (200 dólares) e dois conjuntos de presentes para as festas de fim de ano (950 dólares cada). Um repórter do *New York Times* descreveu a marca como "o computador Apple do mundo da beleza", acrescentando: "As embalagens são deslumbrantes: prateadas, brancas, límpidas e reluzentes. Os preços são elevados. E ela enfatiza o serviço ao consumidor frente a frente. A maior parte das vendas é realizada em quiosques nas lojas de departamentos... onde as clientes em potencial recebem aplicações e borrifos dos produtos, e são consultados a respeito das suas necessidades de cuidados com a pele" ("Mimosas and caviar for breakfast", 10 de junho de 2010). No evento, Lynne Florio, presidente de La Prairie, declarou que a marca gostava de "falar com a imprensa e com os nossos clientes com a maior frequência e intimidade possível".

A profusão de revistas de luxo e a regularidade com que o pessoal do setor de relações públicas oferece produtos de beleza gratuitos para os editores – aliado ao poder de propaganda das próprias marcas – explicam a ausência do discurso crítico dentro do setor. A jornalista Janet Street-Porter atacou certa vez as editoras da área da beleza chamando-as de "traidoras do seu próprio sexo" que "produzem continuamente os centímetros de coluna de disparates para esses produtos, e atuam como propagandistas para a indústria de cosméticos" ("Why beauty editors are the real villains",[28] *Independent,* 22 de outubro de 2000).

Se Street-Porter estivesse escrevendo hoje, ela poderia ter ampliado o seu alvo para incluir a maioria dos blogueiros da beleza.

As consumidoras estão sendo enganadas pelas empresas de beleza e pelas revistas de luxo? Isso está longe de ser uma coisa garantida. O mais provável é que elas queiram acreditar. Elas desfrutam toda a sequência da experiência: conversando com a "consultora de beleza" na loja, levando para casa o elegante objeto, abrindo o pacote, e aplicando um creme cuja cor, textura e fragrância foram projetadas para proporcionar uma sensação idealmente agradável

---

28. Tradução literal: "Por que as editoras da beleza são os verdadeiros vilões". (N. dos trads.)

enquanto desliza friamente pela pele. Ao longo de todo o processo, elas se agarram a um otimismo irracional porém extremamente prazeroso.

Outra marca fabulosamente cara é a Sisley, a empresa francesa de beleza criada em 1976 pelo Conde Hubert d'Ornano, cujo pai foi um dos fundadores da Lancôme. D'Ornano e sua mulher, Isabelle, eram ávidos colecionadores de arte, de modo que deram à sua marca o nome do pintor impressionista Alfred Sisley. A sua história – que estava bem à frente do seu tempo – dizia respeito aos extratos de plantas naturais. A Sisley chama o seu processo de "fitocosmetologia", que envolve misturar ingredientes ativos naturais de uma maneira que acentua o efeito de cada componente individual.

"Algumas pessoas nos dizem que preferem usar um dos nossos cremes a ir a um restaurante em um sábado à noite", declarou certa vez Isabelle ("Sisley: the house of beauty", *Times*, 9 de outubro de 2008).

O seu comentário vai direto à essência da beleza de luxo. Para muitas pessoas que compram os cremes, a eficácia talvez não seja nem a metade da questão. O creme é uma fonte de conforto, um prazer hedonista, uma maneira de se sentir melhor a respeito do dia que está por vir. É por esse motivo que os produtos de beleza continuam a vender durante a recessão. Os consumidores não são dependentes do resultado, e sim da sensação. Imaginar o opulento *spa* ou o intrépido ecocientista abrindo caminho através de uma floresta tropical faz parte da experiência.

Ainda assim, vale a pena ter em mente que o principal ingrediente de quase todos os produtos de cuidados com a pele – do mais barato ao mais dispendioso – é a água.

DICAS DE BELEZA

* As marcas da alta-costura rapidamente ingressaram nas áreas do perfume e da maquiagem, consolidando uma legitimidade no setor da beleza.

* Posteriormente, elas ingressaram no reinado dos cremes quando as consumidoras começaram a querer combater as rugas em vez de simplesmente escondê-las.

* Elas investiram em departamentos de pesquisas a fim de competir com empresas como a P&G e a L'Oréal.

* As pesquisas de "ingredientes ativos" impulsionam as histórias que são usadas para vender cremes.

* As marcas de beleza competem para descobrir o mais recente ingrediente ativo e colocá-lo primeiro no mercado.

* O relacionamento aconchegante entre os relações públicas das marcas de beleza e os jornalistas da área da beleza suaviza o processo de marketing.

* Os consumidores não compram apenas eficácia, mas também experiência: o ambiente varejista, a embalagem, a fragrância, a textura.

* Eles também compram *status*: a beleza é um negócio com uma elevada margem de lucro porque muitos consumidores estão dispostos a pagar por um creme de luxo – ou não estão dispostos a pagar por um creme barato.

COMO LANÇAR
UM CREME

"É preciso dramatizar a ciência."

D ou comigo perguntando: "Como tudo isso funciona exatamente? Eu entendo por que as pessoas compram cremes para a pele, mas o que acontece antes de eles chegarem ao mercado? Qual é o processo?".

Assim, encontro uma pessoa a quem posso fazer a pergunta: a amiga de uma amiga, que trabalha como gerente de produto em uma importante empresa de produtos de beleza que já foi mencionada nestas páginas. Ela falou sob a condição de anonimato, mas vamos chamá-la de Caroline.

Como definimos, as tendências dos cuidados com a pele vêm e vão embora quase tão rápido quanto as "coqueluches" da moda. Extratos de plantas, antioxidantes, peptídeos, células-tronco, bioeletricidade: todos tiveram os seus momentos de glória. As empresas de beleza observam umas às outras como falcões, para garantir que não vão deixar escapar um novo ingrediente ativo.

"Monitoramos constantemente o que os nossos concorrentes estão fazendo", confirma Caroline. "Queremos ter a certeza de que estamos mantendo a nossa cota justa do mercado, de modo que podemos dar conosco lançando um produto para reagir à competição ou responder a uma história de sucesso, mas esse não é de jeito nenhum o único incentivo. Quando temos uma linha de produtos bem-sucedida, uma erosão natural tem lugar. Podemos manter o interesse lançando uma extensão à linha, ou podemos ter que recondicioná-la e relançá-la totalmente, modificando completamente a mensagem de marketing.

É nesse momento que precisamos entrar em contato com o laboratório e descobrir se existe um novo ingrediente ativo – uma nova história para contar. "Tudo começa com um conceito. Nós efetivamente nos sentamos e escrevemos isso – e grande parte do que escrevemos tipicamente acaba indo parar no texto publicitário no final do processo. Levamos esse conceito às pessoas do laboratório e o discutimos com elas. Elas podem nos dizer se a pesquisa delas respalda o nosso conceito. Vamos e voltamos durante algum tempo ajustando o nosso conceito até que ele se harmonize com a pesquisa, e finalmente temos uma história coerente para contar ao consumidor. Um bom exemplo disso, na minha opinião, é o LiftActiv Derm Source da Vichy. A Vichy está basicamente visando a derme papilar, a camada de pele debaixo da superfície – a epiderme – que ela renomeou e chamou de 'derm source'[29] no seu marketing. Isso sugere que ela é a origem de todos os nossos problemas de pele e que, ao alvejá-la com um extrato fitoterápico, ele pode melhorar a elasticidade e o esplendor da nossa pele."

Uma marca de beleza pode lançar dois ou três produtos baseados na mesma história, com outros podendo vir depois se a narrativa se revelar bem-sucedida. Para um produto antienvelhecimento, isso pode ser um sérum, um creme e talvez um sérum para a pele ao redor dos olhos. Se o produto estiver concentrado na hidratação, a amplitude pode ser maior devido aos diferentes tipos de pele: seca, oleosa ou mista. Uma linha pode se expandir gradualmente e abarcar dez ou mais produtos. "Ultimamente, tem havido a tendência de lançar a linha com o sérum", diz Caroline. "As mulheres estão adquirindo o hábito de aplicar um sérum que prepara a pele para outros tratamentos de beleza."

---

29. "origem da derme". (N. dos trads.)

O laboratório então cria amostras, realizando testes para verificar como os ingredientes ativos reagem com os elementos comuns que entram em um creme – água, conservantes, cor, fragrância, agentes de deslizamento e assim por diante. O tipo de embalagem também é decidido bem cedo, em parte porque o material escolhido poderá reagir de uma maneira negativa com os ingredientes. ("Lembro-me de um creme que na realidade derreteu o plástico", recorda Caroline.) A embalagem também é uma parte fundamental do processo da narrativa da história, de modo que é importante que ela esteja certa. Isso envolve várias reuniões entre a equipe de marketing, a agência de *design* e o produtor da embalagem, com numerosos debates e ajustes. Moldes precisam ser preparados, vagas reservadas nas fábricas; os recipientes de vidro requerem um tempo de processamento particularmente longo.

O gerente de produto recebe então várias amostras de cremes com diferentes consistências. "A textura é muito importante – temos especialistas sensoriais que trabalham exclusivamente com isso", diz Caroline. "Mas isso também é bastante subjetivo. Tenho a tendência de gostar sempre do mesmo tipo de creme. Geralmente, alguns de nós testamos as diferentes formas do produto para determinar qual a mais popular."

Se resta alguma dúvida, é solicitado ao especialista sensorial que tome uma decisão a respeito da textura que proporciona a sensação mais agradável.

Depois que uma amostra é aprovada, o creme é enviado para um centro de testes para descobrir como ele se comporta com as consumidoras. Voluntárias participam de testes cegos com produtos concorrentes. Também lhes é pedido que usem o creme por um período de 15 a 30 dias, para verificar como ele afeta a pele delas (consulte "Bem-vindo a Cosmetic Valley" a seguir). Os grupos de testes são pequenos, podendo ser de apenas trinta mulheres. Isso permite que as empresas de beleza afirmem que "80% das mulheres testadas observaram um efeito na sua pele". Resultados positivos nos testes dão ao gerente de produto munição para convencer a equipe de vendas e marketing – e, em última análise, o CEO da empresa – de que o creme merece o dinheiro e o esforço que será investido nele.

Enquanto tudo isso está acontecendo, o gerente de produto está trabalhando nos elementos criativos da embalagem e da publicidade. "Estamos procurando a maneira mais atraente de traduzir a ciência em um cenário que venda os benefícios do produto para o cliente."

Outro contato, desta feita em uma agência de publicidade, me diz que não existe muita diferença entre trabalhar com marcas de produtos de beleza e detergentes. "Ambos requerem a mesma habilidade", diz ele. "Você precisa dramatizar a ciência. No caso do detergente, estamos lhe mostrando como a enzima ou seja lá o que for elimina toda a sujeira da sua roupa. No caso de um creme para a pele, estamos lhe mostrando como o ingrediente ativo reage com as suas células. Existe sempre uma certa quantidade de linguagem científica e talvez um desses *close-ups* de ilustrações que você vê nos livros de biologia."

A linguagem do marketing da beleza é uma espécie de poesia surreal. "Natural", "luminosidade", "perfeito", "reduz visivelmente", "intensifica", "renova", "incrementa", "rejuvenesce", "revitaliza", "reforça", "exclusivo", "patenteado", "testado", "comprovado", "avançado": escolha um pequeno número dessas palavras e adicione alguma ciência (pontos extras para a utilização das palavras "células" ou "celular") e, de preferência, também algumas palavras francesas. Muitos anúncios de beleza nos Estados Unidos ainda preferem a palavra "crème" a "cream", porque houve uma época em que as regulamentações proibiram o uso da palavra "cream" se ela não estivesse relacionada com um produto de laticínio.

As restrições de propaganda relacionadas com o setor da beleza estão ficando mais duras. A Advertising Standards Authority (ASA) do Reino Unido ataca severamente, com regularidade, afirmações que ela considera questionáveis, e em decorrência disso as empresas de cosméticos consideram o Reino Unido um dos ambientes regulatórios mais rígidos do mundo. "Se você conseguir se dar bem com uma afirmação no Reino Unido, você provavelmente conseguirá o mesmo em qualquer outro lugar", me disse certa vez um anunciante da área da beleza.

Rugas digitalmente removidas e estatísticas engenhosamente manipuladas, junto com afirmações de "pele com aparência mais jovem" e "reduz a aparência das linhas finas", provocaram queixas da parte de consumidoras, frequentemente sustentadas pela ASA, que pressionou empresas como a P&G e a Beiersdorf a retirar certos anúncios. Anúncios de produtos para o cabelo e cílios também sofreram pesadas críticas, com a L'Oréal e a Rimmel, entre outras, sendo criticadas pela ASA por ter utilizado apliques e cílios postiços nos anúncios. Isso apesar do fato que os anunciantes começaram a salpicar os anúncios com uma letra miúda que confessa os acréscimos. As marcas estrangeiras frequentemente são obrigadas a adaptar a matéria publicitária para o mercado britânico.

A indústria da beleza está se tornando cada vez mais preocupada com essa evolução. Na feira comercial inCosmetics realizada em Munique em maio de

2009, o consultor de cosméticos Chris Gummer recomendou com insistência que a indústria "fosse dura com os reguladores". "Eles estão sendo rígidos demais com relação às nossas afirmações e não entendem realmente o consumidor", disse ele. Ele sugeriu que os reguladores fossem convidados a visitar as empresas de cosméticos e que lhes fossem mostradas pesquisas de mercado. "Esta é uma área de percepção, de beleza e de emoção, e eles precisam saber como os consumidores realmente reagem a esses produtos."

Ele estava convencido de que os consumidores sabiam como interpretar as afirmações e não estavam sendo induzidos ao erro. Por outro lado, ele concordou em que as empresas de cosméticos precisavam ser mais zelosas com relação às informações que estavam fornecendo. Particularmente, ele exigiu mais testes *in vivo* (em pessoas vivas) em vez de *in vitro* (baseados apenas em resultados de laboratório). "*In vitro* diz apenas que uma coisa possivelmente dará certo ou poderá dar certo. Ele oferece uma orientação para que você dê o passo seguinte e dispendioso para a experiência *in vivo*" (www.cosmeticsdesign.com).

Caroline acredita que a maioria das consumidoras são vítimas voluntárias. "Elas nunca estão 100% convencidas de que funcionará. Estão perfeitamente conscientes de que existe um elemento de fantasia."

Com muita frequência, essa fantasia é simbolizada por uma celebridade. Algumas linhas têm uma estrela consagrada que faz o endosso, como Sharon Stone para o Capture Totale da Dior, em cujo caso você só precisa fotografá-la para o produto mais recente. Mas se você estiver lançando uma nova linha – ou relançando uma antiga – você precisará de um rosto novo.

Caroline diz o seguinte: "Apenas entre nós dois, eu acho que os consumidores estão ficando um pouco cansados do jogo da celebridade. Eles sabem muito bem que ela tem pouco ou nenhum envolvimento com a concepção do produto. Mas isso é considerado importante internamente. Se lançarmos um produto sem uma estrela, a indústria achará que não temos confiança nele. Afinal de contas, se estamos dispostos a contratar uma celebridade por 8 ou 10 milhões de dólares, isso sem dúvida envia uma mensagem. Também acho que é importante para o moral corporativo. Dizemos para nós mesmos que todo o estresse e os absurdos que toleramos valem a pena porque trabalhamos em uma indústria deslumbrante".

A combinação de uma grande estrela com uma história científica intrigante também irá atrair a atenção da imprensa. Caroline reconhece a importância dos jornalistas da área da beleza – e, mais particularmente, dos prêmios distribuídos pelas revistas de luxo. Na França, o *Marie Claire Prix d'Excellence de la Beauté* é considerado especialmente prestigioso. Fui informado de que os donos das marcas importantes colocam pressão nas revistas se os seus produtos não são contemplados por esses prêmios. Os conglomerados que hoje são donos da maior parte das marcas mundiais de beleza de luxo detêm um tremendo poder publicitário.

Com uma cobertura jornalística positiva e uma deslumbrante representante VIP sorrindo nos cartazes para uma pálida ralé, o produto está pronto para voar das prateleiras. De acordo com Caroline, a jornada da concepção até o lançamento dura 18 meses.

Durante esse tempo, é provável que o produto tenha passado pela área central da beleza francesa. Ela é chamada de Cosmetic Valley.

BEM-VINDO AO COSMETIC VALLEY

Cosmetic Valley é mais um conceito do que uma localização – embora seja uma área geográfica, estendendo-se para fora a partir da Ile de France como uma mancha de fragrância derramada em um lenço ao Tours no coração do país e a Normandia no norte. Abarcando mais de 200 laboratórios, seis universidades e mais de 7.700 pesquisadores, bem como empresas relacionadas com todos os aspectos da indústria da beleza, ele é equivalente do setor de perfumes e cosméticos do Vale do Silício. Muitas marcas francesas têm atividades de pesquisas e embalagem lá; quase todas dependeram dele em alguma ocasião. Jean-Luc Ansel, diretor-geral da associação, diz o seguinte: "Oitenta por cento dos produtos de beleza que estão à venda nas lojas *duty-free* vêm deste aglomerado".

O desenvolvimento do Cosmetic Valley começou na década de 1970, quando as empresas de beleza começaram a deixar Paris e os seus subúrbios em busca de acomodações mais baratas e espaçosas nas regiões vizinhas. Na década de 1990, uma multidão de empreendimentos havia surgido, mas eles mal se comunicavam entre si. O Cosmetic Valley foi criado para desenvolver o treinamento conjunto e iniciativas de emprego, organizar conferências e feiras comerciais, e promover a região no exterior como uma entidade única. O crescimento se acelerou em 2005 quando ele foi chamado de um dos "polos competitivos" do governo francês, oferecendo incentivos fiscais às empresas que se mudassem para lá. "O Cosmetic Valley desempenha um importante papel na manutenção do prestígio da expressão 'Made in France' nas áreas do luxo e da beleza", afirma Ansel. "Ele é um manancial de inovação."

Embora uma grande quantidade de envasamento e embalagem tenha lugar na região, os cientistas também estão estudando tudo lá, desde os efeitos de plásticos biodegradáveis nos ingredientes ativos ao uso do ultrassom para medir a profundidade das rugas.

Foi por intermédio do Cosmetic Valley que conheci Patrick Beau, fundador de um centro de testes clínicos chamado Spincontrol. Em uma fria manhã de outubro vou visitá-lo em Tours, uma cidade séria porém de modo nenhum desagradável cujas elegantes casas brancas são encimadas por ardósia arroxeada.

Em vez do labirinto de laboratórios com fachada de vidro que eu estava esperando, a Spincontrol se revela um empreendimento despretensioso estabelecido em um pequeno prédio Art Deco. Do lado de dentro, ele é bem proporcionado e funcional, parecendo mais uma clínica provinciana do que um *spa* de luxo. Ele parece ter pouco a ver com as atrizes deslumbrantes e os cartazes dourados que anunciam produtos para a pele em Paris.

O próprio Beau é relaxado e cordial, com olhos azuis brilhantes e a pele levemente corada de alguém que prefere o ar puro ao laboratório. Conduzindo-me através dos corredores, ele abre a porta de um grande almoxarifado. As prateleiras estão repletas de recipientes de creme de plástico branco de vários tamanhos, todos marcados com um código numérico. "Os voluntários nunca sabem o nome da marca do creme que vão testar", me diz Beau. Ele pega um recipiente e espia o seu conteúdo branco anônimo. "Até mesmo eu teria dificuldade em lhe dizer o que é isto."

Todos os voluntários são recrutados boca a boca; a Spincontrol tem um acervo de cerca de 15 mil deles. Uma pesquisa pode durar de dois meses a um ano, dependendo do produto e das exigências do cliente. "Primeiro, precisamos saber qual é o mercado-alvo e o que eles esperam do produto. Em seguida, apresentamos diferentes técnicas a fim de chegar a um estudo feito sob medida que siga regulamentações internacionais."

Beau abre mais portas, revelando vários dispositivos incompreensíveis: caixilhos equipados com ataduras, refletores e câmeras. A empresa usa técnicas avançadas de fotografia e software para analisar manchas escuras na pele ou círculos debaixo dos olhos, e *fringe projection* – projetar luz na pele para obter uma imagem 3D microscopicamente detalhada – para avaliar a eficácia de cremes de emagrecimento e tratamentos antirrugas. "Fomos os primeiros a trazer a *fringe projection* para a França, há uma década", afirma Beau.

Ele fundou a Spincontrol em 1991, e agora conta com 42 funcionários na França, bem como postos avançados na Tailândia e em Montreal. Ele também está pensando em abrir filiais na Índia e no Brasil. "Existe uma crescente demanda de testes rigorosos porque as empresas de cosméticos estão fazendo afirmações cada vez mais ambiciosas sobre os seus produtos, enquanto, ao mesmo tempo, grupos de consumidores estão exigindo mais transparência. Obviamente, os resultados seriam questionáveis se as próprias marcas realizassem os testes."

A Spincontrol obteve uma certificação ISO bem como a aprovação oficial da AFSSAPS – a agência francesa de segurança dos produtos de saúde – como um "local de pesquisa biomédica" independente. Beau enfatiza: "Somos imparciais. Não orientamos as marcas com relação ao que elas podem ou não podem dizer. Apenas lhes fornecemos os fatos. Cabe a elas decidir o que fazer com as informações".

Pergunto a ele a respeito do pequeno número de pessoas usadas nas amostras. "Uma pesquisa típica envolve trinta pessoas", ele confirma. "Mas isso é tudo que precisamos, especialmente se tivermos em mente um mercado-alvo muito específico. Se você pensar bem, quanto menor o número de pessoas testadas, mais o produto se revela eficaz se houver uma mudança mensurável."

Ele admite que a maneira como as informações são utilizadas pode deixar as marcas abertas a críticas. "Elas estão mais propensas a dizer 'reduziu as rugas em 95% das mulheres testadas' do que 'reduz as rugas em 5%', por exemplo. Elas contam a história de maneira a ser beneficiadas."

Fico surpreso ao ouvir que uma mudança genuína realmente ocorre, mas Beau me garante que alguns cremes podem causar um impacto, até mesmo um impacto expressivo. "De qualquer modo, não creio que possamos reduzir os cremes à sua eficácia. Eles também são projetados para proporcionar prazer: a embalagem, a fragrância, a textura. Realizamos testes de bem-estar provando que o uso de cosméticos reduz o estresse."

Ele acredita, contudo, que os cremes antienvelhecimento começaram a suplantar a maquiagem convencional. "Antigamente, quando as pessoas tinham rugas, marcas e manchas, elas as ocultavam. Mas hoje, elas esperam conseguir se livrar delas, mesmo sem cirurgia plástica estética."

DICAS DE BELEZA

* As marcas de beleza monitoram constantemente os seus concorrentes e frequentemente lançam cremes para ficar em dia com a última tendência de ingredientes ativos.

* O lançamento de um novo creme começa com um conceito – literalmente uma história – construída em torno das pesquisas mais recentes.

* A habilidade dos profissionais de marketing da beleza é "dramatizar a ciência" de uma maneira que convença os clientes de que o creme irá melhorar a sua aparência.

* No entanto, grupos de consumidores estão tomando medidas severas contra afirmações exageradas das marcas de beleza, liderados pelo Advertising Standards Authority no Reino Unido, considerado o mais duro mercado regulador.

* Os produtos são testados por laboratórios independentes de testes clínicos – mas os resultados são com frequência manipulados no texto publicitário.

* O endosso das celebridades personificam o elemento de fantasia do branding da beleza, embora elas também sejam consideradas importantes para o prestígio de uma marca dentro da indústria.

A BUSCA DA ETERNA JUVENTUDE

"Você ganharia muito mais se gastasse o dinheiro em uma boa garrafa de pinot noir."

Quando Catarina de Médici veio para Paris, ela trouxe consigo a cozinha italiana, tratamentos de beleza da Renascença e rumores de adagas e veneno. No entanto, embora o povo a chamasse de Madame Serpente, durante o seu longo casamento com Henrique II da França, ela resistiu estoicamente à vontade de espetar a amante dele, Diane de Poitiers, sobre quem ele publicamente derramava o seu afeto. Na realidade, ele estava usando as cores de Diane quando uma lança lascada dilacerou-lhe o cérebro durante uma competição de justa.

Depois da morte do rei, Diane foi expulsa da corte; mas Catarina não precisou envenená-la. A ex-favorita do rei conseguiu fazer isso sozinha.

O erro de Diane foi ter um médico que também era farmacêutico. Esses primeiros droguistas faziam experimentos com todos os tipos de tratamentos duvidosos, usando inclusive mercúrio e ouro como elixires da juventude. A pseudociência da alquimia – a qual, é claro, envolvia transformar substâncias inferiores em ouro – deu origem a muitas superstições a respeito do metal, inclusive conferindo-lhe um elo com a imortalidade. O ouro era imutável, pensavam as pessoas, de modo que aqueles que o consumissem teriam garantida a vida eterna. Para Diane, isso pareceu funcionar. Embora ela fosse vinte anos mais velha do que o rei, dizem que ela parecia ter a mesma idade dele. Anos mais tarde, uma cortesã comentou que ela permanecia tão "viçosa e encantadora" quanto fora aos 30 anos, e que a sua pele era "de grande alvura".

Em 2008, um toxicólogo francês chamado Joël Poupon analisou um cacho do cabelo de Diane, que estava preservado na sua antiga casa, o Château d'Anet em Eure-et-Loir. Poupon é um tanto viciado em resolver antigos mistérios médicos. Até 2005, ninguém sabia o que causara a doença e a morte, aos 28 anos, de Agnès Sorel (1421-1450), amante do Rei Carlos VII da França, com quem ela teve três filhos. Trabalhando com um colega – Philippe Charlier, arqueólogo forense – Poupon determinou que ela fora vítima de envenenamento por mercúrio. Embora isso possa ter sido um tratamento de beleza, o assassinato não pôde ser descartado. Em 2008, a mesma equipe determinou que os supostos "restos mortais sagrados" de Joana D'Arc – ossos descobertos em um pote rotulado no sótão de uma farmácia parisiense em 1867 – eram na verdade os de uma antiga múmia egípcia e de um gato.

Agora Poupon e Charlier voltaram a atenção para o enigma da beleza perene de Diane. O cacho de cabelo, inserido em um medalhão, revelou uma elevada concentração de ouro. Poupon deduziu que ela costumava beber regularmente uma poção de ouro líquido – cloreto de ouro e éter dietílico – provavelmente adicionados em gotas a um copo de vinho.

"O ouro não é extremamente tóxico", explicou-me Poupon, quando o visitei certa tarde no hospital Lariboisière, um gracioso prédio parisiense do século XIX cujos caminhos abobadados para pedestres circundam um jardim terapêutico. "Tampouco uma dose excessiva é necessariamente fatal. Mas com o tempo isso a enfraqueceu. O seu cabelo estava extremamente fino, os ossos frágeis. A anemia explica a sua etérea palidez."

Poupon e Charlier também conseguiram examinar os ossos de Diane, que estavam sendo devolvidos da cova coletiva onde tinham sido jogados durante a

Revolução ao seu túmulo original em Anet. Resíduos de tecido continham doses de ouro e mercúrio.

"O meu palpite é que, assim como muitas mulheres da sua época, Diane estivesse intrigada pela alquimia", disse Poupon. "A palavra encerra um toque de mistério hoje em dia, mas na verdade ela foi a precursora da química. O termo deriva da palavra árabe *al-kimia*."

Esta, por sua vez, deriva do vocábulo persa *kimia* ou "elixir". A busca do segredo da juventude revelou-se a ruína de Diane de Poitiers. Ela faleceu aos 66 anos de idade, mas não de causas naturais.

A NOVA PELE DO IMPERADOR

O ouro ainda é usado como tratamento de beleza. Vários cremes afirmam contê--lo, particularmente o Cellular Radiance Concentrate Pure Gold de La Prairie, "recém-desenvolvidos peptídeos se unem ao Pure Gold, suspensos em um gel coloidal", e o seu Cellular Treatment Gold Illusion Line Filler, uma "poção des-lumbrante, impregnada de ouro". Produtos de outras marcas afirmaram conter diamante, pó de ouro e "extrato de pérolas negras". Eles não são perigosos – a não ser para o seu saldo bancário.

Apesar dos efeitos na sua saúde, Diane de Poitiers talvez tenha estado certa ao ingerir ouro em vez de esfregá-lo na pele. Nenhum creme antirrugas pode fazer o tempo retroceder. Alguns têm um efeito temporário nos sinais de enve-lhecimento, geralmente estufando a pele para ocultar as linhas finas: isso pode ser feito usando-se qualquer creme hidratante comum. Outros ingredientes ati-vos desempenham uma variedade de papéis. Dizem que os peptídeos estimulam o processo de cura e promovem a produção de colágeno ou elastina; os alfa--hidroácidos (AHAs) removem as células mortas da pele e promovem uma apa-rência mais suave – mas em doses elevadas eles podem efetivamente esfolar a pele; os antioxidantes podem combater os danos causados pelo sol; dizem que a coenzima Q10 tem propriedades antioxidantes; o Retin-A é usado para tratar a acne, mas também pode ressecar a pele... eu poderia continuar.

Em 2007, o mecanismo defensor dos interesses do consumidor americano Consumer Reports testou dez dos cremes antirrugas mais vendidos em um grupo de mulheres, com idade entre 30 e 70 anos, durante doze semanas – um intervalo de tempo bem mais longo do que os cremes sugeriam que seria necessário para que os efeitos se tornassem visíveis. Os testes usaram uma tecnologia muito semelhante à descrita no capítulo anterior. Eles revelaram que os produtos de fato suavizaram algumas linhas finas e rugas – em algumas das voluntárias – mas que "até mesmo os que tiveram o melhor desempenho reduziram a profundidade média das rugas em menos de 10%, uma magnitude de mudança que mal era, infelizmente, visível a olho nu. Além disso, os produtos para a pele com preços de luxo não funcionaram nem um pouco melhor do que as marcas das farmácias e lojas de conveniência".

Curiosamente, quando foi pedido às mulheres que emitissem a sua opinião a respeito da eficácia dos cremes testados, elas tiveram dificuldade em fazer uma avaliação, "*e as suas opiniões não tiveram nenhuma relação com o desempenho dos produtos baseado em médias objetivas*" (o grifo é meu). Como sempre, então, a beleza está no olho do observador. Depois disso, o Consumer Reports realizou testes semelhantes em soros antirrugas ("as melhoras foram mínimas") e cremes para olhos ("nenhum chegou nem perto de eliminar rugas").

Uma das acusações mais surpreendentes do setor de cuidados com a pele aconteceu em 2000, feita pela fundadora da Body Shop Anita Roddick (ver Capítulo 18, "Ético, orgânico e sustentável"). Discursando para o Cheltenham Literature Festival durante uma turnê para promover o seu livro *Business as Unusual*, ela declarou: "Os cremes hidratantes funcionam, mas o resto é completamente papo furado. Não existe nada no planeta de Deus, nem uma única coisa, que levará embora 30 anos de discussões com o seu marido e 40 anos de abuso ambiental. Qualquer coisa que afirme ser capaz de retirar magicamente as suas rugas é uma escandalosa mentira". Com um sorriso sardônico, ela acrescentou: "Você ganharia muito mais se gastasse o dinheiro em uma boa garrafa de *pinot noir*" ("Wrinkle cream is pap",[30] diz Roddick, *Telegraph*, 19 de outubro de 2000).

O estado da sua pele é resultado de uma complexa mistura de fatores, entre eles a genética, a alimentação e a exposição ao sol. Nenhum dos comerciantes de produtos para pele com quem conversei me convenceu de que os seus produtos funcionavam, mas eles foram mais persuasivos quando sugeriram que os cremes poderiam proteger a pele contra danos futuros. Edouard Mauvais-Jarvis da Dior ressaltou: "Se você olhasse para uma mulher de 40 anos na década de 1970 e comparasse a sua pele com a de uma mulher de 40 anos de hoje, você veria uma

---

30. Tradução literal: "Creme antirrugas é papo furado". (N. dos trads.)

diferença considerável. Nós fizemos um enorme progresso – e a única coisa que nos impede de progredir ainda mais é a regulamentação".

Em outras palavras, se os cremes cosméticos fossem mais eficazes, eles se tornariam produtos farmacêuticos e estariam sujeitos a testes muito mais amplos e rigorosos.

Analogamente, Patrick Beau da Spincontrol descreveu uma fotografia que ele vira de gêmeas brasileiras. Uma delas passara a vida trabalhando ao ar livre na propriedade rural da família, enquanto a outra saíra de casa para viver uma vida mais sofisticada na cidade. Na foto, elas não pareciam mais irmãs gêmeas. "Aquela que passara a vida trabalhando ao sol parecia ser a mãe da que levara uma vida urbana mimada. O ambiente é tudo. O sol maltrata muito a pele."

Em um fórum de 1989, a marca japonesa Shiseido (ver Capítulo 12, "A beleza se torna global") propôs o termo "envelhecimento bem-sucedido", em vez de "antienvelhecimento", indicando que acredita mais na prevenção do que na cura.

As consumidoras são enganadas pelas afirmações feitas pelas empresas que comercializam os cremes antienvelhecimento? Não necessariamente: uma pesquisa realizada pela Mintel em 2011 descobriu que 69% dos consumidores nos Estados Unidos – onde o mercado de cremes antienvelhecimento é de 832 bilhões de dólares – acreditavam que "a maneira como envelhecemos é principalmente genética, e os produtos externos representam mais esperança do que ajuda". Oito em cada dez consumidores disseram que a dieta e o exercício eram os fatores mais importantes associados ao envelhecimento da pele; 78% disseram que usar protetor solar era o verdadeiro segredo para evitar os sinais visíveis do envelhecimento. Enquanto muitos consumidores sentiam que o envelhecimento era governado pela dieta, pelo exercício e pela genética, 69% disseram que quanto mais cedo você começar a usar remédios que previnem o envelhecimento, melhor.

A analista de beleza Kat Fay disse o seguinte: "Existe um hiato de bom tamanho entre a opinião e a prática. Embora não existam garantias quando se trata de comprar produtos antienvelhecimento, muitas mulheres os compram de qualquer maneira na esperança de obter resultados visíveis. Elas adotam a abordagem 'É melhor experimentar alguma coisa do que não tentar nada'".

Apenas 24% dos consumidores americanos informaram usar cremes antienvelhecimento. "Os entrevistados com idade entre 25 e 54 anos informam a maior probabilidade de usar produtos faciais com propriedades antienvelhecimento, redutoras de rugas e rejuvenescedoras da pele", acrescentou Kat Fay. "Isso faz sentido, já que aos 25 anos muitas pessoas estão propensas a começar a ver os primeiros sinais de envelhecimento e querem evitar sinais adicionais. Na meia-idade, elas estão tentando reverter os sinais; e depois dos 55 anos, elas tendem a ficar mais resignadas com o envelhecimento e se mostram menos inclinadas a gastar."

Quando você tem rugas, elas só podem ser erradicadas temporariamente por meio de injeções (de preenchimentos cutâneos como o colágeno ou relaxantes musculares como o Botox) ou permanentemente por meio da cirurgia.

Mas talvez exista outra maneira de lidar com o problema do envelhecimento. Que tal a imortalidade, por exemplo?

UMA PASSAGEM PARA O SEMPRE

Existem poucas cidades mais agradáveis do que Arles no sul da França. Ao passear na luz extraordinariamente cristalina ao longo dos baluartes ao lado da grande expansão do Rhône, ou beber uma taça de vinho rosé em um terraço no Place du Forum enquanto o sol que se põe tinge de canela as antigas pedras, você tem a impressão de que a vida aqui seria sempre mais quente, mais lenta, mais fácil – simplesmente melhor.

E você talvez esteja certo, porque Arles era o lar do ser humano mais velho do mundo. Jeanne-Louise Calment faleceu aqui em 1997 aos 122 anos e 164 dias de idade. Ela conheceu van Gogh aos 13 anos de idade. Quando irrompeu a Primeira Guerra Mundial, ela já tinha 39 anos. Ela fumou dois cigarros por dia desde os vinte e poucos anos até os 120, quando o seu médico aconselhou-a a parar. Ela gostava de chocolate e de um ocasional copo de vinho do porto. Ela se casara bem, e nunca precisou trabalhar. Quando estava com 92 anos, um advogado comprou o seu apartamento, com a combinação que ele se mudaria para lá quando ela falecesse. Ela viveu mais do que ele.

Jeanne-Louise atribuía a sua longa vida ao azeite de oliva – que ela colocava na comida e também passava na pele – e a uma filosofia descomplicada. "Aproveitei a vida quanto podia. Agi de uma maneira clara, moral e sem arrependimento. Sou muito afortunada." Ela também tinha um espírito humorístico incomum, até mesmo mais tarde na vida. "Eu só tive uma ruga", disse ela, "e estou sentada nela". Certa vez, quando ela estava bem idosa, uma pessoa se despediu dela, dizendo, "Até o ano que vem, talvez". Ela replicou, "Não vejo por que não – você parece estar muito bem disposto!" ("Jeanne Calment, world's elder, dies at 122", *New York Times*, 5 de agosto de 1997).

Talvez ter senso de humor seja o segredo da longevidade.

Outros não ficam contentes em apenas sair cedo do trabalho, alugar uma comédia romântica e abrir o vinho do porto e azeite de oliva. A busca da imortalidade é um assunto sério. Uma série de médicos, cientistas e futuristas publicaram livros sobre o assunto, emergindo regularmente no circuito de conferências para compartilhar as suas teorias.

Na liderança, temos Aubrey de Grey, que pelo menos tem o nome certo para a função. Identificável por uma barba que faria Matusalém se eriçar de inveja, de Grey é um pesquisador não conformista educado em Cambridge que insiste em que envelhecer não é inevitável. Ele está convencido de que é possível identificar os componentes que fazem o tecido humano envelhecer – e corrigi-los. Valendo-se do seu treinamento como cientista de computador, ele descreve a questão como "um problema de engenharia". Ele acredita que o primeiro ser humano que viverá até os mil anos pode estar caminhando entre nós neste momento.

Consigo ouvir daqui o seu riso zombeteiro, mas quero lhe assegurar que de Grey não é o único excêntrico. Em 2009, com uma equipe de partidários, ele criou a SENS Foundation (www.sens.org). Trata-se de uma instituição beneficente registrada que "trabalha para desenvolver, promover e garantir o amplo acesso a biotecnologias de rejuvenescimento que abordam abrangentemente as incapacidades e doenças do envelhecimento" – em outras palavras, medicina regenerativa que corrige o desgaste que faz com que nós envelheçamos. A fundação financia uma rede de alunos e pesquisadores.

SENS é um acrônimo para Strategies for Engineered Negligible Senescence. Ela propõe visar diretamente as causas do envelhecimento – de Grey identificou sete delas, inclusive a perda de células, atrofia de células e mutações do DNA nuclear que conduzem ao câncer – na esperança de sistematicamente exterminá-las.

As ideias de Aubrey de Grey são inevitavelmente polêmicas, mas os cientistas que o criticam não conseguem fazer com que ele desista. Em 2005, *Technology Review* do MIT ofereceu um prêmio de 20 mil dólares (metade do qual foi colocada pelo próprio Grey) para qualquer cientista molecular que conseguisse provar que o SENS estava "tão errado que não era merecedor de um debate erudito". O propósito do desafio era "determinar se as propostas de Aubrey de Grey eram ciência ou fantasia". Ninguém ganhou o prêmio, e enquanto escrevo estas linhas o dinheiro ainda está na mesa. O melhor que os críticos dele conseguiram sugerir foi que as suas ideias eram "um tanto extravagantes".

Escrevendo em nome dos juízes, Nathan Myhrvold, cofundador e executivo principal da Intellectual Ventures e ex-CTO (chief technology officer) da Microsoft, observou: "De quando em quando, ideias radicais se revelam verdadeiras. Na realidade, essas exceções são com frequência as descobertas mais importantes da ciência" ("Is defeating aging only a dream?",[31] *Technology Review,* 11 de julho de 2006).

Da sua parte, de Grey nega que ele seja um "negociante da imortalidade". Ele simplesmente não quer que as pessoas fiquem doentes. Eis o que ele disse para o jornal *Guardian*:

> Eu não trabalho para a longevidade. Trabalho para manter as pessoas saudáveis. A única diferença entre o meu trabalho e o trabalho de toda a profissão médica é que eu acho que não estamos longe de conseguir manter as pessoas tão saudáveis que aos 90 anos elas continuarão a acordar no mesmo estado físico que acordavam quando tinham 30 anos, e a sua probabilidade de não acordar em uma determinada manhã não será maior do que quando elas tinham 30 anos.
>
> ("Aubrey de Grey: We don't have to get sick as we get older",[32] 1º de agosto de 2010)

Também é digna de nota a quantidade de publicidade que a pesquisa "não científica" de Aubrey de Grey gerou. Nas palavras dele: "A maioria dos cientistas fica seriamente em evidência na mídia cerca de duas vezes ao longo de toda a sua carreira. E eles conseguem isso porque efetivamente fizeram um experimento que foi interessante. Bem, eu nem mesmo faço experimentos, certo?... E estou na mídia o tempo todo".

Quase parece que – exatamente como no caso dos cremes antirrugas – nós queremos acreditar.

Uma abordagem diferente e de certa maneira mais fantasmagórica é oferecida por Ray Kurzweil, um brilhante inventor – quando ele tinha 13 anos, ele transformou partes de um telefone em uma máquina que era capaz de calcular

---

31. Tradução literal: "Derrotar o envelhecimento é apenas um sonho?". (N. dos trads.)

32. Tradução literal: "Aubrey de Grey: Não temos que ficar doentes quando envelhecemos". (N. dos trads.)

raízes quadradas; mais tarde, ele ensinou computadores a reconhecer e ler textos em voz alta – que essencialmente acredita que a tecnologia possibilitará que vivamos para sempre. O inconveniente é que todos seremos computadores.

A teoria de Kurzweil se baseia em uma noção chamada "a singularidade". A frase foi originalmente usada para descrever lugares além dos quais as regras aceitas da natureza não mais se aplicavam – como o horizonte de eventos de um buraco negro. Mais tarde, ela se tornou associada ao estonteantemente rápido avanço da tecnologia. Qualquer pessoa que tenha visto os filmes *Terminator* [*O Exterminador do Futuro*] estará familiarizada com a teoria: em algum momento, os computadores se tornarão tão inteligentes que começarão a criar mais computadores, ainda mais inteligentes, quando então eles assumirão o controle do planeta e chutarão a humanidade para escanteio. O momento em que as máquinas obtêm a ascendência é "a singularidade".

Kurzweil tem uma visão menos assustadora do futuro. Ele tem certeza de que, já em 2029, teremos conseguido fazer a engenharia reversa do cérebro humano. Isso possibilitará que criemos o software que precisamos para construir um computador que pense como um ser humano, inclusive a ponto de experimentar emoções. Como o poder da computação está crescendo exponencialmente (ele duplica a cada ano), essa nova geração de supercomputadores será inevitavelmente mais inteligente do que nós.

Isso soa como uma má notícia, certo? Não necessariamente. Kurzweil ressalta que, embora a inteligência humana terá sido ultrapassada, a consciência humana continuará a existir. Em vez de um relacionamento senhor-escravo, Kurzweil imagina a singularidade como uma parceria. Os seres humanos integrarão os computadores ao seu corpo, formando seres híbridos que naturalmente viverão mais tempo do que os seus antepassados puramente biológicos. A inteligência artificial estenderá as habilidades do nosso cérebro. Nanocomputadores trabalharão dentro de nós ativamente reparando o que Aubrey de Grey descreve como o "dano" do envelhecimento.

Kurzweil prevê que já no início da década de 2030, quase todos os nossos órgãos internos falíveis terão sido substituídos por minúsculos robôs. Teremos eliminado o coração, os pulmões, as células vermelhas e as brancas, as plaquetas, a tireoide e todos os órgãos que produzem hormônios, os rins, a bexiga, o fígado, o esôfago inferior, o estômago, o intestino delgado e o intestino grosso. O que nos resta nesse ponto é o esqueleto, a pele, os órgãos sexuais, os órgãos sensoriais, a boca, o esôfago superior e o cérebro.

("Futurist Ray Kurzweil pulls out all the stops – and pills – to live to witness the singularity",[33] *Wired*, 24 de março de 2008)

A imortalidade, portanto, será encontrada na sobreposição das teorias propostas por de Grey e Kurzweil. A medicina regenerativa possibilitará que todos cheguemos à idade bem avançada de Jeanne Calment, quando então seremos capazes de melhorar radicalmente o nosso corpo usando a tecnologia. Ou pelo menos alguns de nós seremos. A teoria também desperta o espectro de uma elite abastada de imortais sobrecarregados dominando um grupo de servos obsolescentes. A singularidade já gerou um ramo da medicina de nicho, com aconselhadores de bem-estar orientando os clientes sobre como viver o bastante para passar pela "primeira ponte" e chegar a uma velhice extrema – ocasião em que a tecnologia talvez já tenha resolvido o problema da mortalidade.

Por sorte, existe uma boa chance de que a singularidade seja ficção científica. Os buscadores anteriores da imortalidade se revelaram sistematicamente malsucedidos, como confirmam as suas lápides.

E a perspectiva de viver para sempre é de fato tão cativante? Pouco antes da sua morte, perguntaram a Jeanne Calment se ela desejava poder chegar ao final do século.

"Não", respondeu ela. "Já vivi o bastante."

---

33. Tradução literal: "O futurista Ray Kurzweil usa todos os meios possíveis – e pílulas – para viver e presenciar a singularidade". (N. dos trads.)

DICAS DE BELEZA

* Grande parte do marketing da beleza se baseia na busca da eterna juventude – um anseio antiquíssimo.

* As beldades da Renascença como Diane de Poitiers acreditavam que beber poções de ouro lhes assegurava uma aparência mais jovem. O ouro ainda é usado hoje em alguns produtos de beleza.

* Embora o creme hidratante melhore a aparência da pele, existem escassas evidências de que os cremes antirrugas causem qualquer impacto, embora tenham um efeito placebo.

* Os consumidores desconfiam das afirmações feitas pelos comerciantes de cremes antienvelhecimento, mas sentem que é melhor tomar uma atitude do que não fazer nada: "mais esperança do que ajuda".

* Eles concordam em que os cremes podem ser uma proteção contra um dano futuro à pele, particularmente o causado pelo excesso de exposição ao sol.

* O medo de envelhecer gerou um "negócio da imortalidade", com médicos, cientistas e pensadores cogitando maneiras pelas quais poderíamos viver para sempre.

A BELEZA SE TORNA GLOBAL

"A desigualdade está escrita no corpo."

"Se quisermos ser uma marca global, não temos escolha senão adaptar os nossos produtos para diferentes culturas e tipos de pele", declara o Dr. Olivier Courtin-Clarins, um dos dois irmãos que administram a marca de cosméticos francesa Clarins. "Você sabe qual é o percentual de pessoas brancas na Terra?". Arrisco um palpite: 25%? Ele balança a cabeça, sorri, e levanta três dedos. "Três por cento. Não conseguiremos ir muito longe se comercializarmos os nossos produtos exclusivamente para mulheres brancas."

Clarins cita o Institut National d'Etudes Démographiques na França como a fonte desse número. Mas o que o termo provocante "pessoas brancas" significa? De descendência europeia? Ou meramente pessoas com uma pigmentação de pele clara? Courtin-Clarins menciona a palavra "Caucásico", mas mesmo isso é difícil de definir. Os números que encontrei na internet, de fontes excessivamente duvidosas para que eu possa citá-las aqui, estavam mais próximos da minha estimativa: cerca de 20% e caindo. Uma delas sugeriu que o percentual de "pessoas brancas" no mundo iria cair para um único algarismo já em 2040.

O fato de a indústria da beleza ser obrigada a se adaptar a essa nova realidade é irônico, considerando-se que ela foi responsável por estabelecer um clichê de beleza – alta, magra, de pele clara – cuja pós-imagem ainda é visível hoje. No final do século XIX e início do século XX, as companhias ocidentais de sabão e cosméticos levaram com elas para a Ásia e a África colonial atitudes que associavam a pele clara à civilização e à limpeza. Mais tarde, a indústria da beleza e Hollywood juntaram forças para disseminar o ideal da loura estonteante. Passaram-se muitos anos até que o marketing da beleza expandisse as suas mensagens para incluir um leque maior de tipos de pele e etnias; a essa altura, o dano já tinha sido feito.

Uma coisa é certa: as empresas de beleza hoje são incomensuravelmente mais flexíveis do que eram há quarenta anos. Apenas dentro dos Estados Unidos, a situação mudou completamente. O primeiro passo significativo em direção ao reconhecimento das mulheres negras como um grupo-alvo separado e importante para os produtos de beleza teve lugar em 1973 com o lançamento da Fashion Fair Cosmetics pelo já falecido John H. Johnson, fundador da revista *Ebony*. A partir do seu primeiro balcão em Chicago na Marshall Field's (hoje Macy's), a empresa se expandiu para o Reino Unido e depois para a França, abrindo um balcão na loja de departamentos Printemps em Paris em 1984. Seguindo os seus passos, a Maybelline, a Max Factor, a Revlon e a L'Oréal estavam comercializando produtos para o mercado afro-americano na década de 1980.

Ainda assim, vale a pena observar que os maquiadores lançaram as suas próprias linhas na década de 1990 em parte porque a oferta de cores de cosméticos no mercado não parecia refletir a grande variedade de tons de pele americanos – e na realidade internacionais – com que eles se deparavam no seu trabalho. Bobbie Brown fez a sua marca com uma capa da *Vogue* americana que destacou a modelo britânica negra Naomi Campbell; François Nars usou a modelo britânica negra Alek Wek na sua primeira campanha publicitária. Nenhuma das modelos foi contratada com a intenção expressa de ter como alvo um público negro.

As atitudes com relação à raça e à beleza mudaram, mas as empresas tradicionais da área da beleza demoraram a entender o que estava acontecendo. A sua estreita percepção da beleza dos seus mercados internos se refletiu no exterior. Isso possibilitou que as marcas locais assimilassem as suas ideias e as adaptassem com mais eficácia às preferências locais.

JAPÃO: O GIGANTE QUE DESPERTA

Eles os chamavam de *kurofune*, os Barcos Negros. Eram as canhoneiras americanas *Mississippi, Plymouth, Saratoga* e *Susquehanna*, e elas zarparam para a baía de Yokohama no dia 14 de julho de 1853 sob o comando do Comodoro Matthew Perry. A sua missão era pressionar o Japão a se abrir para o comércio exterior e acabar com uma política de isolamento que durara mais de 200 anos. Para realçar o seu argumento, Perry encenou um enterro no mar, que exigiu que o canhão dos navios fosse detonado à guisa de saudação. Um ano depois, os japoneses assinaram um tratado com os Estados Unidos. A ocidentalização começara sob a mira de armas.

A partir de 1868, o governo japonês realizou reformas políticas, econômicas e culturais que visavam possibilitar que o país "alcançasse" o Ocidente. Isso causou um impacto na beleza: as mulheres começaram lentamente a abandonar as antigas práticas de escurecer os dentes e raspar as sobrancelhas, embora continuassem a branquear o rosto. Elas instigavam a sua aparência em direção a um ideal de atratividade sobrenatural que foi espelhado anos depois nos olhos arregalados dos personagens Manga.

A Procter & Gamble inevitavelmente entrou em cena portando a sua mensagem de higiene como uma marca da civilização ocidental, garantindo um grupo de adeptos entre os consumidores japoneses abastados. (A P&G iria um dia adquirir um importante ativo no Japão na forma da SK-II, lançada em 1980 pela Max Factor e baseada em um ingrediente ativo descoberto durante a produção do saquê.)

Mas um empresário local de visão emergiu para satisfazer a demanda da boa aparência "Ocidental". O seu nome era Arinobu Fukuhara, e em 1872 ele inaugurou a Shiseido Pharmacy no distrito Ginza de Tóquio. Atraindo uma clientela abastada, Fukuhara usou a farmácia como uma base para lançar uma série de produtos inovadores: o primeiro creme dental do Japão (em contraste com o pó dental) em 1888, a loção para a pele Eudermine em 1897 (ela ainda é vendida hoje em dia, adornada com a fita vermelha característica em volta do gargalo do frasco) e, em 1906, o primeiro pó para o rosto "natural" da cor da pele, em contraste com o produto branco preferido pelas mulheres na época.

Nesse meio-tempo, Shizo, o filho de Fukuhara – um fotógrafo – viajou para a Europa e os Estados Unidos, mergulhando nessas culturas estrangeiras. Ao voltar, ele trabalhou com o pai para incorporar ao negócio o que aprendera. Isso conduziu, em 1916, à criação de uma divisão de cosméticos separada, completa, com uma butique autônoma não muito longe da farmácia original. Outro passo importante foi a criação de um departamento de *design* interno, povoado por jovens e ambiciosos artistas que baseavam o seu gracioso estilo nas ilustrações que tinham visto nas revistas de moda parisienses. Isso resultou em um novo logotipo Art Deco na forma de uma camélia, e um leque de fragrâncias com gráficos arabescos próprios. A empresa consolidou a reputação de apoiar artistas iniciantes: em 1919, ela abriu uma galeria na sua sede, a qual existe até hoje, tendo abrigado mais de 3 mil exposições e exposto os trabalhos de mais de 5 mil artistas.

A Shiseido foi incorporada como uma sociedade anônima em 1927, tendo Shizo como o seu primeiro presidente. Ao longo dos anos seguintes, ela seguiu cinco princípios de gestão, que eram: 1) qualidade acima de tudo – a excelência absoluta é buscada em tudo o que é criado; 2) coexistência e coprosperidade – todos os associados à Shiseido devem se beneficiar de uma maneira consequente; 3) respeito pelos consumidores; 4) estabilidade corporativa – respeito pelas realizações passadas da companhia e escolha de metas inteligentes para o futuro; e 5) sinceridade – lealdade e honestidade são os princípios fundamentais do negócio.

Esses princípios impulsionaram muitas das inovações da Shiseido, particularmente uma abordagem previdente à lealdade do consumidor, com a criação do Camellia Club e uma revista mensal para os clientes. Quando as farmácias se envolveram em uma guerra, baixando os preços para seduzir clientes, a Shiseido lançou o seu sistema de rede de lojas, o que obrigou os distribuidores a vender os seus produtos por preços fixos. Isso não apenas protegeu a imagem sofisticada da marca, como também garantiu margens de lucro para fornecedores e distribuidores, igualando, em última análise, as condições para os seus clientes.

A globalização da indústria da beleza na primeira metade do século XX foi arrefecida pelo tumulto e conflito econômicos. A Shiseido entrou no mercado americano em 1935 em um acordo com a loja de artigos de luxo de Nova York,

Mark Cross, mas foi obrigada a interromper as vendas com a deflagração da Segunda Guerra Mundial. A expansão internacional só recomeçaria na década de 1960, quando a Shiseido voltou para os Estados Unidos e entrou pela primeira vez na Europa, através da Itália.

Tendo vendido o ideal ocidental de beleza para os consumidores japoneses, a Shiseido astuciosamente inverteu a ideia com o lançamento em 1964 de uma fragrância chamada Zen dirigida aos clientes americanos e europeus. Havia um crescente interesse nas práticas "orientais" de saúde como a acupuntura e o yoga, bem como na decoração japonesa. O frasco que ostentava flores e gramíneas silvestres em um fundo preto e lustroso foi projetado para fornecer aos americanos uma visão da arte japonesa.

Mas as atitudes com relação à beleza japonesa também estavam mudando em casa. Na década de 1970, o "visual ocidental" ainda estava na moda, e a Shiseido usou muitas mulheres japonesas mestiças na sua propaganda. Mas em 1973, a empresa escolheu Sayoko Yamaguchi, uma beldade japonesa clássica com olhos amendoados e cabelo negro-azeviche, como o rosto da coleção de Paris. Ela permaneceu como modelo exclusiva da Shiseido até 1988, ajudando a marca a reforçar a ideia de que a beleza japonesa era tão desejável quanto a sua equivalente ocidental.

Ao contrário dos recém-chegados que estavam ávidos para conquistar o que se tornara agora o segundo mercado de beleza do mundo, as marcas japonesas se esmeravam em combinar conceitos locais e ocidentais para chegar a algo bastante exclusivo. Já fomos apresentados ao pioneiro da beleza Shu Uemera, que trabalhara como maquiador em Hollywood. Ele se tornou o Max Factor japonês, inaugurando em 1965 um estúdio de maquiagem que ensinava técnicas de beleza americanas a clientes japonesas baseadas em filmes americanos. No entanto, a sua filosofia de simplicidade e pureza tinha uma percepção nitidamente japonesa. Uemera sofrera de tuberculose quando jovem, e a beleza estava associada na sua mente à beleza e ao bem-estar.

A Shiseido expressa a mesma convicção: o seu Centro de Beleza de Qualidade de Vida oferece recomendações sobre técnicas de maquiagem para pessoas com problemas de pele, como marcas de nascença ou cicatrizes. Ela também ensina médicos e assistentes sociais como a qualidade de vida pode ser melhorada com os cosméticos e os cuidados com a pele. Em resumo, ela enaltece a mensagem de que os produtos de beleza oferecem benefícios tanto físicos quanto emocionais.

Outra estreante no mercado japonês foi a Kanebo, uma empresa têxtil que introduziu produtos de cuidados com a pele e cosméticos nas suas lojas na década de 1960 e uma década depois já tinha se apossado de um quinto do mercado.

Com os seus rígidos ideais hollywoodianos de beleza, as firmas ocidentais inicialmente tiveram dificuldade em competir com a abordagem mais nuançada das marcas locais. Mas as recém-chegadas rapidamente entraram em um dos setores mais importantes do mercado de beleza asiático: o dos cremes de clareamento da pele.

FEIRA DAS VAIDADES

Como foi discutido no Capítulo 1, a atratividade percebida da pele mais clara recua a milhares de anos e no seu nível mais simplista está associada à imagem da nobre mimada recostada em um palácio sombreado enquanto as camponesas labutam nos campos. Esse preconceito foi sem dúvida reforçado pelos governantes brancos da era colonial. Na Índia, a situação se torna ainda mais complexa devido à estratificação social do sistema de castas, que claramente coloca embaixo os que têm a pele mais escura. Uma das repercussões mais perturbadoras disso é a ideia de que as mulheres com pele mais clara são mais desejáveis tanto no contexto romântico quanto no profissional.

É compreensível, portanto, que a Índia seja o lar do creme clareador da pele mais famoso do mundo, Fair & Lovely, lançado pela Hindustan Lever (hoje Hindustan Unilever Ltd.) em 1978. Embora a companhia seja em parte indiana, a Anglo-Dutch Univeler, criadora da campanha Dove Real Beauty, tem uma participação de 52,1%. A estratégia de marketing do Fair & Lovely na Índia não mudou desde o seu lançamento: a promessa de uma pele mais clara após algumas semanas de aplicação – o website atualmente diz "uma alvura inigualável em apenas quatro semanas" – e uma propaganda caracterizada por estrelas de Bollywood.[34] A marca se expandiu internacionalmente na década de 1980 e hoje é vendida na Ásia, no Oriente Médio e na África.

A Hindustan Unilever está fazendo um esforço enorme para enfatizar que Fair & Lovely não é perigoso e não contém ingredientes nocivos ou proibidos

---

34.   O centro da indústria cinematográfica indiana. (N. dos trads.)

como a hidroquinona, esteroides ou mercúrio. A sua fórmula patenteada se baseia em um ativo clareador da pele chamado niacinamida (vitamina B3, também usada no tratamento da acne) misturado com filtros solares UVA e UVB. Exatamente: Fair & Lovely funciona, em parte, garantindo que os seus usuários não fiquem bronzeados.

Por mais desagradáveis que possam ser as suas implicações, Fair & Lovely alcançou um enorme sucesso, gerando muitos imitadores. Quase todas as grandes marcas têm hoje um produto clareador da pele: White Perfect Fairness da L'Oréal ("NOVO com aniquilador de melanina"), White Mode Repair Whitening Night Cream de Yves Saint Laurent, Diorsnow Sublissimie Whitening Moisture Cream, White Lucent da Shiseido, White Plus HP da Clarins... e assim por diante. A Chanel lançou um produto chamado Blanc Pureté em 2001, seguido pela linha White Essential em 2008. O seu último lançamento é simplesmente chamado de Le Blanc: "a beleza baseada na luz, onde o esplendor é revivido a partir de dentro." A natureza polêmica desses produtos está visível no fato de que a propaganda deles é praticamente invisível nos mercados ocidentais.

A questão agora é se os anunciantes desses cremes estão bloqueando o surgimento de uma visão mais ampla da beleza por continuar a insistir em que a pele mais clara é preferível. Em um artigo truculento para o boletim informativo político de esquerda *Counterpunch*, Amina Mire descreveu o comércio de cremes clareadores da pele como "racismo de *commodities*". Ela ficou particularmente chocada com um anúncio do creme Bi-White da Vichy, que mostrava "o que parece ser uma mulher asiática removendo a sua pele facial escura com um zíper. Quando a pele escura é removida, uma nova pele 'suave' e 'mais branca' sem manchas aparece. As implicações dessa mensagem são rudes, diretas e arrepiantes. O escuro é falso, sujo e feio. O branco é verdadeiro, saudável, limpo e belo". (Pigmentation and empire", 28 de julho de 2005).

Em 2008, Brinda Karat, política e membro da All-India Democratic Women's Association, se manifestou contra os produtos, dizendo: "Denegrir a pele escura é uma atitude pura e simplesmente racista". "A temperatura subiu" por causa de uma minissérie de propaganda criada para o creme com o nome alarmante White Beauty, outro produto da Hindustan Unilever. "A popular minissérie de propaganda do creme clareador retrata o ídolo... Saif Ali Khan preferindo a atriz de pele clara Nehan Dhupia à sua antiga amada Priyanka Chopra, celebrada nos círculos de Bollywood pela sua "cútis parda, cor de trigo". Mas a rejeitada e rechaçada Priyanka se volta desesperada para o creme White Beauty, esperando que a sua aplicação a tornasse mais clara e mais atraente para Khan, de 41 anos" ("Criticism in India over skin-whitening trend",[35] 10 de julho de 2008).

Além da explosão ocasional da imprensa, existem poucos indícios de que as atitudes estejam mudando, quer na Índia, quer em outros mercados onde os produtos clareadores são populares. A ideia de que a pele clara é desejável parece estar tão entranhada nessas sociedades quanto a ideia no Ocidente de que um bronzeado implica uma vida de lazer e boa saúde, apesar das esmagadoras evidências de que a pele bronzeada é uma pele danificada.

A NATUREZA DO BRASIL

E por falar em bronzeados, o Brasil deve ser o país mais estreitamente associado na mente dos consumidores ocidentais à vida na praia, sem mencionar a cultura do corpo. Os comerciantes europeus e americanos de cuidados com a pele me disseram que ele também é um dos países mais difíceis para as suas marcas devido à enorme variedade de tipos de pele que existem lá. Isso provocou a evolução de uma grande indústria da beleza interna que está começando a causar um impacto no exterior.

Como a empresa de análise de tendências WGSN assinalou em 2008, "as marcas brasileiras estão prontas para se beneficiar da crescente tendência global por produtos "naturais" e "éticos" ("Brazilian beauty targets the world",[36] 4 de janeiro de 2008). Na liderança está a Natura, fundada em 1969 com uma única loja em São Paulo por Luiz da Cunha Seabra, então com 27 anos de idade. Ele se formara em economia e estava trabalhando no posto avançado da Remington Electric Shavers quando decidiu entrar no negócio de cuidados com a pele. Até mesmo naqueles dias, ele enfatizava os ingredientes naturais dos produtos – o folclore da empresa diz que ele de vez em quando promovia a marca dando uma flor e o seu cartão para os transeuntes.

Ele era habilidoso nas relações com o cliente, dedicando tempo para explicar as suas fórmulas de beleza para as pessoas que visitavam a loja. Isso conduziu ao passo mais importante da empresa, que foi abandonar o varejo tradicional e

---

35. Tradução literal: "Críticas na Índia devido à tendência de clarear a pele". (N. dos trads.)
36. Tradução literal: "A beleza brasileira visa o mundo". (N. dos trads.)

introduzir a venda de porta em porta, ou "direta", dentro dos moldes da Avon (que continua a ser a sua maior rival). Essa medida transformou o negócio. Em meados de 1980, a empresa estava administrando uma rede de 16 mil representantes de vendas independentes – ela os chama de "consultores" – e com um crescimento de 40% ao ano. Ao contratar uma equipe motivada capaz de explicar os produtos para os clientes de pessoa para pessoa, no conforto da casa deles, ela criou uma conexão humana entre a marca e o seu alvo que poucos dos seus rivais conseguiram igualar.

Seabra trouxe Guilherme Peirao Leal, um distribuidor, e Pedro Luiz Passos, um engenheiro que se encarregou da produção, como sócios. Em 1986, eles lançaram um produto antienvelhecimento chamado Chronos – o primeiro no mercado a promover a renovação celular – que vendeu 90 mil unidades em menos de dois meses. A linha se expandiu para abarcar um vasto leque de soluções de cuidados com a pele. Nesse meio-tempo, a Natura se expandiu para Portugal, Argentina e Chile. Ao mesmo tempo, ela foi forçada a competir com a incursão das multinacionais no seu mercado interno: as vendas de cosméticos no Brasil cresceram de 2,6 bilhões de dólares para 5,7 bilhões entre 1992 e 1996. A Natura contra-atacou lançando mais de cem novos produtos (Hoover's Company Profiles: Natura Cosméticos S.A.).

Junto com a sua abordagem inovadora da venda direta, a empresa tem sido ajudada pelos abrangentes interesses do seu fundador, entre eles o budismo, o taoismo, as obras de Carl Gustav Jung e as teorias de gestão de Peter Drucker. Seabra foi um dos primeiros a adotar práticas "sustentáveis", tomando o cuidado de garantir que nenhum dos fornecedores da empresa usasse mão de obra infantil e investindo uma porcentagem dos lucros em projetos sociais. Já em 1983, foram lançadas embalagens recarregáveis. Os membros da equipe de vendas recebem em média 16 vezes mais do que o salário mínimo, recebem ações da companhia e também um treinamento regular sobre os últimos avanços dos cuidados com a pele. A Natura continua receptiva aos consumidores, com uma central de atendimento para lidar com as perguntas dos consultores e clientes.

Seabra não tem medo de confiar nos seus instintos: ele lançou uma linha de produtos para bebês (Mamãe e Bebê) contrariando a recomendação dos seus pesquisadores. Assim como a Shiseido, ele acredita que os cosméticos sejam fundamentais para incrementar o bem-estar e a autoestima. A Natura chama isso de *bem estar bem*. Ela também se mantém afastada de afirmações exageradas, dizendo que visa evitar os sinais do envelhecimento e não prometer o rejuvenescimento. Até mesmo antes da Dove, a empresa já fazia anúncios mostrando mulheres comuns em vez de modelos.

Em 2000, a Natura tinha um portfólio de mais de 300 produtos abrangendo as áreas de perfumes, cuidados com a pele, cosméticos de cor, artigos de higiene pessoal, produtos para crianças e bebês, e suplementos nutricionais. Inovações foram impulsionadas por uma das maiores instalações de pesquisas do país. Em 1999, a empresa comprou a Flora Medicinal J. Monteiro da Silva, cujo modelo se baseava no poder de cura das plantas brasileiras. Isso conduziu em 2000 à linha Ekos de produtos de cuidados com o corpo, que utiliza ingredientes naturais obtidos nas florestas tropicais brasileiras baseados no comércio justo. A empresa acredita que essa seja uma maneira de arrefecer o desflorestamento.

As ações da Natura foram lançadas na bolsa de valores de São Paulo em maio de 2004. No ano seguinte, ela se expandiu para a Europa com a abertura de uma butique na Margem Esquerda de Paris – uma das primeiras a combinar um produto natural e sustentável com os paramentos de uma marca de luxo, antevendo uma tendência que viria a ocupar uma posição firme no mercado da beleza no final da década (ver Capítulo 18, "Ético, orgânico e sustentável"). A empresa tem hoje uma rede de 800 mil "consultores" de venda direta no Brasil, Argentina, Chile, Peru, Colômbia e França – o que não é nada mau, se considerarmos que ela começou com apenas 70. De uma maneira divertida, para aqueles que acreditam na imagem de "sol, mar e sexo" do Brasil, um dos seus produtos mais populares é o de depilação com cera para a área da virilha voltado para o mercado interno.

Seguindo o exemplo da Natura, algumas marcas brasileiras começaram a comercializar os seus produtos nos mercados externos enfatizando tanto a sua qualidade natural quanto as suas origens. (Isso tem sido ativamente incentivado por uma associação comercial local, a ABIHPEC, a Associação Brasileira da Indústria de Higiene Pessoal, Perfumaria e Cosméticos.) Por exemplo, a WGSN identificou a Brazilian Fruit, uma linha de produtos para o banho e cuidados com o corpo "baseada em elevadas concentrações de manteigas e óleos naturais da Amazônia". Quando ela foi lançada nos mercados da França e do Reino Unido em setembro de 2007, a diretora executiva Veronika Rezzani disse o seguinte: "O nosso objetivo é introduzir no mundo produtos que tragam à tona a 'qualidade brasileira' com aromas, sabores e a enorme variedade de recursos naturais do nosso país." A linha principal da marca se chama Caipirinha, em homenagem ao supremo aperitivo brasileiro.

De um modo geral, o Brasil tem uma imagem positiva no exterior; é difícil imaginar um motorista de táxi londrino mal-humorado que confesse não gostar instintivamente dos brasileiros, da maneira como ele poderia externar um preconceito contra os alemães ou os franceses. No entanto, a preocupação do país com a beleza tem um lado negativo. Do ponto de vista social, romântico e profissional, um corpo perfeito é quase tão desejável no Brasil quanto a pele clara é na Índia.

Em 2007, uma antropóloga chamada Mirian Goldenberg, professora da Universidade Federal do Rio de Janeiro, lançou um livro chamado *O Corpo Como Capital*, explorando o culto da perfeição física do país. Em uma entrevista com a agência de notícias Inter Press Service, ela disse que as mulheres de todas as classes se sentem obrigadas a "investir fortemente no corpo", com óbvias vantagens para as ricas. Ela ressaltou que o mercado de academias, cosméticos e cirurgias plásticas do país rivalizava com o dos Estados Unidos, onde a renda era 14 vezes mais elevada. No Brasil, "a desigualdade está escrita no corpo... O mercado e a sociedade o exigem... nenhuma mulher, por exemplo, pode aparecer com o cabelo grisalho". Uma vez mais, em um país onde os tons de pele variam de claro a negro, a ênfase é na mulher magra e loura. ("The body beautiful – women's ladder to success",[37] 17 de abril de 2008).

Uma das modelos mais bem-sucedidas do mundo é a loura escultural brasileira Gisele Bündchen.

ABORDAGENS ORIENTAIS

As empresas de beleza estão vigiando de perto os distúrbios no Oriente Médio, o qual tem sido há algum tempo um mercado promissor para as marcas nobres: temos apenas que passear pelos *shoppings* luxuosos de Dubai para entender por quê. Em novembro de 2010, a revista *Global Cosmetic Industry* publicou um relatório sobre a região do Euromonitor International. Ele comentou o seguinte: "A beleza no Oriente Médio, particularmente no Golfo Pérsico, é um mercado volumoso para os donos de marcas internacionais – com os Emirados Árabes Unidos (UAE), a Arábia Saudita e o Irã sendo os maiores do ponto de vista de

---

37. Tradução literal: "O corpo bonito – a escada das mulheres para o sucesso". (N. dos trads.)

vendas globais e *per capita*, junto com Israel" ("Premium positioning, innovative retail hallmarks of Middle East beauty market",[38] 5 de novembro de 2010).

Como em outras regiões, a recessão econômica não causou uma grande redução, pois os produtos de beleza são percebidos como "um luxo acessível e um prazer inofensivo". O artigo observou que a mulher típica nos UAE gastou uma média de 73 dólares em cosméticos de cor em 2009, em comparação com 69 dólares no Reino Unido e 53 dólares na França. Ele também indicou inovações como o *spa* Nivea Haus da Beiersdorf em Dubai, que "só usa produtos Nivea em vários tratamentos de mimos e de cura, e também permite que as clientes comprem os seus produtos Nivea no local". Lojas de departamentos ocidentais como a Harvey Nichols e a Debenhams também estão presentes. As restrições à propaganda são muito menos rigorosas nos UAE do que na Arábia Saudita, permitindo que as marcas ocidentais comercializem o seu conceito de beleza.

Mas embora esteja intrigada com o Golfo Pérsico e profundamente atraída pelo Brasil – este último é, afinal de contas, uma das economias BRIC preferidas, junto com a Rússia, a Índia e a China – a indústria da beleza ainda está preocupada com a Ásia. De acordo com números do Euromonitor International, a região domina o mercado global de cuidados com a pele, sendo responsável por 40% do total das vendas no momento em que escrevo estas linhas. Isso não é surpreendente, considerando-se que – como me disse um profissional de marketing da área de cosméticos da Lancôme – muitas consumidoras asiáticas chegam a usar seis diferentes produtos para a pele durante cada sessão diante do espelho do banheiro, tanto de manhã quanto à noite. "Um creme de limpeza, seguido de um tônico, seguido de um creme hidratante, seguido de algo para a região dos olhos, seguido de um clareador, seguido de um protetor solar. À noite, o protetor solar é substituído por um creme para a noite. Na Europa, muitas mulheres usam apenas um ou dois produtos. As americanas estão num ponto intermediário.

Um dos mercados mais consolidados na região é a Coreia do Sul, onde as mulheres sentem um enorme orgulho da sua aparência. Há uma grande demanda por cremes de clareamento; a atividade *nip and tuck*[39] também está em rápida ascensão. Em 2005, a BBC relatou o seguinte: "As mulheres em idade de se casar

---

38. Posicionamento nobre, características inovadoras de varejo do mercado da beleza do Oriente Médio. (N. dos trads.)

39. Tradução aproximada: "corta e repuxa". (N. dos trads.)

estão sob uma intensa pressão para exibir a sua melhor aparência o tempo todo... uma revista feminina recentemente aconselhou as suas leitoras a gastar 30% da sua renda com a aparência... A palavra do momento é *ul-jjang*, literalmente 'o melhor rosto'" ("The price of beauty in South Corea", 2 de fevereiro de 2005).

A Coreia do Sul também tem um impressionante mercado interno. Ele é dominado pela AmorePacific, fundada por Suh Sung-hwan em 1945, sendo o Melody Cream o seu primeiro produto. A empresa fez um rápido progresso ao prestar muita atenção ao *design*: embora o creme fosse produzido em Seul, os rótulos eram impressos no Japão. Na década de 1950, ela se beneficiou de uma aliança com a Coty da França para produzir o Coty Face Powder. Ela também publicou a primeira revista de beleza da Coreia, *Hwajanggye*. O seu desenvolvimento a partir da década de 1960 é de certa forma análogo à Natura brasileira. Em 1963, ela começou a enviar os seus consultores de beleza às butiques onde os seus produtos eram vendidos, a fim de orientar os funcionários a respeito dos valores da marca e das necessidades dos seus clientes. Isso levou a um movimento em direção a vendas de porta em porta para o lançamento da marca Amore de cosméticos em 1964.

Hoje, a AmorePacific tem marcas de destaque em todos os níveis do mercado. A sua linha sofisticada Sulwhasoo tem ambições internacionais, com uma loja principal em Hong Kong. O nome vem de Sulwha, ou "flor da neve", e "soo", que quer dizer excelência. Os seus ingredientes naturais se baseiam na fitoterapia coreana. A pequena linha contém um sérum, limpadores de pele, produtos para o cabelo e um creme para os olhos. Ela faz pouca propaganda, preferindo se comunicar com as mulheres frente a frente no ambiente de uma loja de departamentos, ou por meio do seu website e uma revista bimestral. A empresa também tem *spas* na Coreia do Sul e em Hong Kong. Todos os anos ela lança uma edição compacta limitada colecionável demonstrando a habilidade artesanal coreana.

Em uma entrevista com a WGSN, o vice-presidente e dirigente da marca Eric Hwang disse que as vendas da marca na Coreia do Sul estavam entre 11 e 12%, semelhantes às da SK-II, Estée Lauder e Lancôme combinadas. Ele acrescentou que a marca fora construída baseada em amostras e no boca a boca.

> Desde que a filosofia da marca foi estabelecida, distribuímos cerca de 1 milhão de amostras. Como acreditamos na qualidade do produto, queremos que as pessoas tenham uma experiência direta dele. A avaliação cabe aos usuários; estamos aqui para oferecer oportunidades. É nisso que investimos, e não em

anúncios na televisão. Essa regra não se aplica apenas à Coreia, tendo também se revelado bem-sucedida em Hong Kong. Por meio de amostras e do boca a boca, as nossas vendas chegaram a aumentar 50% em Hong Kong.

("Sulwhasoo: executive interview", 29 de dezembro de 2010)

Os visitantes internacionais – particularmente do Japão e da China – têm afluído para Seul para comprar não apenas produtos de luxo como Sulwhasoo, mas também produtos com um bom preço do mercado médio como Laneige e Mamonde, bem como o onipresente BB ou cremes "beauty balm", que desempenham o papel de uma base transparente. Os maquiadores locais agora estão lançando as suas próprias marcas. Os cosméticos coreanos se tornaram incrivelmente badalados na China, impulsionados pela "onda coreana" de música e filmes que conquistaram a imaginação do mercado. Depois de Hong Kong, a Sulwhasoo inaugurou o seu primeiro balcão na loja de departamentos Parkson em Pequim em abril de 2011.

Mas ela terá que competir na China com as marcas ocidentais, que provavelmente não irão repetir o erro que cometeram quando entraram no Japão, tendo aprendido a agir globalmente enquanto se adaptam aos gostos locais. Lindsay Owen-Jones da L'Oréal foi o reconhecido mestre dessa abordagem. Eis Geoffrey Jones (não tem nenhuma relação) novamente:

A determinação de permanecer relevante ficou evidente na identidade em desenvolvimento da L'Oréal Paris enquanto ela era conduzida ao redor do mundo. A marca permaneceu fiel à sua posição de representante da "beleza chique", mas a visão de que esse estilo chique não era mais essencialmente francês tornou-se difundida. A maioria das modelos promocionais da marca deixaram de ser essencialmente francesas... quanto mais global se tornou a marca, mais locais tinham que ser as suas modelos.

Embora as consumidoras gostassem da ideia de Paris, era apenas isso – uma ideia, uma coleção de atributos da marca, não uma cidade com pedras cinzentas com todos os problemas de qualquer grande capital. O truque era descobrir o que o mito de "Paris" significava para cada grupo de consumidoras e ajustar a marca para elas. Como determinamos, a L'Oréal resolveu esse problema com uma equipe de gerentes de marca internacionais capazes de monitorar cada megamarca no seu respectivo mercado, adaptando abordagens de publicidade globais com a utilização de celebridades e referências culturais locais.

A prática ainda não é universal: o primeiro obstáculo é o custo de produzir muitas imagens de propaganda ostentando diferentes modelos com vários tipos de pele. Há então o fato real da demanda do consumidor. "Até mesmo na Ásia", me disse certa fonte, "as consumidoras são receptivas a uma estrela internacional como Julia Roberts. É quando usamos uma modelo famosa na Europa mas que não é muito conhecida lá que o pessoal do marketing local insiste em substituí-la por uma celebridade local".

Os comerciantes de cosméticos com quem conversei estavam inevitavelmente entusiasmados com o *boom* econômico da China. O país tinha um mercado de cosméticos florescente no início do século XX – alimentado por marcas ocidentais e a exposição a filmes de Hollywood – mas a guerra sino-japonesa assinalou o fim dessa primeira fase, com uma proibição total imposta em 1966 no início da Revolução Cultural. Somente quando o país se abriu novamente em 1978, os anúncios de produtos de beleza começaram a reaparecer. A Procter & Gamble entrou no mercado com Olay em 1988. Outras a seguiram, trazendo com elas o seu impressionante poder de propaganda. Sentindo o cheiro de dinheiro, marcas ocidentais da mídia também fizeram a sua aparição. Uma edição chinesa da *Vogue* foi lançada em 2005. Em 2010, a empresa de pesquisas Kline & Company disse que as vendas de artigos de higiene pessoal e cosméticos no mercado superaria 17 bilhões de dólares.

Marcas nobres europeias e americanas são apreciadas, embora diferenças culturais estejam colocando uma leve pausa no desenvolvimento: uma preferência nacional pela beleza natural significa que muitas consumidoras ainda se mostram cautelosas com relação aos perfumes e à maquiagem, mas as vendas de produtos para a pele – inclusive os clareadores – estão aumentando vertiginosamente, especialmente entre as jovens urbanas. A atratividade do "visual ocidental" também provocou um aumento na cirurgia plástica estética enquanto as mulheres jovens e ricas se inscrevem para ter os olhos "ampliados" por meio da remodelação da pálpebra. Uma vez mais, isso poderá conduzir a uma estratificação social baseada na aparência, com as mulheres ricas exibindo rostos pálidos ocidentalizados e as menos ricas permanecendo mais autenticamente chinesas.

Uma área onde as marcas ocidentais deixaram de causar um grande impacto na Ásia – pelo menos em comparação com o Ocidente – é a dos produtos antienvelhecimento, talvez porque a idade seja considerada um sinal de sabedoria. Mas como informa a Mintel, as marcas ocidentais lidaram com isso misturando afirmações de antienvelhecimento com soluções clareadoras. "Na Índia, Fair & Lovely, por exemplo, oferece Forever Glow Anti-Ageing Fairness Cream com um complexo vita-AHA, o qual, segundo dizem, funciona em apenas quatro semanas."

Em outro lugar, os cremes BB foram adotados como uma maneira de incentivar as consumidoras asiáticas a comprar os produtos antienvelhecimento. "O BB Perfect Cream Enrich-Lift da empresa chinesa Dr. Ci:Labo's contém ativos que firmam e levantam, bem como ajudam a ocultar manchas e marcas. O produto promete uma verdadeira multifuncionalidade já que a empresa diz que ele pode ser usado como tonificante, leite hidratante, protetor solar, corretivo e base de maquiagem." Ele é o canivete suíço das soluções de beleza.

O Dr. Olivier Courtin-Clarins me disse que a empresa agora faz testes em diferentes tipos de pele e cria fórmulas para produtos para um vasto leque de hábitos culturais. "Sou um cientista", me disse ele, "e eu sei que, se a nossa empresa deseja estar em toda parte, tenho que providenciar produtos para todo mundo. Não posso mudar a natureza da sua pele, e não desejo modificar a sua cultura".

Para os gigantes da beleza, a globalização consiste em muito mais do que adotar características locais para a propaganda: agentes ativos e sistemas de lançamento descobertos e desenvolvidos no Ocidente precisam ser reconfigurados para se adaptar às preferências locais.

DICAS DE BELEZA

* Quando os fabricantes de cosméticos ocidentais começaram a se expandir mundialmente no final do século XIX e início do século XX, eles exportaram uma visão de beleza impulsionada primeiro pelos ideais coloniais e, mais tarde, por Hollywood.

* Isso reforçou uma antiga preferência pela pele mais clara – que tinha conotações de nobreza – e expandiu o mercado para produtos clareadores, que as marcas ocidentais não hesitaram em explorar.

* Uma preferência prolongada pelo clichê hollywoodiano de beleza – pele clara, cabelo louro, corpo magro, olhos grandes – impulsionou uma atividade florescente de cirurgia plástica estética que vai do Brasil à Coreia do Sul.

* No Japão, empresas como a Shiseido e a Shu Uemera adquiriram vantagem sobre as estrangeiras recém-chegadas adotando uma abordagem mais nuançada da beleza, que combinou os elementos ocidentais com referências culturais locais.

* Marcas do Japão e do Brasil reacondicionaram elementos das suas culturas locais para consumidores ocidentais: "arte, *design* e práticas de saúde" do Japão, "beleza natural" do Brasil.

* As empresas ocidentais lentamente dominaram uma abordagem "pense globalmente, aja localmente" para as suas megamarcas, lideradas pela L'Oréal com as suas marcas Maybelline e L'Oréal Paris.

* Um número bem maior de marcas usa hoje celebridades locais na sua publicidade – mas as estrelas internacionais de modo nenhum desapareceram.

* A venda de porta em porta ou "direta" se revelou um enorme sucesso para marcas no Brasil e na Coreia do Sul.

* A cultura do *spa* também ajudou a espalhar a mensagem a respeito de marcas locais e globais.

* A China é o mercado de crescimento rápido para marcas da Europa e dos Estados Unidos, bem como do Japão e da Coreia do Sul.

* Os agentes ativos inicialmente introduzidos em produtos ocidentais estão sendo adaptados para fórmulas locais, especialmente os cremes clareadores.

UM ROSTO NA MULTIDÃO
Encontrando um nicho

"A nossa ambição é ser a Apple
da indústria da beleza."

Como Anita Roddick pareceu sugerir no Capítulo 11, o vinho tinto faz bem. Ele é o pilar central do Paradoxo Francês – a crença familiar de que embora os franceses consumam despreocupadamente alimentos obstruidores das artérias como queijo, *steak-frites* e *pâtisseries*, eles desfrutam níveis relativamente baixos de doenças cardiovasculares. Isso conduziu à especulação de que beber vinho tinto reduzia o risco de ataques do coração. Embora os dados por trás do Paradoxo Francês se revelem questionáveis, as pesquisas demonstraram que as uvas vermelhas contêm polifenois antioxidantes, como o resveratrol, que podem muito bem trazer benefícios para a saúde.

A maioria das pessoas usa isso como uma desculpa para aceitar uma segunda taça de vinho tinto no jantar. Uma marca de produtos de beleza chamada Caudalie nos incentiva a dar vários passos além disso, esfregando na pele produtos relacionados com o vinho. O que soa como uma ideia bizarra é um sucesso tangível, como confirma uma visita aos escritórios da Caudalie em um elegante prédio cor de champanhe não muito longe do boulevard Haussmann.

Lá, a diretora de marketing Pauline Celier-Bony me dá informações detalhadas sobre a saga da Caudalie. Mais do que tudo, é uma lição valiosa na criação de uma marca independente com uma identidade forte o bastante para se destacar no apinhado setor dos cuidados com a pele. Ela atrai consumidores jogando habilmente com duas ideias: o Paradoxo Francês e a arte de viver francesa.

A história começou no Château Smith Haut Lafitte em 1993, quando Mathilde Thomas e Bertrand, atualmente seu marido, conduziram um grupo de alunos liderados por um professor de farmacologia da Universidade de Bordeaux em uma turnê pelas vinhas, de propriedade dos pais de Mathilde. O professor, Joseph Vercauteren, observou que as sementes de uva descartadas durante o processo de fabricação do vinho continham antioxidantes potencialmente valiosos. Prosseguindo com a conversa, Mathilde descobriu que os subprodutos da fabricação do vinho eram conhecidos por combater os radicais livres, uma das principais causas do envelhecimento da pele.

Compreendendo que tinham tropeçado em uma ideia comercial – e uma maneira de monetizar a vinha – Mathilde e Bertrand formaram uma parceria com Vercauteren para isolar as moléculas que transformariam esses subprodutos nos ingredientes ativos de uma linha de produtos de beleza. Em 1994, eles lançaram a Caudalie (a palavra é uma unidade de medida referente à duração do sabor de um vinho no palato e patentearam a ideia da "vinothérapie"). Eles começaram com dois cremes e um suplemento nutricional.

Em uma tacada de gênio, decidiram distribuir o produto através de farmácias e não de distribuidores de produtos de beleza convencionais como a Sephora. Pauline explica:

> O principal mercado da Caudalie é composto por mulheres bem-sucedidas entre 35 e 49 anos. A estratégia convencional de uma empresa de beleza é vender um mundo de sonho, mas sentimos que vender através das farmácias refletiria melhor a autenticidade dos nossos produtos. Embora a marca seja sofisticada, os seus produtos têm um preço razoável e contêm ingredientes

naturais. Consideramos as farmácias nossas parceiras. O nosso pessoal de vendas explica à equipe da farmácia o que os nossos produtos podem fazer, e eles passam essas informações para os nossos clientes.

A Caudalie também fornece cartazes de pontos de venda – que ela considera mais eficazes do que a publicidade na imprensa – e mantém a marca sempre na mente dos clientes com promoções regulares, que também são cuidadosamente comunicadas às farmácias pela equipe de vendas. As farmácias que recebem um grande percentual dos consumidores-alvo da marca são selecionadas para eventos de consumidores, durante os quais terapeutas de beleza da marca estão disponíveis para fornecer dicas e a oportunidade de as pessoas testarem os produtos. As farmácias frequentemente vendem todo o seu estoque durante um desses encontros. Já em 2009, a Caudalie era a principal marca antienvelhecimento em uma rede de 10 mil farmácias.

A marca se revelou competente na criação de um banco de dados de consumidores. Os produtos são acompanhados de um convite para que a pessoa ingresse no "Le Club" e goze de privilégios especiais. O convite inclui um código de cliente que pode ser inserido em um formulário de inscrição no website da marca. Os clientes precisam colocar o nome do produto que compraram, o que dá uma ideia mais clara das suas preferências. Os membros do Le Club recebem regularmente um boletim informativo e amostras grátis. A marca tem hoje um banco de dados com mais de 200 mil clientes.

O site está disponível em 11 versões diferentes, inclusive em japonês, chinês e russo. Da gestão do relacionamento com o cliente à e-boutique, isso se revelou essencialmente importante para o crescimento da Caudalie. O seu endereço está claramente visível nas embalagens e na propaganda. Uma das inovações mais interessantes da marca foi o serviço "click to call". Quando os visitantes da seção "ideias para presentes" do site caem em um produto, embaixo deste eles veem as palavras "consulta personalizada? Telefonaremos para você em meia hora", seguidas de um botão marcado "Call me". Um clique e um número de telefone depois, eles estão falando com um representante da Caudalie.

Em 1999, Mathilde e Bertrand abriram Les Sources de Caudalie, um hotel cinco estrelas e *spa* entre as vinhas do Château Smith Haut Lafitte. Isso introduziu os clientes a prazeres como "banhos de barril" em vinho tinto ou bagaço de uva, massagens com óleo de semente de uva, envoltórios de florescência de uva e fricções com Cabernet esmagado. O local também oferece degustação de vinhos, aulas de culinária e um restaurante gastronômico. Mesmo que você seja cético com relação aos tratamentos, o lugar é idílico, desde a construção rústica de luxo, perfeitamente arquitetada, aos pavões que perambulam pelo local. O estabelecimento se revelou tão popular, que a Caudalie inaugurou vários outros *spas* nos arredores de Paris, no Brasil, na Turquia, dentro do hotel Plaza em Nova York (observe o "French Paradox Lounge")[40] e na região do Rioja na Espanha.

Os *spas* desempenham o mesmo papel – em uma escala mais impressionante – dos salões das marcas de beleza dentro das lojas de departamentos. Além da sua utilidade básica de geradores de dinheiro, eles sintetizam e concretizam os valores da marca. Eles também oferecem experiências memoráveis que inspiram a lealdade à marca. Imagine se todas as vezes que você usar um tubo de creme Caudalie você se lembrar de quando foi paparicada em umas férias na região rural de Bordeaux aquecida pelo sol, quando se sentiu possivelmente mais relaxada e contente do que se sentia havia anos. O prédio em Rioja, projetado por Frank Gehry, é essencialmente um logotipo gigante, com as suas curvas metálicas tingidas de roxo refletindo os picos elevados a distância.

Não que a Caudalie deprecie métodos de marketing mais convencionais. Inicialmente, a sua propaganda era minimalista e desprovida de estrelas. No entanto, em 2010, ela contratou a modelo húngara Reka Ebergenyi para ser o seu "rosto". "Bela, natural e feminina", diz Pauline. Ela confirma que a contratação da modelo realçou o *status* da Caudalie como uma marca de sucesso.

A Caudalie tem hoje um completo arsenal de produtos para os cuidados com a pele, entre eles um creme obrigatório "que corrige tudo", que ela naturalmente chama de Premier Cru ("a sua pele é regenerada e redensificada, as rugas são suavizadas, a aparência da sua pele é renovada e a sua cútis parece visivelmente mais jovem"). Ela dominou cada aspecto do branding da beleza, inclusive o vocabulário, ao mesmo tempo que proporciona a guinada tânica que possibilita que ela rivalize com as gigantes de luxo.

Mas o que você pode fazer se não tiver uma vinha e um cientista disponível?

A SOLUÇÃO DA ABSOLUTION

Quando dois especialistas em marketing lançam uma marca de beleza – fique alerta. Em primeiro lugar, eles têm a tendência de examinar atentamente o que

---

40. "Saguão do Paradoxo Francês." (N. dos trads.)

o resto do mercado está fazendo com o único propósito de tumultuá-lo, que foi mais ou menos a abordagem de Isabelle Carron e Arnaud Pigounides, fundadores da marca emergente Absolution.

Os dois já eram empresários, tendo criado uma pequena porém excelente agência de comunicação chamada Jak. (Jak corresponde a "Just a Kiss".[41] Arnaud explica o seguinte: "Quando você conhece alguém de quem você gosta, se a sua estratégia é boa o bastante, a confirmação tem lugar com um beijo. Depois disso, qualquer coisa pode acontecer".) Isso atraiu uma lista impressionante de clientes, indo de Louis Vuitton e Vogue a L'Oréal e Christian Dior Cosmetics.

Ambos conhecem o branding a fundo. Isabelle trabalhou para uma série de agências bastante conhecidas. Arnaud administrou um *call centre* antes de ir para Nova York para tocar música eletrônica e montar uma agência chamada Reflex. Depois, ele voltou para Paris para trabalhar para outra agência, antes de conhecer Isabelle em um jantar. Eles chamam Jak de "uma agência de estratégia, *design*, criação e curiosidade". A semente da Absolution reside na palavra "criação". Isabelle acredita que, além de propaganda, uma agência deve criar produtos. (Isso não é de modo nenhum inaudito: a marca de jeans cult Acne foi lançada por uma agência de comunicação.)

"Eu trabalhara com marcas de beleza, mas isso está a um mundo de distância de lançar a sua própria marca", afirma Isabelle. "No entanto, eu fizera um pouco de comparação seletiva e fiquei com a impressão de que havia muitos produtos copiados na indústria. Havia também um elemento de frustração pessoal porque eu nunca encontrara um produto que se adequasse à minha pele.

Refletindo a respeito disso, Isabelle começou a explorar os mistérios da pele conversando com cientistas. "Descobri que a pele é um ecossistema. Ela é um órgão externo, de modo que está sempre reagindo a influências externas. Penso nela como uma interface de comunicação. Ela não é um estado fixo; está sempre se adaptando, se reconfigurando. Portanto, se a sua pele é diferente todos os dias, por que você usaria sempre o mesmo creme?".

Ao mesmo tempo, ela sabia que a personalização era uma tendência crescente no setor de luxo. O desafio, portanto, era criar um sistema de beleza flexível e sob medida.

---

41. "Apenas um beijo." (N. dos trads.)

Arnaud diz o seguinte: "Uma vez que o problema ficou claro, compreende-mos que tínhamos que resolvê-lo. Criar a nossa própria marca seria uma demonstração de tudo o que a agência poderia fazer".

A solução foi curiosamente simples: uma linha de quatro cremes-base sua-vizantes que poderiam ser usados sozinhos, mas aos quais os usuários poderiam adicionar um sérum rico e ativo dependendo das suas necessidades. Há um sérum para pele seca, um para acne, outro que visa as rugas e, finalmente, um que promove "luminosidade". A ação da bombinha do frasco supre uma gota de creme ao pequeno ministrador côncavo em cima dele. Os usuários bombeiam então uma gota do sérum e em seguida a misturam ao creme com a ponta do dedo antes de aplicá-lo à pele.

"Não queríamos ficar acrescentando produtos à linha", diz Isabelle. "A ideia era lançar uma linha completa de soluções de uma só vez. Os produtos não são segmentados por idade e nem mesmo por sexo, embora haja um creme criado especialmente para os homens." Além disso, a marca é certificada como orgânica. "Mais de 99% dos ingredientes são de origem natural, o que é bem mais do que é exigido para a certificação. A maioria dos produtos que se dizem "orgânicos" contêm apenas entre 10 e 16%. Além disso, pelo menos 60% dos nossos ingre-dientes são produzidos por um cultivo orgânico."

Embora o Absolution mencione o aspecto "orgânico" da marca no seu marketing, isso não é apresentado como uma razão de ser. "Hoje, isso deve ser um dado básico", afirma Isabelle. As suas exigências rigorosas, junto com o incomum sistema de misturar e combinar, "foram um desafio para o laborató-rio", admite ela. Apesar de terem recorrido à ajuda profissional, a marca encerra algo artesanal. Quando a dupla lançou a marca no salão Beyond Beauty em Paris em 2009, eles distribuíram prospectos impressos em um papel reciclável grosso e costurado grosseiramente em uma máquina de costura. Eles ganharam o prê-mio Beauty Challenger do salão. Depois disso, a marca obteve um prêmio de *design* da revista *Wallpaper*.

Arnaud está por trás da estética da marca, que é comercializada de uma maneira diferente da dos seus rivais, com uma embalagem preto e branca teatral que evoca tanto a arte contemporânea quanto as capas de discos pós-punk. O website (www.absolution-cosmetics.com) dá seguimento ao tema, com um texto escrito à mão e desenhos. A e-shop parece mais uma *fanzine underground*. Na realidade, existe um toque de *rock and roll* a respeito da Absolution que faz com que as marcas de luxo globais pareçam nitidamente conservadoras. Até mesmo o aspecto da "mistura" nos faz pensar em uma noite turbulenta numa casa noturna. Absolution é um creme para a pele para os reformistas.

A estratégia de distribuição reflete esse posicionamento. Em vez de ser estocado pelas redes globais, o Absolution é vendido em butiques setorializadas em partes boêmias da cidade – os seus dois primeiros pontos de venda foram no Brooklyn – ou distribuidores que compartilham o seu ar *cult*, como o "boticário" Space NK de Londres. Em Paris, a marca tem a sua própria "galeria", onde você encontrará estantes de livros, um velho piano e tipos criativos variados.

Na ocasião em que escrevo estas linhas, Absolution estava se aproximando do seu primeiro milhão e pensando em abrir um *spa*.

"A nossa ambição", diz Arnaud, com um sorriso zombeteiro, "é ser a Apple da indústria da beleza".

Ele está meio brincando. Mas é na outra metade que você deve ficar de olho.

A HISTÓRIA DA AESOP

A primeira coisa que acontece quando entro em uma filial da Aesop, a marca de beleza australiana, é uma mulher jovem e atraente se oferecer para aplicar um creme nas minhas mãos. Eu aceito, obviamente, e dou comigo recebendo uma completa massagem nas mãos. É algo sensual e surpreendentemente íntimo. Noto depois que a minha pele fica suave e com um aroma excelente – de uma maneira herbácea, refrescantemente masculina – que perdura o resto do dia. Essa é a regra número um, extraída diretamente do livro: se você quiser vender um creme, aplique-o no seu cliente.

Apesar do nome, essa é a única coisa que a Aesop faz de acordo com as regras. Ela foi criada pelo ex-cabeleireiro Dennis Paphitis que, como você talvez tenha deduzido, gosta de histórias. A embalagem do produto está salpicada de citações, e quando você entra no website da marca, a primeira coisa que vê é uma frase de Carl Jung: "Até onde podemos discernir, o único propósito da existência humana é acender uma luz na escuridão do ser".

Você percebe de imediato que não está lidando com uma marca de beleza convencional acionada por celebridades. O site também contém um boletim informativo oferecendo breves análises críticas de livros, exposições de arte, filmes, objetos de *designers*, restaurantes gourmet e outros assuntos culturais e de estilo de vida. A marca se posiciona como parte da comunidade criativa global. Tudo isso poderia ser bastante exaustivo – para não dizer pretensioso – se não fosse feito em um tom leve que acena para o irreprimível senso de humor australiano.

Paphitis originalmente dirigia um salão de beleza em Melbourne, onde começou, no final da década de 1980, a fazer experimentos com produtos contendo óleos essenciais. Embora tivessem sido atribuídas a esses óleos misteriosas qualidades com consequências para toda a vida, e eles tivessem um vestígio do *hippie* a respeito deles, Paphitis estava interessado nas suas qualidades antibacterianas e adstringentes. Quando as suas poções se revelaram populares, ele passou então para um creme de mãos para uso da manicure interna do salão. Com o tempo, ele começou a trabalhar com um químico. Agora a marca tem o seu próprio laboratório em Melbourne.

Suzanne Santos, que trabalha com Paphitis quase desde o início e é a sua "defensora de produto" (uma função intermediária entre embaixadora e principal executiva de marketing), diz que a Aesop sempre foi inspirada na "ciência e na elegância da ciência". Os produtos contêm principalmente ingredientes naturais (assim como a Caudalie, ela está convencida do efeito antioxidante do extrato da semente de uva), mas não se vangloria disso, porque também usa alguns sintéticos. Suzanne diz o seguinte: "Você nunca nos ouvirá dizer que somos 'naturais' e 'orgânicos'. As marcas que fazem essas afirmações em geral não estão sendo sinceras. Usamos ingredientes sintéticos quando eles são essenciais para que possamos criar um produto da melhor qualidade possível".

Tampouco a marca se vangloria da sua embalagem, que é contudo uma das coisas mais encantadoras a respeito dela: rótulos listrados em preto e creme, brutalmente simples, sobre frascos tingidos de marrom que lembram garrafas de cerveja. "Sempre que possível, evitamos as embalagens de plástico porque elas podem se dissipar no produto." Suzanne explica: "Poderíamos ter usado vidro verde, mas ao que se constatou, o marrom foi mais fácil de encontrar – talvez por causa das garrafas de cerveja".

O próprio Paphitis disse que ele desejava uma "abordagem sistemática, monocromática e sutil da embalagem" para que as pessoas não se sentissem "violadas" quando entrassem no banheiro pela manhã. Adicionalmente, nas suas lojas, a Aesop evita a embalagem externa, como caixas de papelão seladas e embrulhadas em celofane, o que ela considera um desperdício. Os vidros estão prontos para serem transferidos diretamente das lojas para a prateleira do seu banheiro.

No momento em que redijo estas linhas, a Aesop tem 36 lojas ao redor do mundo e 300 funcionários. ("Ela ainda é uma empresa pequena. Pequena o bastante para que saibamos quem é quem", comenta Suzanne.) Cada loja é exclusiva, projetada para complementar o seu ambiente e dizer alguma coisa sobre a história do bairro. Uma loja no distrito de Aoyama em Tóquio reciclou materiais de uma casa que foi demolida na vizinhança. Outra no Mayfair de Londres tem uma atmosfera georgiana, com antigas paredes verdes, luminárias em formato de globo e enormes pias de porcelana. E uma loja em Paris é totalmente decorada com tábuas de madeira inspiradas nos parquetes encontrados nos apartamentos da cidade.

Como a marca evita a publicidade, as lojas e os seus interiores peculiares são ferramentas de marketing, frequentemente destacados por revistas de *design* e arquitetura, e também por blogs. Suzanne confirma que a Aesop também fornece produtos para restaurantes e hotéis selecionados. "Em geral, eles nos procuram", diz ela. "É uma grande forma de comunicação, mas temos que ter cuidado com ela. Sempre fazemos um acompanhamento para ter certeza de que o ambiente é adequado. Se for um restaurante, por exemplo, queremos que a comida seja magnífica, independentemente da elegância da decoração. Dennis gosta de uma comida excelente, e ele certamente não desejaria que os seus produtos fossem expostos em um lugar que oferecesse uma comida ruim. O caráter exclusivo também é importante. Um hotel não precisa ser grande; ele pode ter cinco quartos e estar situado em uma ilha, por exemplo. O que importa é a atitude."

Ouvimos falar em pessoas que saem do hotel e vão diretamente para uma loja de departamentos pedir produtos Aesop.

O boca a boca, como sempre, continua a ser a ferramenta de marketing mais apreciada. A Aesop é ocasionalmente descrita como uma "marca de apito para cachorro" – irresistível para aqueles que estão no comprimento de onda adequado. "Os nossos clientes tendem a ser urbanos, mundanos, bem-viajados, curiosos e bastante exigentes", diz Suzanne. "Eles têm todo o direito de ser assim, porque estão usando o nosso produto na pele deles. Estamos altamente conscientes dessa responsabilidade."

Ela aceita o fato de que a Aesop não é para todo mundo. Como ela usa em grande medida ingredientes naturais, e prescinde de cores e fragrâncias sintéticas, os seus produtos tendem a não ter uma aparência ou aroma semelhante. "Os produtos de beleza predominantes têm um odor inofensivo e uma cor branca cadavérica. Os nossos podem ter uma aparência e um aroma bastante incomuns em comparação com isso."

O próprio Paphitis desdenha as principais marcas de cosméticos, que ele descreve como "produtos desapaixonados concebidos por departamentos de marketing e grupos de interesses, criados para explorar as vulnerabilidades de pessoas e agradar àquelas que gostariam de ser mais claras, mais esbeltas, mais magras ou o que quer que seja". Ele dá atenção a elas, ignorando-as por completo como entulho inconsequente, como a reality TV ("Skincare with soul", *Star*, Malasya, 27 de janeiro de 2008).

Uma coisa que você não ouvirá no discurso da Aesop é a palavra "antien-velhecimento". Suzanne afirma o seguinte: "Isso simplesmente não está na nossa filosofia. E acho que isso é bastante radical".

DICAS DE BELEZA

* Novos estreantes no mercado da beleza precisam de ingredientes exclusivos, histórias cativantes e estratégias contestadoras para se destacar.

* A Caudalie da França combina a cultura da fabricação do vinho e "o Paradoxo Francês" com referências à "arte de viver" francesa.

* Em vez de vender em lojas de departamentos, ela formou uma estreita parceria com as farmácias. O luxo também ajudou a construir a notoriedade.

* A Caudalie considera o controle do relacionamento com o cliente essencialmente importante, de modo que ela recomenda com insistência que os clientes entrem em contato por meio de cupons que acompanham os produtos e também de um clube no qual as pessoas podem ingressar via internet. O seu serviço premiado "click to call" oferece consultas pessoais com o clique de um mouse.

* Outra marca francesa, a Absolution, inovou por meio da personalização e um *design* visualmente chamativo.

* Com o visual moderno e rebelde de um selo musical independente, ela oferece uma marcante alternativa para as megamarcas.

* Ela selecionou cuidadosamente distribuidores de múltiplas marcas com clientes sofisticados, adotantes iniciais, em Paris, Nova York e Londres.

* A Aesop da Austrália adotou uma abordagem intelectual – algo marcantemente ausente na indústria da beleza.

* Em vez de insultar a inteligência dos consumidores, ela sugere que eles fazem parte de uma comunidade criativa global.

* A embalagem do produto ostenta citações literárias; o website contém um boletim informativo cultural.

* Ela nunca faz propaganda, mas atrai cobertura da mídia nas revistas de *design* e da moda devido às suas lojas idiossincráticas e à sua filosofia invulgar.

* Ela prefere os ingredientes naturais, e a expressão "antienvelhecimento" foi banida do seu vocabulário.

A BELEZA
DA PRATELEIRA
PARA AS RUAS

*"O serviço que o cliente recebe na loja é uma grande parte
da proposição de valor das nossas marcas."*

Estamos no auge da temporada turística em Paris, e a gigantesca filial da Sephora no Champs-Elysées está apinhada de gente. Compradores se atropelam em volta das prateleiras, onde centenas de marcas de beleza e de produtos para a pele estão classificados eficientemente de A a Z. Dezenas de fragrâncias se encontram e se combinam no ar artificialmente "esfriado", com as suas notas mais elevadas competindo com a música pop ambiente. Atraentes vendedores vestidos de preto estão a postos para ajudar os indecisos, oferecendo conselhos sobre os aromas e a sensibilidade da pele.

Um conhecido certa vez sugeriu que a Sephora era uma catedral dos cosméticos, com o S gigante blasonado na parte de trás do vasto espaço desempenhando o papel de um crucifixo. "É um lugar onde as pessoas vão para rezar no altar da juventude", acrescentou. Hoje, os adoradores são abundantes.

De propriedade do conglomerado de luxo LVMH, pode parecer difícil evitar a Sephora: todo distrito sofisticado de Paris parece ter a sua filial. O marketing agressivo da rede – inclusive uma atraente campanha no cinema – aumenta a impressão de onipresença. De acordo com o website da marca, ela tem 265 lojas na França e mais de 250 nos Estados Unidos, além de estar presente em treze outros países, entre eles a China. A marca tem o nome da mulher de Moisés (o site não menciona que também existe um navio sinistro chamado *Sephora* no conto *The Secret Sharer* de Joseph Conrad).

Embora ela concorra na França com a Marionnaud e a Nocibé, que são empresas semelhantes, ela descobriu novos caminhos ao ser pioneira do conceito do "autosserviço de auxílio limitado" no setor varejista de perfumes. Em outras palavras, ela aboliu os balcões para oferecer aos compradores uma ampla escolha em um ambiente que parecia mais uma loja de discos – ou uma livraria incrivelmente moderna – do que uma perfumaria. De repente, a barreira entre cliente e produto havia desaparecido. Mais recentemente, a Sephora lançou uma linha bem-sucedida de produtos da sua própria marca, com destaque para o creme antienvelhecimento Stri-Vectin SD em 2004, bem como diferentes experiências de varejo como balcões com serviços de cabeleireiro e manicure. O resultado pode causar algo parecido com um choque cultural entre as consumidoras britânicas acostumadas com o interior sério da Boots the Chemist, que lembra um cruzamento entre um laboratório e um supermercado.

Em harmonia com a sua decoração preto e branca, Sephora tem uma história com altos e baixos. Na realidade, houve uma época em que ela pertenceu à Boots.

A rede britânica veio para a França em 1970, abrindo a sua primeira loja na rue de Passy. Em 1976, ela lançou a marca Sephora como um empreendimento conjunto com o grupo da loja de departamentos Nouvelles Galeries, que ela mais tarde comprou. No entanto, a Sephora desse período era mais parecida com a tradicional Boots, com um posicionamento de mercado intermediário e sem nenhuma das inovações de varejo anteriormente mencionadas.

Nesse meio-tempo, um varejista visionário chamado Dominique Mandonnaud havia fundado uma rede chamada Shop 8, começando em 1969 com um modesto espaço em Limoges. Mandonnaud trouxe o conceito de autosserviço que havia revolucionado o varejo dos gêneros alimentícios – na forma de supermercados – para o setor de perfumes, que ainda era dominado pelo tipo de butiques refinadas que saudavam os clientes com um sino que tocava em cima da porta, ou vendedoras com o rosto impassível vendendo uma única marca atrás do balcão de uma loja de departamentos.

Em 1988, Mandonnaud adquiriu oito perfumarias em Paris e converteu-as ao seu formato inovador.

O capítulo seguinte teve lugar em 1993, quando a Boots vendeu as suas 38 lojas Sephora para a *holding* da Shop 8, Altamir ("Boots on march into Europe", *Independent,* 19 de novembro de 1995). Inovando uma vez mais, Mandonnaud abriu a sua loja principal no Champs-Elysées, que com 1.300 metros quadrados lançou o conceito da catedral dos cosméticos e forneceu um padrão para lojas futuras. Mais do que uma loja, ela era um destino: os turistas entravam lá para olhar os cosméticos de luxo exóticos que eram vendidos em uma discoteca, e acabavam saindo de lá carregados de poções e perfumes, a carteira mais leve do que o ar e um olhar de prazer confuso no rosto, como se tivessem estado usando o soma de Aldous Huxley.

Em 1997, a LVMH adquiriu a Sephora, conduzindo a distribuidora à sua terceira fase de desenvolvimento. A empresa abriu a sua primeira loja em Nova York em 1998; depois disso, ela se expandiu para a Europa e entrou no Japão. O alvo seguinte era a Europa Oriental, mas a energia da Sephora começou a definhar em 2001, acompanhada por um declínio nas vendas. Em 2003, o novo CEO Jacques Levy e a diretora executiva europeia Natalie Bader-Michel começaram a reabilitar a rede, trazendo uma seleção de novas marcas dos Estados Unidos, lançando produtos com a marca da Sephora e encorajando uma interação maior com os consumidores, inclusive tratamentos de beleza realizados por consultores. Hoje, a Sephora descartou a sua imagem como distribuidora de fragrâncias e emergiu como uma superloja de luxo de perfumes e cosméticos.

"A Sephora está começando a colher os frutos da sua cirurgia plástica facial", dizia uma manchete na revista de negócios francesa *Les Echos* em 25 de janeiro de 2006. Nada ilustrava melhor a nova estratégia da rede do que o seu novo creme antirrugas Stri-Vectin SD "fabricado por um laboratório em Salt Lake City, vendido exclusivamente na Sephora e vendendo como água apesar do preço alto de 125 euros". No mesmo artigo, Bader-Michel admitiu que os produtos com a marca da Sephora, vendidos com uma "forte margem de lucro", haviam desempenhado um papel decisivo no retorno da rede à lucratividade.

Visitar a Sephora é uma experiência divertida, mas que também pode ser irritante. As recomendações da equipe de vendas nem sempre são objetivas. Quando uma marca de produtos para a pele tiver fechado um acordo promocional com a loja, é bem provável que eles recomendem essa marca. As vendas são controladas em tempo real para que a equipe possa garantir que estão atingindo as suas metas.

Isso também pode incomodar as empresas de beleza. O *chairman* de uma companhia independente de produtos para a pele me disse o seguinte: "Precisamos estar na Sephora, mas com certas reservas. Tenho a impressão de que somos o terceiro na fila, atrás dos próprios produtos da Sephora e das marcas de propriedade da LVMH".

Por essa razão, o seu ambiente preferido é a loja de departamentos, onde ele pode administrar o universo da sua marca e treinar a equipe de vendas para interagir com os clientes.

Junto com os salões de beleza e os seus primos maiores e mais opulentos, os *spas*, as lojas de departamentos têm desempenhado um papel fundamental na história da indústria da beleza. Muitos dos pioneiros que conhecemos nos primeiros capítulos deste livro gastaram muito a sola do sapato para convencer os salões e as lojas de departamentos a estocar os seus produtos. Eles faziam um esforço extraordinário para atrair a atenção dos compradores: no início da sua carreira, François Coty notoriamente espatifou um frasco da sua fragrância Rose Jacqueminot sobre um balcão do Grands Magasins du Louvre; a aprovação dos clientes que se apinharam em volta do balcão para perguntar que perfume maravilhoso era aquele fez com que a loja decidisse trabalhar com ele. Empresários da beleza como Estée Lauder e Bobbie Brown deveram o seu sucesso às lojas de departamentos.

A Sephora faz parte do mercado de "distribuição seletiva" favorecido por marcas de beleza de luxo. Isso envolve um ambiente exclusivo, em geral com pelo menos um consultor de beleza ou um maquiador para "instruir" as clientes e persuadi-las a comprar os produtos. O ambiente sofisticado – iluminação agradável, numerosos espelhos e superfícies laqueadas – fazem parte da história da marca: a confirmação de que as empresas de beleza não estão vendendo produtos, mas sim estilos de vida.

William Lauder disse isso no Global Department Store Summit que teve lugar em Nova York em 2010:

> O serviço que o cliente recebe do consultor dentro da loja ainda é uma grande parte da proposição de valor para as nossas marcas. O Crème de la Mer está no topo da pirâmide das nossas marcas, sendo vendido por 190 dólares na Saks, de modo que, é claro, é importante combinar marcas como essa com o ambiente adequado... O nível de serviço que a cliente recebe reforça para ela o motivo pelo qual ela decide comprar nesse ambiente, por que ela escolhe a marca e por que está preparada para pagar um pouco mais (WGSN.com, 15 de julho de 2007).

O LEGADO DO SR. BOOT

Historicamente, Boots the Chemist está situada na outra extremidade do espectro: um destino altamente democrático vendendo uma grande quantidade de produtos de saúde, de beleza e farmacêuticos em um ambiente de autosserviço. O negócio foi fundado em 1849 por John Boot, um ex-trabalhador rural que começou a vender remédios fitoterápicos de uma pequena loja em Notthingham, em parte para ajudar os funcionários das novas fábricas têxteis da área, muitos dos quais não tinham condições de pagar um médico. John faleceu em 1860, mas a sua viúva Mary continuou a dirigir a loja junto com Jesse, o filho do casal.

Foi Jesse que transformou o negócio, que deixou de ser uma única loja e se tornou uma próspera rede. Primeiro, ele começou a comprar o seu estoque a granel, o que permitiu que ele mantivesse os preços baixos: a sua propaganda prometia "Saúde por um xelim". Outras filiais foram abertas em toda a Inglaterra. Quando irrompeu a Primeira Guerra Mundial, Jesse era dono de 550 lojas. Aposentando-se pouco antes de completar 70 anos, em 1920 ele vendeu o negócio para a United Drug Company of America. Agora de propriedade americana, a rede se expandiu para mil lojas. Em uma guinada elíptica da história, um grupo de investidores liderados pelo filho de Jesse – John Boot – comprou o negócio em 1933. John lançou a linha Boots Nº 7 de cuidados com a pele em 1935, usando uma embalagem vistosa azul e amarela, e anunciando-a como "o Caminho Moderno para o Encanto". Hoje, a Boots afirma que o Nº 7 é "a principal marca de cosméticos e cuidados com a pele do Reino Unido". Ela tem em Lisa Eldridge uma diretora criativa carismática, uma maquiadora que trabalha com um brilhante conjunto de fotógrafos, designers e celebridades, além de promover um blog popular (www.lisaeldridge.com).

No dia 5 de julho de 1948, o secretário de saúde Aneurin "Nye" Bevan lançou o Serviço Nacional de Saúde, proporcionando assistência médica gratuita, financiada pelo governo, para todos, com as palavras: "Temos agora a liderança moral do mundo". A Boots – que havia muito tempo era uma farmácia que aviava receitas – era agora, mais do que nunca, um eixo comunitário essencial, continuando a tradição estabelecida pelo seu fundador durante a revolução industrial. Mas ela também evoluiu como distribuidora de produtos de saúde e de beleza, introduzindo na década de 1950 o autosserviço no estilo dos supermercados. Ela formou uma fusão com a Alliance Unichem em 2006 para criar a Alliance Boots, que foi adquirida no ano seguinte pelo ex-vice-presidente executivo da Alliance, Stefano Pessina, e uma empresa de investimentos privada.

A Boots tem lojas em vários lugares do mundo – na Noruega, Rússia, Tailândia e na Holanda – mas é um elemento inescapável da rua principal britânica.

O seu cartão de fidelidade dos clientes, o Boots Advantage Card, lançado em 1993, tem 16,7 milhões de membros "ativos" no Reino Unido (ela define como ativos os membros que usaram o cartão pelo menos uma vez nos 12 meses anteriores), possibilitando que a rede recolha uma grande quantidade de informações sobre os hábitos de consumo dos seus clientes. No livro *Romancing the Customer* (2001), Paul Temporal e Martin Trott o descreve como "o maior programa de cartão de fidelidade no varejo do mundo", sugerindo que 40% das transações na loja são vinculadas ao cartão.

A Boots fez com que seja quase impossível recusar o cartão. Os clientes recebem quatro pontos para cada libra gasta na loja ou *on-line*, um dos programas mais generosos do país (um ponto é mais típico). Os detentores do cartão podem depois gastar os pontos em um vasto leque de artigos na loja. A Boots também instalou quiosques de Advantage Points Extra Offers em lojas selecionadas: ao inserir os cartões em um terminal no estilo de caixa-eletrônico, os clientes podem verificar o seu saldo de pontos, retirar cupons de desconto e tomar conhecimento de promoções exclusivas para os detentores do cartão. Isso tem a vantagem adicional de aumentar o tráfego de clientes para as lojas.

O interior clínico e prático das lojas Boots pode lembrar as lojas *duty-free* dos aeroportos, mas nem os seus clientes nem as marcas que elas têm em estoque são os mesmos. Desde que foram fundadas em 1946 – quando a primeira loja abriu no Shannon Airport na Irlanda – os espaços *duty-free* se tornaram um canal de distribuição fundamental para as marcas de beleza sofisticadas. Elas agradam particularmente aos consumidores do sexo masculino que voam com frequência, que tendem a evitar as lojas de cosméticos tradicionais mas se sentem à vontade no ambiente frio da loja *duty-free*, onde podem matar o tempo entre os voos.

Um importante protagonista do setor é uma empresa cuja vida começou em 1960 como Duty Free Shoppers, hoje conhecida como DFS Galleria. Ela foi estabelecida em Hong Kong pelos empresários Charles Feeney e Robert Miller, que perceberam uma oportunidade de mirar "o viajante japonês emergente" quando eles conseguiram a concessão exclusiva para vendas isentas de taxas alfandegárias no Havaí. A empresa evoluiu e se transformou no que o website deles descreve como "a maior rede varejista de viagens do mundo" (www.dfsgalleria.com). A partir de 1996, a LVMH se tornou dona de parte da empresa.

Existe outro canal de distribuição, totalmente diferente, que para mim encerra um toque de nostalgia.

AVON CHAMA

"Ding dong, Avon chama!" A minha mãe entoava o *slogan* da propaganda quando trazia o café da manhã para a mesa, e todos ríamos. A suprema empresa de produtos de beleza de porta em porta, a Avon já era uma lenda quando lançou a campanha em 1958. A onipresença e capacidade de resistência da frase era tanta que a minha mãe continuou a entoá-la décadas depois. Nos anos 1970, a empresa mudou o nome de *Outlook*, a sua revista para representantes de vendas, para *Avon Calling*.

Os representantes da Avon compram os produtos com desconto entre 20 e 25% – e depois os vendem pelo preço cheio, embolsando a diferença. Eles são supervisionados por "líderes de vendas" que administram equipes de representantes e ganham comissões das vendas deles. Os representantes de vendas percorrem o seu território deixando prospectos com possíveis clientes, voltando posteriormente para pegar os pedidos. Essa função não é para todo mundo: os representantes precisam caminhar penosamente pelas ruas, e os mais bem-sucedidos têm queda para vendas. Você não precisa procurar muito *on-line* para encontrar ex-senhoras da Avon cujos rendimentos não ficaram à altura das suas aspirações. Mas com mais de 6 milhões de representantes no mundo inteiro e 10 bilhões de receita anual, alguém na Avon está ganhando dinheiro.

Como é apropriado para uma indústria que sabe como contar uma boa história, a Avon foi fundada por um negociante de livros. O seu nome era David H. McConnell, e no final do século XIX ele estava vendendo livros de porta em porta em Nova York, oferecendo como brinde amostras das fragrâncias que ele preparava em casa. Quando McConnell percebeu que as mulheres estavam muito mais interessadas nos seus perfumes do que nos livros, ele decidiu se concentrar nos perfumes.

Mas ele precisava de ajuda – e nas suas rondas de vendas de livros, ele conhecera muitas mulheres empobrecidas com tempo disponível. E se ele pudesse ajudar a elas e a família delas enquanto desenvolvia o seu negócio? O seu plano foi usar as mulheres como contratadas independentes, deixando-as livres para administrar o tempo e o território delas.

A Sra. PFE Albee de New Hampshire, uma mulher de 50 anos de idade, casada e com dois filhos, tornou-se a primeira representante do que era na ocasião, 1886, a California Perfume Company. Pouco mais de uma década depois, a empresa contava com 5 mil representantes. Como diz o website da empresa, "naquela época, uma mulher administrar o seu próprio negócio era algo praticamente sem precedente. Apenas cerca de 5 milhões de mulheres nos Estados Unidos trabalhavam fora de casa, e o número das que galgavam os degraus corporativos era simplesmente irrisório. Esses 5 milhões equivaliam a apenas 20% do total das mulheres". Elas eram trabalhadoras domésticas ou operárias de fábrica, e o salário era uma fração do dos homens (www.avoncompany.com).

Com o seu modelo de porta em porta – conhecido mais formalmente como "venda direta" – a empresa fazia literalmente a sua própria propaganda, embora tenha colocado um anúncio impresso na revista *Good Housekeeping* em 1906. Ela também começou a se expandir internacionalmente, com representantes tocando a campainha das casas em Montreal, no Canadá, a partir de 1916. O nome da marca só surgiu em 1928: McConnell tinha visitado o lugar de origem de Shakespeare, Stratford-upon-Avon; ele ficou tão encantado com a cidade que deu esse nome a uma linha de produtos. A California Perfume Company receberia o novo nome de Avon Products em 1939.

Ao longo dos anos, a Avon aderiu à causa de fortalecer as mulheres – e em 1986, quando o centésimo aniversário da Estátua da Liberdade coincidiu com o seu próprio centenário, a empresa patrocinou um projeto para restaurar a icônica "Lady Liberty". Ela administra a Avon Foundation for Women desde 1955, a Avon Breast Cancer Crusade desde 1992 e Speak Out against Domestic Violence desde 2004. A empresa doa centenas de milhões de dólares por ano para causas relacionadas com as mulheres ou apoiadas por estas. (É interessante observar, contudo, que a Avon só veio a ter a sua primeira CEO em 1999: a extraordinária Andrea Jung permaneceu no cargo por mais de uma década.)

A Avon também inovou na linha de frente do produto: em 1986, ela lançou a Bioadvance, um dos primeiros produtos para a pele a usar o retinol estabilizado. Em 1992, ela lançou o Anew, outro creme para a pele, desta feita sendo a precursora do uso do ácido alfa-hidroxi (AHA).

À medida que a sua expansão mundial continuava, a empresa entrou na China em 1990, mas foi obrigada a trocar para um modelo de varejo tradicional quando o governo proibiu a venda direta. Ela retomou a sua estratégia original quando a proibição foi levantada em 2006. Hoje, a Avon é a maior empresa de venda direta do mundo, vendendo perfumes e cosméticos de porta em porta em 120 países. Como vimos, ela inspirou inovadores da beleza como a Natura do Brasil e a Amore na Coreia do Sul.

O desenvolvimento da Avon pode ser comparado às técnicas de pesquisa de mercado criadas pela Procter & Gamble na década de 1950: assim como as entrevistadoras de porta em porta de Doc Smelser com os seus chapéus e luvas, as representantes de vendas da Avon – autônomas e motivadas – criavam uma cumplicidade com os seus clientes que tornava a propaganda tradicional quase uma reflexão tardia. Além disso, elas faziam o seu próprio recrutamento.

Em uma entrevista com o *Financial Times*, a CEO Andrea Jung declarou o seguinte: "O declínio macroeconômico global criou uma dinâmica que nos obrigou a reforçar os nossos princípios fundadores... Presenciamos um grande aumento no número dos vendedores diretos".

Durante a recessão, a Avon concentrou as vendas nos produtos "de valor" e voltou a atenção para o recrutamento. Em 2009, ela levou ao ar um anúncio durante a transmissão da final do campeonato do futebol americano – que foi estendido para o mundo todo. "Demos destaque a representantes da Avon que tinham perdido o emprego [em outras empresas] e falamos a respeito de como eles estavam agora administrando o seu próprio negócio, enfatizando que eles nunca poderiam ser demitidos. Os nossos telefones ficaram congestionados durante meia hora. Tornamos a campanha global e conseguimos tanto uma fatia do mercado quanto vendedores onde quer que colocássemos o anúncio no ar. Essa foi a campanha mais eficaz em termos de custo que fizemos até hoje, e ela teve lugar no auge da crise econômica.

Andrea Jung está supervisionando a expansão da Avon nos mercados emergentes – ela vê o Oriente Médio, a Índia e a África como os mais promissores, com a Turquia e a África do Sul exibindo o crescimento mais rápido – mas ela acrescenta: "Para mim, o maior mercado emergente não é o país, são as mulheres. Temos 600 milhões de pessoas vivendo com um dólar por dia, e dois terços dos que estão abaixo da linha de pobreza são mulheres. Quando uma mulher assume uma função lucrativa, a saúde e a educação da família melhoram. O impacto na sociedade é imenso" ("Woman at the top: Andrea Jung", *Financial Times*, 16 de novembro de 2010).

Com mercados ainda por conquistar e representantes para recrutar, a Avon não vai parar de chamar tão cedo.

DICAS DE BELEZA

* As marcas de beleza sofisticadas atribuem uma grande importância às lojas de departamentos, onde os seus balcões e consultoras de beleza contribuem para a impressão de *status* criada por outros elementos da estratégia de marketing.

* A Sephora revolucionou o canal de "distribuição seletiva" ao criar o conceito de "autosserviço com auxílio limitado".

* Ela oferece um ambiente para a faixa superior do mercado no qual os consumidores têm acesso a uma vasta oferta de fragrâncias e produtos para a pele baseada no autosserviço, mas podem pedir ajuda às assistentes.

* Os esteticistas e manicures contribuem para a atmosfera dinâmica.

* As assistentes frequentemente são pré-programadas para recomendar as marcas que fecharam acordos promocionais com a Sephora.

* A Boots the Chemist do Reino Unido vende produtos de beleza e para a saúde em um ambiente de autosserviço.

* O seu cartão de fidelidade é um dos mais generosos no setor e tem sido amplamente adotado. Ele possibilita que a empresa adapte os produtos que oferece aos hábitos de compra dos consumidores.

* A Avon eliminou os intermediários criando as vendas de porta em porta de perfumes e cosméticos. Ela é hoje a maior empresa de venda direta do mundo, com mais de 6 milhões de representantes.

* A senhora da Avon cria uma cumplicidade com os seus clientes, conquistando a confiança deles e se tornando uma figura reconhecível na sua comunidade.

* A Avon se beneficia dos períodos de retração econômica porque pode recrutar mais representantes de vendas entre as mulheres (e, ocasionalmente, homens) que perderam o emprego em outras empresas.

A BELEZA DIGITAL

"O grande sucesso de hoje é a história de advertência de amanhã."

O mundo digital evolui tão rapidamente que eu me reuni duas vezes com o homem que concordou em ser o meu informante a respeito do que as marcas dos produtos de beleza estavam fazendo *on-line*. Oito meses talvez tenham transcorrido entre o nosso primeiro encontro e o segundo, e durante esse período, me disse ele, muita coisa tinha mudado.

Ele me pediu para não usar nem o seu nome nem o nome da empresa para a qual ele trabalha. É uma sofisticada marca francesa de cosméticos – uma das maiores do mundo. Xavier, como vamos chamá-lo, dirige o departamento digital da empresa. Quando nos encontramos pela primeira vez, ele tinha se queixado de que muitos executivos das empresas de beleza, particularmente os das da extremidade de luxo do mercado, estavam inseguros com relação às possibilidades do elemento digital, que eles encaravam como um recurso adicional e não como uma figura central das suas estratégias de marketing. Ele acrescentou que as agências digitais não estavam acostumadas à noção extrema de detalhe que as marcas de luxo exigiam quando se comunicavam com o seu público: historicamente, a web não era um ambiente estético.

"O que aconteceu depois foi a fusão gradual das agências especializadas na web com agências de publicidade tradicionais", diz ele. "Consequentemente, as agências têm promovido a sua experiência digital entre os clientes. O resultado é que agora estamos abertos a fazer algo um pouco mais sofisticado do que apenas colocar um vídeo – um esplêndido anúncio da televisão – *on-line*."

Ele menciona as redes sociais, que explodiram depois do nosso último encontro. Como a maioria das marcas, a de Xavier tem uma página de fãs no Facebook. Ao contrário de muitos dos seus concorrentes, contudo, ela tem uma estratégia coerente: as declarações no Facebook são planejadas com meses de antecedência para refletir a totalidade das comunicações da marca: lançamentos de produtos, publicidade, competições e assim por diante. Os comentários postados pelos consumidores são monitorados, e as respostas são cuidadosamente refletidas em vez de simplesmente redigidas às pressas. "O truque do Facebook é controlar a conversa em vez de deixar que os consumidores façam o que bem entendam."

O Facebook evoluiu e se transformou em uma valiosa ferramenta de marketing de relações com o consumidor. "As pessoas que visitam a página dos fãs estão tão interessados no que outros consumidores estão dizendo quanto no que nós estamos dizendo. Vi pesquisas que indicam que os consumidores têm apenas 20% de confiança em um produto que tenha sido anunciado, mas que têm 80% de confiança em um que tenha sido recomendado por outro consumidor *on-line*."

As redes sociais resolveram um problema enfrentado por muitas empresas de produtos de beleza: a falta do contato direto com o cliente. As suas marcas são frequentemente vendidas por intermédio de distribuidores e não em um ambiente de propriedade delas, de modo que elas têm dificuldade em desenvolver relacionamentos com aqueles que compram os seus produtos, ou formar bancos de dados de clientes. Graças aos cartões de fidelidade, os distribuidores têm uma grande quantidade de informações, mas eles as guardam para si mesmos porque encaram os sites de comércio eletrônico das marcas como concorrentes das suas próprias atividades *on-line*. A mídia social passa ao largo dos distribuidores e coloca as marcas novamente frente a frente com os consumidores.

Outra vantagem da página de fãs no Facebook é que ela é totalmente transparente: os consumidores sabem que ela é administrada pela marca. "Sempre houve algo manipulativo a respeito das marcas fazendo comentários em fóruns ou blogs a respeito de assuntos de beleza. Havia a tentação de a pessoa entrar disfarçada, conversar com os consumidores sem dizer que pertencia a uma marca. Nas ocasiões em que os consumidores descobriam a farsa, eles a consideravam extremamente invasiva."

Um notório exemplo disso foi o blog francês *Journal de ma peau* (Diário da minha pele), que apareceu em abril de 2005. A blogueira se identificou como "Claire", uma mulher de uma certa idade. Mas a blogosfera não se deixou enganar: tanto no blog quanto na comunidade, os blogueiros comentaram que os *posts* de Claire pareciam mais matérias de publicidade, o que era exatamente o que eles se revelaram ser.

"Diário da minha pele" foi um blog fraudulento lançado pela marca de produtos para a pele Vichy de propriedade de L'Oréal francesa e pela agência Euro RSCG para promover um produto chamado Peel Microabrasion. Quando a Vichy confessou o que tinha feito, ela enfrentou um ataque de críticas dos blogueiros e algo muito próximo do ridículo da parte da imprensa de marketing. Em retrospectiva, o caso foi um ponto de referência importante sob outros aspectos: ele ensinou à L'Oréal e às suas rivais muita coisa a respeito da interação com os consumidores *on-line*. A consequência do desastre foi que a Vichy alterou a sua conduta e desenvolveu um blog da marca que possibilitava que os consumidores pedissem conselhos a respeito dos seus problemas de pele.

"Os consumidores gostam de se envolver com as marcas", diz Xavier. "Não estamos necessariamente buscando opiniões que nos permitam desenvolver ou modificar produtos. Somos uma marca de luxo, de modo que devemos estar um passo à frente dos consumidores no que diz respeito à inovação. Mas nós os estamos convidando a se juntar à família, por assim dizer."

Os comentários de Xavier são refletidos em artigos de todo o setor da beleza. No início de 2010, a *Advertising Age* relatou que a Procter & Gamble tinha superado "sérias reservas" a respeito da utilização do Facebook como ferramenta de marketing. "Agora, o maior comerciante do mundo quer que todas as suas marcas estejam presentes no Facebook... e recentemente inaugurou um escritório de pesquisa e desenvolvimento em Palo Alto, Califórnia, não muito longe da sede do Facebook, no esforço de desenvolver em conjunto recursos na mídia digital e social." O artigo acrescentou que a rival da P&G, a Unilever, tinha se voltado para o Facebook para promover a sua marca Axe de cuidados pessoais masculinos. "A página se tornou um lugar para hospedar vídeos virais dos lançamentos da marca, e a Axe adicionou recentemente um rosto humano para agradar a sua clientela masculina – Jennie da Axe, atualmente parte da equipe da marca na agência de Relações Públicas Edelman" ("Once skeptics, brands drink the Facebook Kool-Aid,[42] 22 de fevereiro de 2010).

A utilização do Facebook vai evoluir – ou talvez não. "Um dos problemas dessa função é que o chão está sempre se mexendo debaixo dos nossos pés", diz Xavier. "Quem teria prognosticado há alguns anos a quase completa deserção do Myspace? O grande sucesso de hoje é a história de advertência de amanhã."

Isso traz à baila o assunto do Twitter, para o qual Xavier encontra pouca utilidade "a não ser para propósitos óbvios de Relações Públicas". Ele acrescenta: "As pessoas o usam como um expediente de notícias, não para conversas. Algo em torno de 80% das contas do Twitter estão inativas".

Eu me pergunto em voz alta onde tudo isso deixa os blogs. Anos depois do fiasco da Vichy, a web ainda está abarrotada de pessoas blogando com vários graus de profissionalismo a respeito dos cosméticos. Um nome que se destaca é Michelle Phan, que pôs de lado um blog direto e objetivo para se tornar uma "vlogger" no YouTube, fazendo o upload de vídeos com aulas de maquiagem que com o tempo foram vistos milhões de vezes. Ela teve tanto sucesso, que a Lancôme a contratou em 2010 para fazer vídeos exibindo os seus produtos. Redes de distribuição como a Boots e a Sephora usam blogs para acrescentar "conteúdo da marca" aos seus sites de compras *on-line*. E as aulas de maquiagem são a esta altura um aspecto familiar dos websites das marcas.

O relacionamento entre as marcas e os blogueiros é quase tão problemático quanto o existente entre as marcas e os jornalistas. Os jornalistas tradicionais da área da beleza estão sob o domínio dos seus anunciantes e são inundados por cosméticos grátis. Qualquer esperança de que os blogueiros pudessem representar uma opinião independente além do braço controlador dos departamentos de Relações Públicas das marcas há muito desapareceu; eles também recebem produtos gratuitos e convites para festas elegantes de lançamento, o que os deixa com uma camisa de força tão apertada quanto a dos seus primos da imprensa quando se trata de apresentar um ponto de vista objetivo.

---

42. Tradução literal: "Anteriormente céticas, as marcas bebem o Tang do Facebook. (N. dos trads.)

"O problema de recrutar blogueiros para fins de Relações Públicas é que eles são excessivamente numerosos", diz Xavier. "Até mesmo os melhores não sobem à superfície nas buscas do Google, de modo que você tem que tropeçar neles ou ouvir outra pessoa falar neles. Estrategicamente, isso não faz muito sentido para as marcas. Há também o fato de que, assim que eles são considerados como estando excessivamente ligados a uma determinada marca, os leitores começam a achar que eles estão comerciais demais e partem para outra."

Ainda assim, ele reconhece que as marcas devem trabalhar com os blogueiros. "Para mim, a questão é a seguinte: eles fazem parte da mídia social, ou eles são a imprensa? A maioria das marcas os trata como jornalistas mas, como as marcas recrutaram especialistas da mídia social, a responsabilidade por formar relacionamentos com os blogueiros poderia se afastar do departamento de Relações Públicas."

Quando conheci Xavier, ele estava envolvido com as implicações do iPhone e do iPad. As marcas de produtos de beleza afluíam intensamente para esse novo espaço da mídia com aplicativos. A marca de produtos para unhas OPI, por exemplo, lançou um salão de manicure virtual gratuito, possibilitando que as usuárias acessassem toda a amplitude de mais de 200 cores e as combinassem com o seu tom de pele. O resultado podia ser salvo e o telefone podia então localizar o distribuidor da OPI mais próximo. A L'Oréal também mergulhou de cabeça com um aplicativo gratuito que possibilitava que as usuárias pesquisassem visuais de maquiagem, assistissem a vídeos de aulas e recebessem recomendações personalizadas de produtos depois de fornecer detalhes sobre a sua pele e cabelo.

"Todos ficamos muito animados com os aplicativos – no início", diz Xavier, "mas depois que todo mundo tinha lançado um, o espaço se tornou menos interessante. As pessoas tendem a baixar um aplicativo, brincar com ele algumas vezes, e depois deixá-lo inativo. Eu devo ter baixado cerca de cinquenta aplicativos no meu telefone, mas uso regularmente apenas cinco deles".

Ele acha que um site móvel que possa ser acessado por meio de um sem-número de dispositivos é bem mais interessante. As comunicações móveis, em geral, interessam muito as marcas de beleza. Por exemplo, o aplicativo da L'Oréal incluía um leitor de código de barras que permitia que os usuários acessassem dicas relacionadas com produtos e conselhos reservados. Uma vez mais, esse tipo de aplicativo permite que as marcas passem por cima do distribuidor. Como mostramos, os vendedores nos distribuidores tendem a recomendar qualquer produto que eles tenham sido instruídos a promover naquela semana. Dispositivos de leitura de código de barras que liguem os consumidores diretamente aos websites das marcas poderiam ser a resposta. "Posso falar diretamente com a minha cliente enquanto ela ainda está no ponto de venda", explica Xavier.

Uma coisa que ainda não discutimos em toda essa definição de estratégias é o humilde website.

"Ele é o eixo: o ponto de partida para todo o conteúdo criado pela marca. Ele também deveria proporcionar um conteúdo exclusivo: vídeos científicos, vídeos de lançamento, aulas e assim por diante." E o comércio eletrônico, suponho? "Sim, mas para mim a principal vocação de um website é a de construir uma imagem. O comércio eletrônico é importante, mas uma loja *on-line* geralmente consegue o equivalente a uma única loja importante, de modo que ela nunca irá substituir os outros pontos de venda. É por isso que você tem que ter o cuidado de fornecer outro conteúdo. Um site puramente comercial causaria um impacto negativo na sua imagem."

A internet também possibilitou que as empresas de produtos de beleza abordassem o problema sensível da etnia: é mais fácil retratar diferentes tipos de pele *on-line* do que em campanhas de publicidade tradicionais dispendiosas.

Os websites têm sido usados como uma maneira de induzir clientes em potencial a pedir amostras – você talvez se lembre do caso da Caudalie no Capítulo 13 – mas Xavier diz que o custo da postagem e a logística fazem com que isso seja um exercício intimidante exceto para as maiores marcas. Uma alternativa surgiu nos Estados Unidos na forma de um clube de beleza chamado Birchbox (www.birchbox.com). A afiliação custa 10 dólares por mês. Com isso, os membros recebem todos os meses uma elegante caixa marrom contendo quatro ou cinco amostras de produtos: não sachês ou cápsulas, mas o tipo de minifrascos e recipientes que acabam viajando para lugares exóticos na sua *nécessaire*. Quando gostam de um produto, as clientes podem comprar a versão de tamanho normal no site da marca por meio de um link no website da Birchbox. Cada caixa se baseia em um tema – por exemplo, produtos orgânicos – e as clientes também podem pedir caixas adaptadas para as suas necessidades.

Os cofundadores Hayley Barna e Katia Beauchamp, que se conheceram na Harvard Business School, dizem que criaram a Birchbox "para ajudar as mulheres a cortar caminho na barafunda dos produtos de beleza e encontrar produtos que realmente funcionem para elas". Eles assinaram acordos com um vasto leque de "parceiros de marca", entre eles Kiehl's, Korres, Marc Jacobs, Serge Lutens, NARS e Stila, citando apenas alguns. Hayley Barna e Katia Beauchamp não pagam nada pelas amostras, mas a vantagem para as marcas, obviamente, é que elas são expostas a um público autosseletivo de clientes em potencial perspicazes.

"Nós compreendemos que, quando as pessoas entram na Sephora, elas optam por não fazer a escolha de aprender mais porque existe um excesso de opções", declarou Katia ao *New York Times*. "Com quatro ou cinco amostras por mês, elas podem realmente avaliar a fundo um novo produto e decidir se querem comprá-lo no tamanho normal" ("Birchbox aims to simplify the business of beauty",[43] 20 de abril de 2011).

O serviço foi oficialmente lançado em setembro de 2010; em abril do ano seguinte, mais de 22 mil pessoas tinham se inscrito no programa. Katia disse que teve a ideia de criar a Birchbox durante um período que passou na Estée Lauder, quando pôde ver quanto dinheiro as empresas de produtos de beleza gastavam enviando amostras ou incluindo-as nas compras de maior vulto. "Incluir um presente na compra de uma cliente já existente torna muito difícil rastrear esse investimento... A Birchbox é uma maneira de rastrear esse retorno e fornecer informações para as empresas a respeito do comportamento de compra."

Ela acrescentou que as primeiras pesquisas indicaram que cerca de 20% dos afiliados compraram produtos de tamanho normal depois de testar uma amostra. O site também incorpora um blog a respeito das tendências da beleza.

Os avanços em tecnologia estão constantemente tornando a experiência *on-line* mais rica para as consumidoras. "É ótimo que elas possam fazer o upload de fotografias de si mesmas e depois fazer experimentos com a maquiagem, por exemplo", diz Xavier. "A realidade aumentada também transformará a experiência de fazer compras, com espelhos virtuais que permitem que você teste a aparência sem a necessidade de aplicar efetivamente o produto. Os limites entre a tela e a realidade estão caindo."

O tamanho e a mutabilidade do mundo digital o tornam um ambiente intimidante para qualquer empresa. Em 2010, a Unilever foi uma de várias organizações que enviaram executivos em um safári digital ao Vale do Silício para explorar as oportunidades disponíveis para eles. "Os profissionais de marketing visitam o Google, a Facebook, a Apple, o Twitter, a Microsoft, a Amazon e a Yahoo em busca de soluções digitais para problemas de marketing – um claro reconhecimento de que os consumidores com *know-how* digital estão obrigando

---

43. Tradução literal: "A Birchbox visa simplificar o setor da beleza". (N. dos trads.)

as marcas que continuam a gastar a maior parte dos seus dólares de marketing na propaganda tradicional a ter uma mudança de atitude" ("Clients go direct to tech", *Adweek*, 13 de fevereiro de 2011).

O executivo principal de marketing e comunicação da Unilever, Keith Weed, declarou o seguinte em uma conferência: "A coisa mais desafiante que vejo neste momento é a quantidade de escolhas que existem lá fora... É fisicamente impossível chegar ao fim do dia sem ser bombardeado com todas essas mensagens, e a maneira de chegar ao fim do dia é se envolvendo com as marcas que você quer".

Em outras palavras, as marcas precisam utilizar completamente o poder de comunicação prometido pela mídia digital. Neste momento, elas estão dolorosamente conscientes de que a mídia social como o Facebook – e os próprios consumidores – estão escrevendo o roteiro. As marcas de produtos de beleza, esses grandes contadores de histórias, precisam encontrar maneiras mais convincentes de fazer o que elas fazem melhor.

DICAS DE BELEZA

* A mídia social é o novo campo de jogo, mas as marcas temem que os consumidores "controlem a conversa".

* As marcas recrutaram especialistas da mídia social para garantir que os *posts* estejam de acordo com a estratégia de marketing generalizada e monitorar os comentários.

* As redes sociais são vistas como valiosas ferramentas para administrar o relacionamento com o consumidor que permitem que as marcas passem por cima dos distribuidores e falem diretamente com os consumidores.

* Os blogueiros do setor da beleza são úteis para a área de Relações Públicas, mas são considerados difíceis de administrar. A maioria deles não é bem referenciada pelo Google, o que significa que não aparecem nas primeiras ocorrências das buscas de resultados.

* Os leitores estão se afastando dos blogs de beleza à medida que os blogueiros formam relacionamentos mais próximos com as marcas, o que limita a sua objetividade.

* Os "clubes de amostras" *on-line* podem oferecer uma alternativa para que as marcas atinjam clientes em potencial.

* Os dispositivos móveis e a mídia tablet têm potencial, mas um efeito "copiador" conduziu à aglomeração. É difícil projetar um aplicativo atrativo.

* Os dispositivos móveis podem ser outra maneira de passar por cima do distribuidor por possibilitar que os usuários façam consultas diretamente às marcas enquanto pesquisam na loja.

* Os websites estão se tornando portais que dão acesso aos consumidores a um vasto leque de conteúdo digital criado pelas marcas.

* Até mesmo as maiores empresas de produtos de beleza receiam que o mundo digital seja excessivamente vasto e imprevisível para ser dominado a fundo.

* Elas precisam se aproximar do digital como uma "caixa de ferramentas", escolhendo os elementos que possibilitam que elas desenvolvam a sua história sem se sentir obrigadas a saltar em cada novo espaço digital.

16

ENTRANDO
NA FACA

"O charlatanismo foi proscrito na medicina há mais de um século, mas ele corre o risco de voltar na indústria da cirurgia plástica estética."

De todas as tendências da indústria global da beleza, o surgimento e a aceitação dos tratamentos da cirurgia estética – bem como de procedimentos como Botox e os preenchimentos cutâneos – é a mais extraordinária. Em 2007, a American Society for Aesthetic Plastic Surgery (ASAPS) disse que registrara um aumento de 437% no número de procedimentos com relação à década anterior, com os gastos anuais atingindo 13,2 bilhões de dólares.

Mais ou menos dois anos depois, a mesma organização relatou que o duro clima econômico praticamente não afetara a tendência. O seu levantamento mostrou que 51% dos americanos, independentemente da renda, aprovavam a cirurgia plástica estética. No tocante ao sexo, 53% das mulheres e 49% dos homens disseram que considerariam se submeter a um procedimento; 67% dos americanos disseram que não ficariam constrangidos se os seus amigos soubessem que eles tinham entrado na faca. Alarmantemente, as pessoas do grupo mais jovem, de 18 a 24 anos, foram as que se mostraram mais propensas a considerar uma cirurgia estética para si mesmas, agora ou no futuro.

Na Europa, a situação é semelhante, com a British Association of Aesthetic Plastic Surgeons registrando aumentos anuais de mais de 5%, atingindo cerca de 40 mil intervenções por ano. Na França, uma revista chamada *Perfect Beauty*, dedicada à cirurgia plástica estética e outras opções de remodelação médica, chegou às bancas de jornais no início de 2011. Ela é distribuída nos quiosques, clínicas de cirurgia plástica estética, salões de beleza e hotéis de luxo, bem como nos serviços de trem de alta velocidade Eurostar e Thalys. Junto com a cirurgia, ela aborda produtos antienvelhecimento, dietas, cuidados com a pele, aptidão física e *spas*. "Hoje em dia, a cirurgia plástica estética não é mais tabu ou apenas o domínio das celebridades", comentou a editora Brigitte Dubus.

Na Itália, a respeitável marca de cosméticos Santa Maria Novella (ou, fornecendo o seu nome completo, Officina Profumo – Farmaceutica di Santa Maria Novella, fundada em Florença em 1612) vende uma linha de cuidados com a pele de Apoio à Cirurgia Plástica. Por exemplo, o Face Recovery Kit contém "produtos que reduzem as consequências e o desconforto inicial que acompanham os procedimentos cosméticos como o *lift* facial e a cirurgia da pálpebra". Entre os produtos estão a Face Calming Water para reduzir a intumescência, bem como o Papaya Gel, devido às suas "excelentes propriedades antioxidantes", e um creme de aloé que "atua sobre a textura da pele deixando-a mais macia e suave". O kit também contém um "creme de balsa que ajuda a melhorar a aparência e a qualidade das cicatrizes". É uma brilhante ideia de marketing que diz muito a respeito do grupo demográfico-alvo da marca, bem como da sua luta para conquistar o mercado americano.

Em outras partes do mundo, como vimos no Capítulo 12, a cirurgia plástica estética está florescendo à medida que as mulheres jovens lutam para corresponder às "normas" globalizadas de beleza. A internet e o custo declinante das viagens internacionais também conduziram ao "turismo de cirurgia plástica estética", diz a ASAPS. "Entre os destinos mais populares estão Argentina, Brasil, Costa Rica, República Dominicana, Malásia, México, Filipinas, Polônia, África do Sul e Tailândia. Esses destinos oferecem tudo, desde "safári e cirurgia" até pacotes de férias "tropicais com turnês em cenários deslumbrantes".

Wendy Lewis, autora de um livro chamado *Plastic Makes Perfect* (2007), apontou para uma tolerância decrescente com relação às imperfeições, já que "os avanços nos tratamentos cosméticos oferecem promessas de embelezamento e rejuvenescimento" ("Aesthetic surgery update", WGSN.com, 3 de dezembro de 2008). Uma vez mais, as suas palavras despertam o espectro de uma sociedade de dois níveis baseada naqueles que elegem – ou podem se permitir – pagar por um procedimento ou não.

Com a cirurgia plástica estética se tornando mais comum, eu quis descobrir como estava a regulamentação da indústria. Como podiam os clientes ter certeza de que um cirurgião plástico era um profissional respeitável e não um charlatão com um bisturi? Fiz a pergunta para Nigel Mercer, presidente da British Association of Aesthetic Plastic Surgeons (BAAPS).

"Em âmbito internacional, a indústria é em grande medida autorreguladora, com associações como a nossa definindo padrões", responde ele. "Estamos pressionando atualmente para a criação de padrões europeus comuns. É claro que padrões não são leis, e a situação legal varia muito. A França tem leis rígidas; a Bélgica não tem nenhuma lei. No Reino Unido nós policiamos os nossos membros: monitoramos o que eles estão fazendo, como estão fazendo e os percentuais de complicações."

Mercer admite que muitos cirurgiões plásticos atuam fora da estrutura regulatória. Outros estão de acordo. Um artigo no *British Medical Journal* explica diretamente: "Qualquer médico registrado no General Medical Council pode exercer a atividade de 'cirurgião plástico' no Reino Unido" ("The hard sell in cosmetic advertising",[44] 16 de março de 2010).

Mercer diz o seguinte: "Uma combinação da cobertura da mídia impulsionando uma maior demanda do consumidor por um lado e a ganância pelo outro criou uma situação potencialmente desastrosa".

Ele aconselha àqueles que estão pensando em se submeter a um procedimento que mantenham contato primeiro com o seu médico, o qual deverá ser capaz de encaminhá-los para um cirurgião cadastrado. (Ocasionalmente, os clínicos gerais se recusam a recomendar a cirurgia plástica estética, obrigando o paciente a passar por cima do processo e ir diretamente a uma clínica. Mercer

---

44. Tradução literal: "As vendas agressivas na propaganda da cirurgia plástica". (N. dos trads.)

adverte que, quando os pacientes procurarem uma clínica, por melhor que ela seja, eles serão operados pelo médico que tiver a primeira vaga disponível, e não pelo que for melhor para o problema deles.) Nunca confie em relatórios da mídia ou, especialmente, em anúncios. Na realidade, a BAAPS tem exigido uma proibição cabal da propaganda – uma situação que já existe na França.

Um exame casual das edições britânicas das revistas *Elle* e *Vogue* revela um grande número de anúncios para redução e aumento da mama, "remoção de gordura" e "contorno do corpo", baixando um pouco o tom mas no mesmo contexto que as publicações que tecem uma fantasia de charme e perfeição física.

A propaganda de cirurgiões plásticos estéticos no Reino Unido é regulamentada por códigos de prática estabelecidos por órgãos como o General Medical Council e a Advertising Standards Authority – a própria organização autorregulatória da indústria de publicidade. Nas palavras do *British Medical Journal*: "A lei no Reino Unido e na Europa, as regras profissionais e o monitoramento do governo... que supervisionam a propaganda dos medicamentos controlados, fazem poucas referências específicas à cirurgia plástica estética... Como as clínicas de cirurgia plástica estética não visam o tratamento de doenças, a sua publicidade é livre, e a regulamentação cabe quase que inteiramente à própria indústria da publicidade".

Mercer declara o seguinte: "O GMC diz que os médicos não podem 'anunciar' e que qualquer menção, em um website ou lista telefônica, por exemplo, precisa ser apenas factual. A ASA afirma que qualquer anúncio precisa ser 'legítimo, decente, honesto e socialmente responsável'". Mas até mesmo em mercados como a França, onde a publicidade é proibida, é muito difícil regular a propaganda *on-line*, que é exatamente onde a maior parte da publicidade é feita hoje em dia.

A regulamentação das injeções de Botox e tratamentos semelhantes também é frouxa na Europa. Como você talvez saiba, Botox deriva da toxina botulínica, uma das neurotoxinas mais poderosas do planeta, que paralisa as terminações nervosas. Na década de 1970, os cientistas descobriram que a toxina botulínica do tipo A podia ser usada em pequenas doses para tratar o estrabismo e os espasmos musculares. O seu efeito suavizante sobre as rugas foi documentado pela primeira vez em 1989. Em 2002, a FDA anunciou a aprovação regulatória da toxina botulínica do tipo A – comercializada com o nome Botox Cosmetic – para tratar as linhas da testa. A ampla publicidade do tratamento pelas celebridades – com fotos das estrelas com a testa lisa acompanhadas por manchetes desaprovadoras hipócritas – atraiu a atenção do público. Em 2009, somente nos Estados Unidos foram realizados 5 milhões de procedimentos.

No Reino Unido, a empresa farmacêutica de renome Boots começou a oferecer injeções de Botox por 200 libras já no início de 2002. Depois disso, ela recuou e deixou de oferecer tanto este quanto outros tratamentos de beleza e retomou as suas origens como rede de distribuição. Mas a cobertura da imprensa que acompanhou a medida reforçou a ideia de que o Botox era quase tão livre de problemas quanto qualquer creme antienvelhecimento. Na realidade, o website da Botox Cosmetic afirma claramente que o produto "pode causar sérios efeitos colaterais que podem apresentar risco de vida". Entre estes estão "problemas para engolir, falar e respirar, devido ao enfraquecimento dos músculos associados" e uma "propagação de efeitos de toxinas" que resultam na "perda da força e uma completa fraqueza muscular, visão dupla, visão embaçada e pálpebras caídas, rouquidão, mudança ou perda da voz (disfonia), dificuldade em pronunciar claramente as palavras (disartria), perda do controle da bexiga, dificuldade respiratória, dificuldade para engolir" (www.botoxcosmetic.com).

Francamente, depois de ler isso fico com a impressão de que ingerir ouro deve ser mais seguro.

Histórias de procedimentos que não deram certo envolvendo a injeção de preenchedores cutâneos vêm regularmente à tona. Nigel Mercer escreveu duramente a respeito da regulamentação na publicação médica *Clinical Risk* (2009):

> Nos Estados Unidos, existe apenas um número limitado de preenchedores com a aprovação da FDA... ao passo que no Reino Unido há mais de cem no mercado. Por que a diferença? Nos Estados Unidos, os produtos são testados como "droga medicamentosa", mas no Reino Unido eles são testados como um "dispositivo" e só precisam atender às exigências da marca "CE" [que corresponde a *Conformité Européenne* ou Conformidade Europeia], que estão relacionadas com os padrões de produção, mas não com a eficácia. A testagem das drogas é longa e dispendiosa, mas a marca da CE não é.

Mercer pede à Comunidade Europeia que adote uma testagem semelhante à da FDA, acrescentando: "Os preenchedores permanentes e semipermanentes são acompanhados por uma incidência maior de complicações, que podem não ser corrigíveis... O charlatanismo foi proscrito na medicina há mais de um século, mas ele corre o risco de voltar na indústria da cirurgia plástica estética".

Existem poucas dúvidas de que a imprensa da moda esteja em grande medida por trás da normalização da cirurgia plástica estética. Ao abrir recentemente o exemplar de uma revista, topei por acaso com um artigo a respeito de um "oráculo antienvelhecimento" que havia começado como cardiologista antes de ser encorajada por um amigo a "experimentar" a dermatologia cosmética. Ela acrescentava que "na realidade, eu ensinei a mim mesma". A coisa toda pareceu para mim uma enorme luz de advertência piscante, mas os pacientes da médica claramente confiam nela; na verdade, confiam tanto que ela agora tem uma segunda casa no campo e um impressionante guarda-roupa de trajes de grife.

Nigel Mercer confirma que a cirurgia plástica estética se tornou mais aceitável. "As pessoas estão mais abertas a falar a respeito dela, particularmente na camada mais abastada da sociedade." Quanto aos tipos de procedimentos que estão sendo realizados, eles evoluíram muito pouco ao longo dos últimos anos: a cirurgia do nariz, a redução da mama, a lipoaspiração e a abdominoplastia estão no topo da lista. O aumento do número de cesarianas conduziu a uma demanda das mulheres que desejam corrigir a cicatriz.

"A cirurgia plástica facial está em declínio", acrescenta Mercer. "O Botox praticamente substituiu a frontoplastia." Ele também percebeu um leve aumento de pacientes do sexo masculino, que optam pela remoção das bolsas na parte inferior dos olhos, a lipoaspiração e a remoção da gordura peitoral. Quando eu lhe pergunto a respeito dos procedimentos no mundo inteiro, ele responde: "É um mercado globalizado. Existe praticamente um padrão de beleza internacional".

Qual é o Santo Graal da cirurgia plástica estética? Imagino que seja ficar mais alto, mas aparentemente isso é facilmente alcançável – embora doloroso e caro. O tratamento está ganhando popularidade na China, onde as pessoas altas são consideradas socialmente privilegiadas. Os cirurgiões ortopédicos serram a tíbia e a fíbula abaixo do joelho, sem tocar na medula óssea. Pesados suportes de metal são aparafusados nas pernas do paciente. Todos os dias, durante quatro meses, eles são expandidos para alongar lentamente a perna. Os ossos se regeneram e preenchem a lacuna. Os tendões e as artérias, magicamente, também se alongam. Depois de quatro meses dessa tortura, você cresce de 5 a 7,5 centímetros.

"Na realidade, são as linhas finas em volta da boca", diz Mercer. *O quê?* "O Santo Graal da cirurgia plástica estética é suavizar as linhas ao redor da boca", repete ele. "Como elas são extremamente minúsculas, os lasers e o peeling químico não funcionam muito bem. Isso é uma coisa que eu gostaria de ver melhorada."

O fenômeno é bastante comum entre os fumantes, o que é outra boa razão para parar de fumar, porque, mesmo que você sobreviva ao seu hábito, a cirurgia plástica estética talvez não consiga corrigir a sua aparência.

DICAS DE BELEZA

* A cirurgia plástica estética tornou-se aceitável, com um aumento no número de tratamentos de mais 400% em uma década nos Estados Unidos.

* Aprovado somente em 2002 pela FDA, o Botox foi usado em mais de 5 milhões de pessoas em um único ano nos Estados Unidos, apenas sete anos depois da aprovação.

* Um padrão globalizado de beleza conduziu a um próspero mercado de cirurgia plástica estética na Ásia e na América Latina.

* A marca de produtos para a pele Santa Maria Novella vende uma linha de Apoio à Cirurgia Plástica.

* Informes na imprensa – particularmente nas revistas de moda – são em grande medida responsáveis pela normalização da cirurgia plástica estética.

* Surgiu um novo gênero de revista para consumidores oferecendo informações aos leitores sobre cirurgia plástica estética.

* A regulamentação ao redor do mundo é fraca: no Reino Unido, qualquer pessoa que tenha se qualificado como médico pode abrir uma clínica de cirurgia plástica estética.

* A propaganda também é sub-regulada; até mesmo em mercados onde ela é proibida, como na França, as clínicas fazem anúncios *on-line*.

A NOVA ORDEM MASCULINA

"Vivemos a era da emancipação das mulheres;
agora, estamos testemunhando a
emancipação dos homens."

Se você tivesse vivido na Paris do século XIX – e tivesse sido um cavalheiro de recursos –, quanto tempo você teria passado no banheiro?

A pergunta é formulada e parcialmente respondida por uma visita ao magnífico Hôtel Jacquemart-André, uma mansão senhorial que foi um dia o lar do banqueiro e colecionador de arte Edouard André e da sua esposa, Nélie Jacquemart. O prédio de 1875 oferece um vislumbre fascinante da vida de um casal elegante daquela época. Ele está preservado intacto, como se eles tivessem acabado de sair de casa por um instante. Você pode passear pelo vasto salão de baile, fazer uma pausa para reflexão na aconchegante sala de estar ou bisbilhotar a biblioteca.

O aposento mais interessante é inevitavelmente o quarto de dormir. Ou talvez eu devesse dizer "os quartos de dormir", já que Madame e Monsieur tinham quartos separados. É no de Edouard que estamos interessados. Observe os estofados em tom rosa pálido – uma escolha audaciosa que todavia funciona quando combinada com as tonalidades chocolate e dourada do tapete, com as paredes cor de marfim e as portas marrom-acinzentadas. É o equivalente a usar uma camisa cor-de-rosa com uma gravata escura.

À direita, há um vasto quarto de vestir. Alinhados diante do espelho – que ocupa quase uma parede inteira – há frascos de cristal de água-de-colônia, óleos essenciais, sabonetes e outros unguentos. Os recipientes cintilantes deixariam humilhado um metrossexual moderno. E, no entanto, o nosso homem era um financista protestante que recebera o prêmio *Légion d'honneur*. Edouard André precisava impressionar pessoas poderosas e tinha que se apresentar imaculada- mente bem-arrumado.

Muito tem sido falado recentemente a respeito do crescimento da indústria dos cuidados pessoais masculinos. Na realidade, este hábito não encerra nenhuma novidade. Foi somente mais ou menos nos últimos cinquenta anos que os homens foram incentivados a igualar a masculinidade à ausência de vaidade. Se você pudesse fazer uma visita ao Império Romano, por exemplo, ouviria gritos curtos oriundos da casa de banhos quando os pelos eram arrancados dos ouvidos, das narinas e das costas dos homens. Menos dolorosamente, os homens romanos eram barbeados diariamente por barbeiros que exerciam o seu ofício na rua. Desde o início dos tempos até meados do século XX, os cavalheiros arrancavam pelos, se barbeavam e se perfumavam com um abandono natural e descontraído.

O que aconteceu então? Duas guerras mundiais não podem ter ajudado: os homens que estavam na linha de frente se acostumaram a usar apenas o sabão básico e a raspar as costeletas com uma navalha, quando tinham sorte. Você não tinha tempo para se preocupar com a aparência, já que estava ocupado tentando não ser morto. A escassa rotina matinal do meu avô parecia confirmar essa teoria. Ele aplicava sabão para a barba com um pincel, se barbeava rapidamente com um suposto "barbeador seguro" – ele tinha lâminas letais de enroscar – enxa- guava o resíduo com água quente e depois batia algumas vezes no rosto com uma loção após barba apropriadamente chamada Brut. E isso era tudo. Essa aborda- gem foi passada para a geração seguinte.

Eternamente pioneira, Estée Lauder notou que as coisas estavam voltando a mudar na década de 1970. Quando as normas de vestuário emancipadoras de

1960 se infiltraram na cultura predominante – roupas mais largas, cores mais brilhantes, cabelo mais comprido – os homens começaram a ficar mais vaidosos, mais exuberantes, vestindo-se de uma maneira mais chamativa. Ela iniciou dois experimentos que iriam influenciar o setor dos cuidados pessoais masculinos décadas a fio. A primeira foi Aramis, que ela lançara em 1964 como loção após barba e água-de-colônia. Agora ela começou a expandir a linha, até que, em 1978, ela continha mais de quarenta produtos. Também estava vendendo "em torno de 40 milhões de dólares anualmente; isso comparado com 175 milhões de dólares da divisão Estée Lauder e 80 milhões de dólares da Clinique", de acordo com Lee Israel. No entanto, a linha era dominada pela fragrância e pela colônia, cujo sucesso Estée atribuía ao fato de os produtos "agradarem fortemente aos homens, terem uma boa embalagem, uma excelente e duradoura fragrância, um preço prestigioso e uma distribuição inteligente".

A edição de dezembro de 1977 de uma revista especializada chamada *Soup/ Cosmetics/Chemical Specialities,* também citada por Israel, apresentou mais uma análise da explosão do mercado de fragrâncias masculinas:

Mais renda disponível nas mãos de pessoas negras e hispânicas que nunca foram influenciadas pelos tabus anglo-saxônicos relacionados com o uso de fragrâncias masculinas, mais dinheiro nas mãos de adolescentes que consideravam o perfume uma expressão de rebeldia contra a sua falta de cheiro, a tradição conformista; mais dinheiro disponível para produtos não essenciais nas unidades familiares nas quais o marido e a mulher trabalham... a propaganda e promoções associando a fragrância aos esportes, à boa aparência e à celebridade nacional, especialmente com nomes de grifes.

A fórmula para vender produtos cosméticos para os homens praticamente não mudou a partir de então. Além do esporte, os homens apreciam a linguagem da tecnologia e da ciência: eles aprovam produtos funcionais, o que tornou a Clinique ideal para eles. A Clinique Skin Supplies for Men estreou em 1976 com uma elegante embalagem cinza-azulada e o familiar processo de três passos, acrescido de uma ênfase masculina: "Limpa, esfolia, hidrata. Prepara a sua pele para você fazer uma excelente barba". Promovido como um tratamento de três minutos, ele hoje se expandiu consideravelmente em um leque de 29 diferentes produtos, entre eles hidratantes, sabonete líquido para o rosto, soluções para manchas e cremes de bronzear.

Em 1987, Estée Lauder introduziu a Aramis Lab Series for Men, "produtos essenciais para a pele, o cabelo e a barba com alto desempenho e tecnologicamente avançados" desenvolvidos pela "equipe de alto nível de médicos, cientistas e especialistas em tratamentos do Lab Series Research Center". A linha hoje é simplesmente chamada de Lab Series, tendo se desvinculado da Aramis. O linguajar técnico da sua linguagem de marketing continua o mesmo.

Estée Lauder sem dúvida indicou um caminho, mas a evolução do setor de cuidados pessoais masculinos começou a se acelerar no início da década de 1990. Empresas como a Unilever e a Procter & Gamble tinham consciência de que metade da população ainda não estava gastando o bastante com produtos de beleza. Havia dinheiro a ser ganho, mas como fazer os homens gastá-lo?

O metrossexual lhes mostrou um caminho à frente.

O jornalista Mark Simpson criou o termo em um artigo para o *Independent* ("Here come the mirror men", 15 de novembro de 1994). O artigo se inspirou em uma exposição chamada "It's a Man's World", uma exposição de marcas direcionadas para os homens organizada pela revista *GQ*. Simpson interpretou isso como evidência de um novo tipo de homem. "Tradicionalmente, os homens heterossexuais eram os piores consumidores", escreveu ele. "Tudo o que eles compravam era cerveja, cigarro e ocasionalmente preservativos; a esposa ou a mãe comprava todo o resto. Em um mundo consumista, os heterossexuais não tinham futuro. Assim sendo, eles foram substituídos pelo metrossexual."

O metrossexual cruzou o Atlântico quando o termo foi captado por Marian Salzman, na ocasião executiva principal de estratégia da agência de publicidade Euro RSCG Worldwide, que produziu um artigo influente sobre a metrossexualidade e o marketing para homens. Fundamental para a atratividade do metrossexual era o fato de ele abraçar os hábitos de consumo que tinham sido previamente exclusivos dos *gays* – ou das mulheres. O artigo se espalhou com grande velocidade pela mídia. "Metrossexual" tornou-se a forma abreviada de um novo homem, simpático ao marketing, que as agências de publicidade estavam determinadas a fazer aparecer de qualquer jeito. A estrela de futebol David Beckham tornou-se o protótipo da metrossexualidade: um herói do esporte casado que estava perfeitamente à vontade com o seu papel de ícone da moda fora do campo. Um passo adicional foi a série da televisão americana *Queer Eye for the Straight Guy*, na qual homens heterossexuais aceitavam dicas de cuidados pessoais e estilo de vida de um grupo de consultores *gays*. De repente, o metrossexual ingressou na cultura popular.

Embora as evidências da existência do metrossexual fossem limitadas – um levantamento realizado por uma agência de publicidade americana em 2006 determinou que apenas um quinto da população se encaixava na descrição – a mensagem de que era aceitável fazer hidratação foi aos poucos absorvida. A palavra "metrossexual" foi abandonada à medida que os homens comuns lentamente incorporaram os seus hábitos. Era como se eles tivessem compreendido que poderiam desfrutar a masculinidade e também a boa aparência – uma furadeira elétrica e a prática de cuidados pessoais. Em 2009, a empresa de pesquisas Kantar Worldpanel estimou que, somente no Reino Unido, os gastos com produtos masculinos para a pele tinham aumentado 22 milhões de libras em um ano, elevando o total para 592 milhões de libras.

A pesquisa constatou que o ímpeto para a compra de produtos de cuidados pessoais geralmente vem das suas parceiras – seja porque as mulheres se aborrecem porque os homens pegam furtivamente o seu hidratante, ou simplesmente porque elas querem que o seu homem tenha uma aparência e um cheiro melhor. Não é por acaso que um anúncio premiado nos Estados Unidos em 2009 do sabonete líquido para o corpo Old Spice começa com as palavras "Olá, Senhoras". O herói, o extremamente boa-pinta Isaiah Mustafa, explicava em seguida às telespectadoras que o "seu homem" podia não ser tão bonito quanto ele, mas poderia pelo menos cheirar como ele – o tempo todo enrolado em uma toalha e indo em uma única tomada de um banheiro para o convés de um iate e, finalmente, montando em um cavalo.

O anúncio era tão perfeitamente irônico – ele anunciava um produto dirigido aos homens satirizando anúncios de produtos dirigidos aos homens – que agradou a todo mundo. A agência de publicidade, a Wieden & Kennedy, deu um passo mais à frente criando vídeos *on-line* exibindo Mustafa – ainda enrolado na sua microtoalha – respondendo aos comentários dos consumidores a respeito do anúncio no Twitter, no Facebook e no YouTube. Isso por sua vez gerou mais comentários e perguntas: a agência retrucou com ainda mais respostas em vídeo de Mustafa. Como Teressa Iezzi explica no seu livro *The Idea Writers* (2010): "Os resultados foram espantosos – no primeiro dia, as respostas obtiveram quase 6 milhões de acessos no YouTube, e no terceiro dia tinham ultrapassado 20 milhões de acessos. Uma semana depois do lançamento, os vídeos tinham sido acessados 40 milhões de vezes, tornando o Old Spice o canal de marca mais acessado no YouTube até aquela ocasião". Um mês depois de as "respostas" terem sido apresentadas, as vendas do Old Spice aumentaram 107%. O humor, a autodepreciação e a interação – e nunca esquecendo que as mulheres são uma audiência para os produtos destinados aos homens – são uma mistura vencedora no mercado de cuidados pessoais masculinos.

No entanto, esse não é o fim da história. Comercializar produtos masculinos para as mulheres pressupõe a presença de uma parceira. Mas os homens estão ficando solteiros mais tempo – e se divorciando mais cedo. Durante longos períodos da vida, eles são forçados a fazer compras sozinhos. Genevieve Flaven, da empresa de consultoria de tendências S-Vision, me disse o seguinte: "Os homens estão mudando porque o contexto no qual eles vivem a vida está mudando. Eles estão evoluindo por causa da evolução das mulheres. Esta é uma enorme oportunidade para que os homens mudem a identidade e os papéis que lhes foram impostos durante séculos. Eles preservarão a sua masculinidade, mas ela será de um novo tipo. Vivemos a era da emancipação das mulheres; agora, estamos testemunhando a emancipação dos homens".

A Unilever tocou na exploração dos homens da sua própria identidade quando lançou a linha Dove Men+Care no final de 2009. Ela estava dirigida para homens com mais de 35 anos. A Unilever esperava repetir o sucesso da sua marca Axe (conhecida como Lynx no Reino Unido), originalmente lançada em 1983 como um *spray* desodorante para o corpo mas que mais tarde se estendeu para géis de banho e produtos para o cabelo. Ela agradara a homens muito mais jovens por sugerir de uma maneira direta porém divertida que cheirar bem era a melhor maneira de conquistar uma garota.

Dove Men+Care foi uma proposição um tanto mais arriscada porque a marca já estava identificada com as mulheres, tanto por meio da propaganda quanto das associações com a pureza e delicadeza evocadas pela própria palavra.[45] O ponto central do lançamento foi um local publicitário chamado "Manthem", que celebrava – de uma maneira despreocupada – os vários aspectos da masculinidade. Ao som galopante da abertura de *Guilherme Tell*, uma canção detalhava todos os desafios que os rapazes enfrentam no caminho em direção à maturidade. Praticar um esporte, conhecer uma moça, ir para a faculdade, fazer papel de bobo, crescer, se casar, ter uma família, trabalhar até os 60 anos e fazer planos para a aposentadoria. E essas são apenas algumas coisas da lista. Por que você tem que fazer todas elas? "Porque você é um homem!" A mensagem era clara: os homens tinham orgulho e estavam à vontade com o seu papel. Em uma entrevista com o website eMarketer, Kathy O'Brien, vice-presidente e gerente

---

45. *Dove* significa pombo. (N. dos trads.)

geral da Unilever Skin nos Estados Unidos, fez a seguinte declaração inteligente: "Para a Dove Men+Care, o processo envolve festejar os momentos não celebrados em que os homens estão mais à vontade consigo mesmos, o que inclui literalmente estar à vontade na sua própria pele" ("Unilever's Dove dives into male grooming",[46] 6 de abril de 2010).

Entrando em mais detalhes a respeito da linha, Kathy O'Brien disse o seguinte: "Embora o interesse dos homens pelos cuidados pessoais não seja, de um modo geral, tão forte quanto o das mulheres, os homens estão ficando mais sofisticados nos seus desejos nesse setor, mas ainda querem uma rotina simples. Também sabemos que 51% dos homens já estão usando produtos femininos de cuidados com a pele e muitos homens confiam no Dove e o usam".

A campanha estreou durante o Super Bowl,[47] um dos eventos esportivos ao vivo mais assistidos do mundo e uma vitrine para a criatividade publicitária. Como ressaltou Kathy O'Brien, isso possibilitou que o anúncio atingisse não apenas os homens, mas também as famílias: "uma audiência cativa de mais de 100 milhões de consumidores efetivamente alcançando tanto os homens quanto as mulheres". Ela acrescentou que a marca pretendia ter "uma presença significativa em plataformas onde podemos nos envolver e interagir com os nossos consumidores-alvo do sexo masculino e as mulheres da vida deles que são, muitas vezes, as principais compradoras da unidade familiar".

O anúncio gerou comentários dos homens no Twitter, alimentando o elemento da mídia social da campanha.

Kathy O'Brien afirmou que "a verdadeira oportunidade de crescimento na área de cuidados pessoais masculinos situa-se fora do ato de se barbear". Mas fazer marketing para os homens significa se concentrar nos seus centros de interesse, e no banheiro o centro de interesse deles frequentemente é a lâmina de barbear, motivo pelo qual as linhas masculinas de cuidados com a pele tendem a começar com um produto básico para a barba e depois se estendem para fora em uma constelação de agentes de cura pós-barba, hidratantes e poções antirrugas. A Gillette, de propriedade da P&G, domina o segmento, com uma fatia de 70% do mercado. Ela também tem um vasto leque de produtos de cuidados com a pele para "antes, durante e depois de o homem fazer a barba", como pomadas, loções, sabonetes líquidos para o rosto e esfoliantes. Além disso, é claro, a empresa é

---

46. "Dove da Unilever mergulha de cabeça nos cuidados pessoais masculinos". (N. dos trads.)

47. Final do campeonato de futebol americano. (N. dos trads.)

versada em usar a linguagem e a imagística do esporte, tendo contratado ao longo da última década rostos como David Beckham, Roger Federer e Thierry Henry.

O concorrente mais forte da Gillette no setor de cuidados pessoais masculinos no mercado de massa é Nivea for Men, lançado em 1986, cujo leque de produtos em expansão pode ser visto nas prateleiras dos supermercados. Eles expressam o espírito vigoroso, saudável e prático exaltado pela marca básica. A gigante francesa L'Oréal também está convencida do potencial do setor masculino. Ela comercializa uma linha de produtos de cuidados com a pele com o rótulo L'Oréal Paris Men Expert. Na extremidade superior do mercado, Jean Paul Gaultier, Dior, Clarins e Lancôme têm linhas para homens. A Lancôme lançou a sua em janeiro de 2007, escolhendo como o seu rosto o másculo ator britânico Clive Owen. Foi a primeira vez que um ator de Hollywood se tornou o rosto de uma linha de cuidados com a pele.

A representação de modelos de vida masculinos na propaganda criou os seus próprios problemas. Os homens estão cada vez mais sendo confrontados com a inadequação do seu corpo – algo que somente as mulheres tinham que suportar até a década de 1990. O ponto de virada é geralmente citado como sendo 1992, quando Calvin Klein lançou uma campanha com cartazes ostentando o artista de rap "Marky" Mark Wahlberg vestido apenas de cueca, o seu corpo musculoso provocando os flácidos executivos que passavam pelo gigantesco *outdoor* no Times Square. A marca de roupas informais Abercrombie & Fitch exibe imagens semelhantes. O corpo masculino "perfeito" é agora malhado na academia e no entanto sexualmente ambivalente, já que é totalmente desprovido de pelos. As vendas de produtos depilatórios para homens estão aumentando, e a remoção dos pelos do corpo é uma característica de uma nova geração de *spas* direcionados para os homens. Depois de traumatizar com sucesso as mulheres no mundo inteiro, a indústria da beleza parece agora determinada a padronizar também a atratividade masculina.

Uma marca francesa peculiar chamada Nickel, lançada por Philippe Dumont em 1996, tornou-se especialista em falar a linguagem dos homens. Um admirador de uma marca rival me disse o seguinte: "Os homens não estão realmente interessados em ouvir falar a respeito do universo de uma marca nem da história de um produto. Eles apenas querem saber o que ele faz. Nickel percebeu isso de imediato. O seu principal produto se chama Morning After Rescue Gel. Ele se livrou de todas as afirmações que tinham sido adotadas nos produtos femininos para a pele em favor de um estilo falador e divertido, como se você estivesse conversando com o seu melhor amigo em um bar. Até mesmo a embalagem parece indestrutível".

Analogamente, Nickel abriu uma série de *spas* apenas para homens, começando em Paris, antes de levar o conceito para Nova York e Londres. "Essa é a outra coisa a respeito dos homens", prosseguiu o meu informante. "Tanto para as compras quanto para os tratamentos, eles querem o seu próprio espaço. Eles não gostam das seções de beleza das lojas de departamentos. As lojas *duty-free* são anônimas o bastante para eles, mas as lojas de departamentos deveriam reconfigurar a maneira como oferecem os seus serviços, para garantir que todos os produtos masculinos – roupas, acessórios e cuidados com a pele – estejam em uma área separada, de preferência em um andar diferente."

As empresas de beleza também conseguiram globalizar a tendência dos cuidados pessoais masculinos: a demanda por produtos "após barba" e antienvelhecimento aumentou na Ásia e na América Latina. O Euromonitor International informa que, entre 2004 e 2009, o mercado anual de produtos pessoais masculinos na América Latina (o México, a América Central e a América do Sul) cresceu de 2,44 bilhões de dólares para 4,87 bilhões de dólares, ou 99,6%.

No entanto, depois de um período de crescimento explosivo no mercado mundial de cuidados pessoais masculinos, existem sinais de que a demanda está começando a desacelerar. A empresa farmacêutica britânica de ponta Boots se afastou cedo, abandonando em 2001 os planos de abrir uma rede de lojas especificamente para homens depois de testar a ideia com operações-piloto em Bristol e Edimburgo. A Sephora reduziu visivelmente a seleção de produtos de cuidados com a pele masculinos. O setor cambaleou durante a recessão, enquanto o seu valor foi debilitado por ofertas e promoções especiais.

Christian Courtin-Clarins, o *chairman* da Clarins, me disse o seguinte: "A tendência realmente começa com os filtros solares; mesmo quando não são convencidos por outros produtos, os homens adquiriram o hábito de se proteger do sol. Isso convenceu as empresas de produtos de beleza de que havia um mercado mais amplo para os cuidados com a pele masculinos. A ideia foi bem-sucedida entre os que a adotaram inicialmente: os homens que trabalhavam nas áreas esportiva e de entretenimento, e, é claro, os *gays* que já compravam cosméticos mas foram atraídos pela embalagem e pelas fórmulas que se adequavam melhor às suas necessidades. Depois disso, um pouco depois, outros homens ingressaram no mercado. Este se expandiu rapidamente a partir de 2000. E depois parou. Agora, estamos com a impressão de que atingimos uma espécie de teto. O mercado continuará a crescer, porém bem mais lentamente do que o fez na última década".

Entretanto, Courtin-Clarins está convencido de que os homens, "no fundo, permanecem pavões". Eles ainda querem ser charmosos e sedutores, diz ele, "embora só admitamos isso para nós mesmos".

Talvez a Axe tenha estado certa o tempo todo. Ao longo do tempo, os homens foram convencidos a se enfeitar devido ao anseio comum de atrair uma parceira sexual. Voltando à casa de Edouard André e Nélie Jacquemart, você deve se lembrar de que eles tinham quartos separados, o que era comum na época. Isso talvez explique o interesse de Edouard em manter uma boa aparência. Quando você é obrigado a seduzir a sua própria esposa todas as noites, você certamente não vai querer ficar relaxado.

DICAS DE BELEZA

* Estée Lauder foi uma das primeiras pessoas a notar e reagir ao lado do "pavão secreto" dos homens na década de 1970.

* Ela desenvolveu uma linguagem que continha referências ao esporte e à ciência, mas sem recorrer ao jargão.

* Na década de 1990, o "metrossexual" foi entusiasticamente adotado pelos profissionais de marketing, embora ele se revelasse enganoso na realidade. No entanto, estrelas do esporte e atores ajudaram a expandir o mercado.

* Os homens gostam de informações diretas a respeito dos produtos. Diga a eles o que ele faz, sem afirmações absurdas ou floreios.

* O humor não faz mal. Ajuda os homens a se sentirem menos sem jeito.

* O ritual da barba é o supremo "momento do homem" do dia que pode levá-los a começar uma rotina de cuidados com a pele.

* As mulheres são um alvo legítimo para produtos destinados aos homens, mas existem mais homens sozinhos hoje em dia.

* Os homens usam a internet como um canal de compras discreto e estão abertos a recomendações sobre os produtos.

* Nas lojas físicas, eles preferem uma experiência de varejo separada, adaptada às suas necessidades e interesses.

* O rápido crescimento do setor masculino de cuidados com a pele diminuiu, mas um grupo demográfico que está envelhecendo e a adoção de produtos pela cultura predominante oferecem bastante espaço para otimismo.

ÉTICO, ORGÂNICO E SUSTENTÁVEL

"De uma ideia marginal para uma preocupação da cultura predominante."

Tive contato com a Body Shop pela primeira vez quando eu era criança e caminhava pelas ruas de Bath com os meus pais, como era apropriado. Eu me senti atraído pelo nome da loja: imaginei que ela vendesse braços e pernas sobressalentes. Quando entramos na loja, fiquei desapontado ao constatar que as prateleiras não estavam cheias de membros sobressalentes embrulhados em celofane, mas sim de estranhas poções em tons pastéis dentro de frascos plásticos. Eles também tinham um cheiro engraçado.

Ao que se revela, existe muita coisa que cheira engraçado a respeito da Body Shop. Mas a controvérsia vem depois. A empresa começou com um conceito brilhante e uma mulher que parece ter sido tão inspiradora quanto irritante: a falecida Dama Anita Roddick. A sua vida foi uma rede de contradições – uma anticapitalista que ganhou uma fortuna, um gênio do marketing que detestava o branding, uma crítica sincera da indústria dos cosméticos que vendeu o seu negócio para a L'Oréal – mas ela mudou o cenário da beleza. A combinação de ingredientes naturais, ecoconsciência e ativismo de direitos humanos que comandavam a imagem da sua marca era uma mistura nova e poderosa. Ela seduziu uma geração impregnada dos valores do final dos anos 1960.

A própria Anita cresceu em Littlehampton, Sussex, não muito longe da cidade costeira de Brighton, onde ela abriu a sua primeira loja em 1976. A sua infância foi tão boêmia quanto a sua alma: Anita Lucia Perilli foi criada como a filha de Gilda e Donny Perilli, imigrantes italianos que dirigiam um café. Mais tarde, Gilda se divorciou de Donny e se casou com Henry, o seu amante e pai natural de Anita. Esta frequentemente falava de Gilda com afeto, uma força da natureza que andava pela cidade em um Jaguar e foi voar em balão aos 80 anos de idade.

Quando terminou a escola, Anita não conseguiu ingressar na Central School of Speech and Drama em Londres. Ela poderia ter sido atriz; em vez disso, transformou o seu negócio em um palco, nunca deixando de se colocar debaixo dos holofotes sempre que estava prestes a vender um ideal ou um xampu. No momento, no entanto, ela perambulava: Paris, Genebra (onde trabalhou no departamento de direitos das mulheres na Organização Internacional do Trabalho), Ásia, África, novamente para casa, onde conheceu Gordon Roddick, outro tipo aventureiro. Pouco depois do casamento, ele decidiu cavalgar de Buenos Aires para Nova York, viagem que duraria dois anos.

Na ausência do marido, com um empréstimo bancário de 4 mil libras, ela abriu a sua primeira loja. Ela queria vender produtos de beleza naturais inspirados por alguns dos medicamentos que ela vira as mulheres usando durante as suas viagens. Ela criou um negócio barato; muitas das inovações que mais tarde possibilitaram que a marca se destacasse foram movidas pela necessidade. A Grã-Bretanha podia estar ficando "verde", mas Anita brincava dizendo que paredes estavam pintadas de verde para esconder o mofo. Quanto à reciclagem, ela pedia aos clientes que levassem de volta os frascos de plástico barato para usá-los como refil porque ela mal podia arcar com o custo de comprar outros. Ela redigia os rótulos à mão. Mesmo que ela não fosse avessa à publicidade, jamais teria podido contratar uma agência: em vez disso, ela se tornou versada em fazer a sua própria propaganda. A sua primeira dose de cobertura da mídia ocorreu quando uma casa funerária local contestou o nome da sua loja.

Ah, o nome. De acordo com uma história, Anita se apropriou do nome de uma garagem. Mas tinha havido uma Body Shop antes, em Berkeley, na Califórnia. Ela foi inaugurada em 1970. As fundadoras Peggy Short e Jane Saunders redigiam à mão o rótulo de todos os seus produtos e os vendiam em recipientes de plástico recarregáveis. Quando a Body Shop International entrou no mercado americano em 1987, ela pagou a Peggy Short e Jane Saunders pelo direito de usar o nome. A loja mudou o nome para Body Time, embora no seu website ela ainda se anuncie como "a Body Shop original" (www.bodytime.com).

Não existe nenhuma dúvida de que Anita viajou extensamente. Mas a não ser que você conte a manteiga de cacau, naqueles dias a maioria dos seus ingredientes não eram obtidos em terras distantes. "Os 25 principais produtos de Anita Roddick não eram tão diferentes daqueles das primeiras rainhas dos cosméticos; era a maneira como ela vendia a sua receita beduína de hidratante que era nova... Se ela vendia agressivamente alguma coisa, era a história dos ingredientes e a antropologia dos que os cultivavam" ("Obituary: Dama Anita Roddick", *Guardian,* 12 de setembro de 2007). Ao escrever um obituário no *Independent* na mesma data, Paul Vallely conta a coisa de outra maneira: "A história dos produtos e de como eles eram feitos era exibida ao lado de fotografias de países que ela visitara e de pessoas das tribos que ela conhecera. Ela estava narrando a história tanto quanto o produto".

Assim como os outros, Anita contou lorotas para nós.

O aspecto "natural" dos produtos da Body Shop tem sido frequentemente posto em dúvida. As cores chocantes por si sós são um convite à especulação. Na verdade – como praticamente todos os produtos "naturais" existentes hoje no mercado – eles contêm uma mistura de ingredientes naturais e sintéticos. Estou afirmando isso porque os ingredientes de todos os produtos da Body Shop estão relacionados na seção de comércio eletrônico do website da marca.

Independentemente da origem do seu nome ou dos seus produtos, a Body Shop foi um sucesso. Anita rapidamente abriu uma segunda sucursal. Quando o seu marido voltou das suas viagens, eles começaram a expandir ainda mais o negócio usando um modelo de franquia, o qual era operado da maneira tradicional: os detentores da franquia efetuavam um pagamento único e depois pagavam uma taxa anual pelo direito de administrar o negócio. Eles concordavam em se ater rigorosamente ao modelo de varejo e de branding fornecido pelo casal Roddick, que os ajudavam a treinar a equipe. Quando a rede cresceu, representantes da Body Shop passaram a visitar as franquias para garantir que elas estavam seguindo à risca o combinado; os detentores das franquias também recebiam boletins informativos e atualizações em vídeo.

Logo novas lojas estavam abrindo à razão de duas por mês. As convicções de Anita pareciam crescer com a rede de distribuição. Ela anunciava os seus produtos como sendo "livres de crueldade", proclamando orgulhosamente com a etiquetagem e a comercialização dentro da loja que a marca era "contra os testes em animais". (Essa declaração também encerrava alguma ambiguidade; embora os produtos não fossem testados em animais, era quase inevitável que alguns ingredientes individuais o tivessem sido.)

Já em 1984, o ano em que abriu o capital, a empresa tinha 138 lojas, 87 delas fora do Reino Unido. Anita considerou mais tarde um erro ter colocado as ações na bolsa, afirmando que a empresa poderia ter com o tempo "ido a todos os lugares que nós quiséssemos" em um ritmo mais lento; os acionistas também a forçaram a abrandar as suas campanhas mais "violentas". No início, contudo, o ativismo da empresa prosseguiu desimpedido: ela lançou uma campanha nas vitrines "Salve a Baleia" para o Greenpeace em 1986. No ano seguinte, ela começou a Trade Not AID, estabelecendo parcerias de comércio justo com comunidades como os índios Pueblo no Novo México (de onde ela colhia o milho azul) e os índios Caiapó da bacia do rio Amazonas (que forneciam o óleo das castanhas brasileiras). A empresa estava envolvida em projetos beneficentes de Glasgow ao Harlem: em Londres, ela ajudou a financiar o lançamento de um jornal vendido pelos sem-teto, o *Big Issue*. "A política da Body Shop sempre foi o seu DNA", declarou certa vez Anita, com uma mistura característica de moralidade e astúcia de marketing.

Essa, portanto, era a marca Body Shop: os produtos coloridos com nomes estranhos (Banana Hair Conditioner, Dewberry Body Lotion), as práticas comerciais éticas, a sucessão de causas dignas e a Anita com cabelo encaracolado de olho em tudo, viajando para desertos e florestas tropicais para trazer de volta para nós maneiras novas e exóticas de esfregar a pele e lavar o cabelo. Como escreve Paul Vallely, "foi uma realização extraordinária – ela retirara produtos livres de crueldades de lojas *hippies* de produtos naturais e os levara para a área nobre da cidade... ela se tornou uma figura importante ao transformar a ideia da responsabilidade social corporativa... de uma ideia marginal em uma preocupação da cultura predominante".

Anita foi uma máquina de relações públicas de uma só mulher, mas isso não significa que ela não contasse com ajuda externa. A empresa criou um departamento formal de marketing por volta da época em que entrou nos Estados Unidos; também contratou uma agência de publicidade. ("Body Shop creates space for a voice in marketing",[48] *Independent*, 1º de julho de 1995.) No entanto, os seus anúncios conservaram um tom ativista. Um deles mostrou uma boneca de plástico ruiva com um rosto como o da Barbie e um corpo rechonchudo do tipo pintado por Rubens. "Existem 3 bilhões de mulheres que não parecem supermodelos e apenas 8 que parecem", dizia a frase da propaganda, seguida pelo *slogan*, "Ame o seu corpo".

O crescimento aparentemente insustentável da empresa fez com que Anita se tornasse um alvo para acusações de hipocrisia, mas ela desprezava as críticas: "Se você prega um alvo nas costas que diz 'Estou fazendo as coisas de uma maneira diferente', você vai levar um tiro". Ela simplesmente continuou apoiando causas do seu jeito exaltado, aparecendo em Seattle para participar de protestos contra o encontro da Organização Mundial do Comércio em 1999: uma das raras manifestantes antiglobalização que tinha fundado uma empresa multinacional com mil pontos de venda em quase cinquenta países.

Às vezes, Anita parecia constrangida pelo fato de ter criado uma marca global. "Sempre fui profundamente cética a respeito da ideia de marcas globais", declarou ela em 2003 em uma conferência em Cingapura.

> Existem crescentes evidências de que as pessoas estão de fato extremamente entediadas com as marcas. Elas estão irritadas com a maneira pela qual as grandes marcas estão dominando o espaço público, não apenas com os *outdoors* mas também na sua cabeça. Elas não gostam da grandeza, da confusão mental, da sensação de que alguém está vendendo alguma coisa para elas o tempo todo. E, acima de tudo, elas não gostam da uniformidade, da mediocridade e do embotamento reconfortante das grandes marcas.
>
> ("Dama Anita Roddick: brands are past their sell-by date",[49]
> *Independent*, 3 de dezembro de 2003)

---

48. Tradução literal: "A Body Shop cria espaço para uma opinião em marketing". (N. dos trads.)

49. Tradução literal: "Dama Anita Roddick: as marcas ultrapassaram o seu prazo de validade". (N. dos trads.)

As opiniões estremeceram com a posição dela, mas esta pode ter refletido o seu estado mental na ocasião. Em 1998, os Roddicks já tinham começado a abandonar o controle da empresa, nomeando um CEO enquanto se tornavam copresidentes do conselho administrativo. Em 2002, eles recuaram para funções não executivas. Isso permitiu que Anita dedicasse tempo integral às suas inúmeras campanhas que iam da violência doméstica ao trabalho escravo. Em 2005, ela constituiu a Roddick Foundation, que parece ter sido criada com o único objetivo de distribuir a sua fortuna de 51 milhões de libras.

Fãs da Body Shop ficaram chocados no ano seguinte quando os Roddicks concordaram em vender a marca para a L'Oréal por 625 milhões de libras. A medida parecia contrariar tudo o que Anita afirmava defender. Ao escrever para o jornal *Independent* apenas três anos antes, ela descrevera a indústria global dos cosméticos como "desinteressante e pouco imaginativa, administrada por homens que criam necessidades que não existem". Ela prosseguiu dizendo: "A sua função principal é tornar as mulheres infelizes com o que elas têm; ela tira proveito das inseguranças e incertezas delas projetando ideais impossíveis de beleza feminina. Ela também é racista, raramente celebrando as mulheres fora da cultura da pele de cor branca, e tem conspirado para nos deixar afastadas do nosso próprio corpo" (junho de 2003, reeditado em 12 de setembro de 2007 com o título "How Anita changed the world").

E agora aqui estava ela descrevendo a L'Oréal como "honrada" e dizendo que esperava que a Body Shop pudesse desempenhar o papel de um cavalo de Troia dentro do grupo, encorajando-a a se comportar mais eticamente. Em última análise, a aquisição realçou a realização central da carreira de Anita, que era fabricar produtos "éticos e naturais" tão desejáveis que uma empresa de beleza convencional quisesse comprar o seu negócio.

A dama Anita Roddick faleceu em consequência de uma hemorragia cerebral em 2007 com apenas 64 anos de idade. Apesar do fato de muitos clientes terem se sentido traídos pela venda da Body Shop para a L'Oréal, ela permanece uma das mulheres de negócios inglesas mais admiradas de todos os tempos. A sua ética e a da sua empresa não eram tão coerentes quanto alguns poderiam ter desejado que fossem, mas o seu sentimento de indignação moral era genuíno.

E quanto aos testes com animais, a causa com a qual ela talvez estivesse mais estreitamente associada? A Comissão Europeia proibiu que produtos finais fossem testados em animais em 2004; uma proibição em ingredientes testados em animais entrou em vigor em março de 2009, proibindo adicionalmente que esses produtos fossem vendidos na União Europeia a partir de março de 2013. As empresas de cosméticos estão envolvidas em uma corrida para desenvolver métodos alternativos de testagem; os mais promissores envolvem "desenvolver" discos de pele humana artificial em laboratórios a partir de células colhidas depois de procedimentos de cirurgia plástica.

Em outros mercados ainda há trabalho a ser feito: nos Estados Unidos os testes em animais não foram proibidos; a Food and Drug Administration diz que ela "apoia o desenvolvimento e a utilização de alternativas" aos testes com animais e que ela não requer que animais sejam usados para testar cosméticos com o intuito de estabelecer segurança, mas de acordo com a atual Lei Federal de Alimentos, Medicamentos e Cosméticos (1999, atualizada em 2006), "testes com animais realizados por fabricantes que buscam comercializar novos produtos podem ser usados para estabelecer a segurança do produto". Se Anita Roddick ainda estivesse conosco, a sua luta teria continuado; apesar de todas as suas contradições, ela fez uma contribuição positiva para o mundo.

Um amigo respondeu da seguinte maneira a críticos que acusavam Anita de oportunismo: "Quantos orfanatos você construiu?".

GERAÇÃO ORGÂNICA

Nas pegadas da Body Shop, marcas éticas e naturais pareceram surgir como brotos que emergem da terra ressecada.

Nos Estados Unidos, uma das contemporâneas da marca foi a Aveda, que fora lançada pelo cabeleireiro profissional Horst Rechelbacher em 1978. Rechelbacher passara algum tempo na Índia, onde descobrira a medicina ayurvédica e remédios fitoterápicos. Desejoso de compartilhar o que aprendera, ele começou a fazer experimentos, misturando um xampu de cravo-da-índia na pia da sua cozinha. Logo, de uma maneira tradicional, ele estava distribuindo uma variedade de produtos para salões de cabeleireiro. Os ingredientes à base de plantas de Rechelbacher e as suas embalagens recicladas estavam à frente do seu tempo, assim como também o estavam a Environmental Lifestyle Store, inaugurada na Madison Avenue em 1989, e o Aveda Spa Retreat – oferecendo aos clientes tratamentos baseados na medicina ayurvédica – em 1990. Rechelbacher vendeu a Aveda para a Estée Lauder Companies em 1997, mas voltaremos em um momento ao que ele fez em seguida.

Estée Lauder já tinha feito uma incursão no mercado de produtos naturais com Origins, que continha óleos naturais e ingredientes orgânicos, que fez a sua estreia nas lojas de departamentos em 1990. E ouvimos falar antes na marca australiana Aesop, lançada em 1987, cujos fundadores admitem plenamente que Anita Roddick e a Body Shop foram precursoras.

A tendência para produtos naturais e orgânicos ganhou ímpeto depois da virada do milênio, tendo sido impulsionada por uma série de fatores. O primeiro foi o crescente interesse na preservação do ambiente em meio à ansiedade com relação à mudança climática. Isso levou os consumidores a examinar de perto as substâncias químicas utilizadas em um vasto leque de produtos, entre eles os cosméticos. A preocupação com o futuro do planeta foi acompanhada por uma contemplação mais introspectiva da saúde e do bem-estar, à medida que um grupo demográfico no Ocidente que estava envelhecendo começou a considerar estilos de vida mais benignos e suaves.

A mídia intensificou essas tendências com notícias a respeito dos perigos ocultos dos produtos cosméticos. O exemplo mais expressivo disso foi o pânico por causa dos parabenos. Os parabenos são compostos químicos amplamente usados como agentes conservantes em muitos cosméticos e produtos de higiene pessoal, entre eles hidratantes e xampus. A origem do pânico parece ter sido uma pesquisa publicada em 2004 no *Journal of Applied Toxicology* (volume 24, página 5) na forma de um artigo intitulado "Concentrations of parabens in human breast tumours".[50] Como foi noticiado na revista *New Scientist*, a pesquisa foi conduzida pela bióloga molecular Philippa Darbre da University of Reading. "Ela diz que a forma de parabenos que contém éster encontrada nos tumores indica que ele se originou em alguma coisa aplicada à pele, como um desodorante na axila, um creme ou um desodorante corporal" ("Cosmetic chemicals found in breast tumours",[51] 12 de janeiro de 2004).

Compreensivelmente, essa informação foi disseminada por outros meios de comunicação, e logo tornou-se uma realidade admitida que os parabenos eram perigosos. Algumas empresas de cosméticos, entre elas a Vichy da L'Oréal, começaram a comercializar produtos "livres de parabenos". Entretanto, nem o

---

50. Tradução literal: "Concentrações de parabenos nos tumores de câncer de mama". (N. dos trads.)

51. Tradução literal: "Compostos químicos cosméticos encontrados em tumores da mama". (N. dos trads.)

Comitê Científico Independente sobre Produtos de Consumo da Comissão Europeia nem a US Food and Drug Administration encontraram qualquer evidência que respaldasse a teoria de que os parabenos são nocivos. A FDA declara claramente no seu website: "A FDA acredita que no momento presente não existe nenhuma razão para que os consumidores fiquem preocupados com relação a usar cosméticos que contenham parabenos".

Uma jornalista da indústria dos cosméticos a quem fiz perguntas sobre a questão foi rudemente desdenhosa. "Isso fez um favor às grandes empresas de beleza porque lhes propiciou mais uma argumentação", me disse ela. "Se você retirar um conservante químico, é preferível retirar logo todos. Depois, você terá que manter o hidratante na geladeira; caso contrário, ele estragará em três dias."

Isso nos leva de volta a Horst Rechelbacher, que poderia ter se aposentado com conforto depois de vender a sua marca para Estée Lauder por 300 milhões de dólares. Em vez disso, quando a sua cláusula de não concorrência com a Lauder expirou em 2007, ele começou a desenvolver uma linha 100% orgânica chamada Intelligent Nutrients (www.intelligentnutrients.com). As atividades da empresa se baseiam na sua fazenda no Wisconsin, onde ele cultiva os seus próprios ingredientes orgânicos.

"Os pesticidas e inseticidas fazem adoecer as pessoas e estão destruindo o planeta", disse ele a um repórter do *Telegraph*. "A indústria da beleza como um todo é um coquetel de substâncias químicas." Rechelbacher utiliza óleos essenciais "antibacterianos e antifúngicos" como agentes conservantes; ele é uma espécie de especialista nessa área, tendo popularizado a aromaterapia no seus *spas* Aveda. A sua regra de ouro é "Nunca ponha na sua pele nada que você não possa comer". Ele sabidamente já bebeu os seus produtos em demonstrações. Os batons que ele fabrica não têm a qualidade duradoura do tipo não orgânico, mas por uma boa razão: "O que eles colocam no batom para torná-lo à prova de beijo é um revestimento plástico". Na realidade, ele não gosta de batons de um modo geral. "As chamadas cores minerais naturais são todas provenientes de metais tóxicos. As cores vêm do ferro, do cobalto e do chumbo" ("Aveda founder's mission: to clean up beauty industry act",[52] 23 de abril de 2011).

O preço dos seus produtos é fixado no segmento superior do mercado: um brilho para os lábios custa 12 dólares, um "elixir para o corpo" custa de 30 a 80

---

52. Tradução literal: "A missão do fundador da Aveda: corrigir a indústria da beleza". (N. dos trads.)

dólares. Mas os consumidores pagam. O natural e o orgânico desempenharão um grande papel no futuro da indústria da beleza. O setor está em linhas gerais dividido em duas categorias: cosméticos "orgânicos" que contêm ingredientes orgânicos com certificação, e cosméticos "naturais" fabricados a partir de extratos de plantas e outros ingredientes naturais, misturados com substâncias químicas sintéticas. Empresas de pesquisas, entre elas a Mintel e o Euromonitor, dizem que o número de cosméticos que afirmam ser "naturais" ou "orgânicos" na sua embalagem duplicou a partir de 2007. O desafio que os consumidores enfrentam, como sempre, é a prevalência de afirmações falsas de marketing.

"Natural" é uma competição virtual livre. "Orgânico" é se tornar mais definido. Nos Estados Unidos, o Departamento de Agricultura dos Estados Unidos concede certificações a produtos que satisfazem os seus padrões: os que são rotulados "100% orgânicos" precisam conter somente produtos orgânicos; os que são rotulados "orgânicos", 95% de produtos orgânicos, e os rotulados "produzido com ingredientes orgânicos", 70%. Na Europa, a situação ficou confusa durante algum tempo, com vários órgãos – Ecocert na França, Nature e BDIH na Alemanha, ICEA na Itália e a Soil Association no Reino Unido – oferecendo certificações. No entanto, em junho de 2010, muitos deles se reuniram sob o padrão COSMOS, "um padrão internacional e internacionalmente reconhecido para cosméticos naturais e orgânicos". No momento em que escrevo estas linhas, a Comissão Europeia está investigando práticas de rotulagem das empresas de cosméticos com o objetivo de criar uma regulamentação mais rígida. Até então, a medida óbvia que os consumidores podem adotar é verificar a certificação.

A Comissão Europeia já proibiu mais de mil substâncias químicas contidas em cosméticos sob a Diretiva de Cosméticos da UE, revista em 2003. A FDA proibiu apenas um número limitado delas, já que a indústria nos Estados Unidos é autorreguladora, mas esta é uma área na qual a globalização da indústria da beleza ajudará os consumidores. Além disso, o movimento popular contra as substâncias químicas está sendo estimulado pela internet, que colocou o poder nas mãos dos consumidores na área da beleza assim como o fez em todas as outras. Numerosos websites oferecem um guia abrangente dos cosméticos e dos seus ingredientes, com destaque para o banco de dados do Environmental Working Group de 65 mil produtos, Skin Deep (www.ewg.org/skindeep). A Comissão Europeia tem o seu próprio banco de dados dos ingredientes incluídos na sua Diretiva de Cosméticos alterada. A Health Canada fornece uma Cosmetics Hotlist *on-line* de substâncias que considera inapropriadas para uso cosmético. A "policial cosmética" "Beautypedia" de Paula Begoun é um banco de dados consultável com mais de 45 mil avaliações de produtos para a pele e de maquiagem, que detalha profundamente os ingredientes e os seus possíveis efeitos (bem como a sua eficácia). Novos livros que soam o alarme a respeito das substâncias químicas contidas nos cosméticos surgem todos os meses.

Essa pode ser uma boa notícia tanto para a indústria da beleza quanto para os consumidores. A crescente demanda por produtos naturais está oferecendo uma oportunidade aos comerciantes de cosméticos; ela criou um nicho para os empresários bem como uma nova geração de marcas que se tornarão metas de aquisição pelas marcas de beleza gigantes; o espaço na prateleira dedicado aos produtos naturais e orgânicos está aumentando, e há margem para novos canais de distribuição, como lojas inteiramente dedicadas à beleza natural. Regiões nas quais a tendência ainda não se consolidou completamente – como a Europa Central e Oriental – também oferecem um potencial de crescimento. Acima de tudo, os produtos naturais oferecem um novo e fértil território para os profissionais de marketing que buscam criar histórias e afirmações.

Este debate encerra outro lado, o qual vale a pena ser mencionado: os produtos orgânicos não são necessariamente bons para a pele. A natureza não é delicada. Na realidade, como sabemos, ela se caracteriza por um comportamento violento. O mundo natural rodopia com toxinas e alérgenos. Uma lista aleatória de plantas venenosas poderia incluir a beladona, a dedaleira, a cicuta e o meimendro. Em outras palavras, apenas porque um produto é orgânico não significa que ele não vá lhe causar uma erupção cutânea.

CLARINS: LUXO NATURAL

Uma marca de produtos de beleza estabelecida em um elegante subúrbio de Paris, vendida em sofisticadas lojas de departamentos e promovida com anúncios em um papel de alta qualidade que estão positivamente repletos de afirmações também pode ser ética e responsável? A Clarins acha que sim. "A nossa visão se baseia no respeito e em prestar atenção", declara Christian Courtin-Clarins, *chairman* da empresa de capital fechado. "Nós respeitamos os consumidores e prestamos atenção a eles. E respeitamos e prestamos atenção à natureza. É simples assim."

Ele sorri, um sorriso amável que enruga o seu rosto bronzeado. Courtin-Clarins foi quem me disse, quando se referiu à sua linha masculina de cuidados com a pele, que todo homem secretamente deseja agradar. Ele estava certamente se incluindo nessa afirmação. Ele administra a empresa com Olivier, o seu irmão, que dirige o setor de pesquisas da companhia.

A empresa foi fundada em 1954 pelo pai deles, o falecido Jacques Courtin, que desejava ser cirurgião mas cujos estudos médicos foram interrompidos pela guerra. Courtin havia crescido com uma irmã e as inúmeras amigas dela, o que lhe conferiu uma cumplicidade natural com as mulheres, bem como um vislumbre das suas preocupações com a saúde e a beleza. Enquanto ajudava os cirurgiões, ele ficou chocado ao constatar a pouca atenção que eles prestavam às questões estéticas quando lidavam com mulheres: desde que salvassem a paciente, o tamanho da cicatriz não tinha importância. Ele se lembrava de um médico que pediu bruscamente a uma enfermeira que removesse um pote de creme para o rosto que estava na mesinha de cabeceira de uma paciente: para os médicos, esses produtos eram um embuste.

Depois da guerra, Courtin procurou uma maneira de colocar em prática o que tinha aprendido. Os primeiros resultados da sua reflexão parecem arcaicos hoje – um dispositivo "para firmar o seio" que envolvia borrifar água fria através de um par de cones, uma máquina para perda de peso que massageava a cliente com cilindros de borracha – mas eles ilustram a sua imaginação ativa e indagadora. As suas clientes pareciam apreciar os seus métodos. O primeiro instituto de beleza de Courtin no 9º distrito de Paris atraiu um fluxo de vendedoras, atrizes e beldades da sociedade. Ele o chamou de Clarins por causa de um papel que ele representara em uma peça da escola passada na época do Império Romano (os seus filhos depois o acrescentaram ao nome da família em deferência a ele).

Na década de 1960, Courtin lançou seis óleos para ser usados durante as suas massagens terapêuticas – três para o corpo e três para o rosto – fabricados integralmente com extratos de plantas naturais. "Ele falava a respeito dos benefícios dos ingredientes naturais décadas antes da tendência atual", afirma Christian. "Passei grande parte da minha infância explorando jardins botânicos com ele. O que o atraía era o fato de esses ingredientes terem sido usados durante milhares de anos; os seus efeitos benéficos já eram conhecidos."

As palavras "natural" e "botânico" são hoje elementos fundamentais da identidade da marca Clarins. Elas dizem que a marca não usa nenhum ingrediente de origem animal nas suas fórmulas e que tampouco testa os seus produtos em animais. A empresa está envolvida no comércio justo e patrocina uma série de projetos ambientais, como o avião Solar Impulse movido a energia solar, e a iniciativa Alp Action destinada a preservar a diversidade biológica da região alpina.

Mas a determinação de Jacques de ouvir os seus clientes tornou-se uma fonte de ansiedade quando ele começou a vender os seus óleos naturais nas perfumarias. "Ele gostava da ideia de poder constantemente ajustar os seus produtos baseado no que as pessoas lhe diziam", explica Christian. "É claro que vendê-los por intermédio de um distribuidor significava que ele estava fora do jogo. Foi por isso que ele começou a colocar cartões em cada produto que o consumidor pudesse preencher e devolver. Quando comecei a trabalhar aqui, ele me dava dez deles para ler no momento em que eu chegava ao escritório. A Administração do Relacionamento com o Cliente (ARC) está profundamente entranhada na nossa cultura. Nós criamos o nosso primeiro sérum porque os clientes o estavam solicitando: até aquela ocasião, a palavra era comumente usada nas farmácias mas não na indústria da beleza."

Outro produto, Lift Affine Visage, foi criado para atender a uma demanda dos consumidores asiáticos de um rosto mais magro, de aparência mais firme. E Jacques Courtin começou a pesquisar barreiras contra a poluição quando os clientes lhe disseram que apreciavam o fato de a sua pele ficar com uma aparência muito melhor depois que eles passavam algum tempo fora da cidade.

Hoje, a empresa tem um clube chamado Clarins & Me no qual os clientes podem ingressar por meio do seu website. Eles também podem receber um boletim informativo. Baseada nas informações do seu banco de dados a Clarins envia muitas amostras. "Nós incentivamos os consumidores a experimentar antes de comprar. Não queremos que eles tenham algum tipo de reação alérgica: os ingredientes naturais não são necessariamente suaves."

A propaganda da Clarins é ao mesmo tempo minimalista e audaciosa, combinando o seu logotipo vermelho brilhante sobre um campo branco com retratos grandes com foco suave do fotógrafo de natureza morta Guido Mocafico, acompanhados por amplas afirmações em um elegante tipo de letra. Christian diz que as revistas de moda são inevitavelmente os veículos mais eficazes de marketing. "Cada uma tem um público leitor com um perfil particular, de modo que podemos ajustar as nossas mensagens para eles. A televisão seria um desperdício. Também estamos interessados nas revistas de notícias porque elas atraem formadores de opinião."

Assim como o pai, Christian é inspirado por natureza, particularmente a biomimética – a arte de se inspirar na natureza para resolver problemas humanos. Mas a empresa tem o cuidado de não exagerar as suas afirmações "naturais" na propaganda. "Visamos fabricar produtos que sejam eficazes e seguros. Quando temos a escolha, usamos materiais brutos naturais. Quando eles não atendem as nossas necessidades, usamos substâncias químicas. Em 90% dos casos, favorecemos o natural. No caso dos materiais brutos naturais, tentamos garantir que sejam cultivados local e organicamente – mas isso não é fácil porque somente um pequeno percentual da terra cultivada na França é dedicada à agricultura orgânica. Por conseguinte, não podemos afirmar, e não afirmamos, ser uma marca orgânica."

Tampouco a marca deseja ludibriar ninguém, diz Christian, quando se trata do tema sensível dos cremes antienvelhecimento. "Veja bem, acredito que uma mulher na faixa dos 50 anos pareça mais desejável hoje do que parecia há 15 anos, e que os cosméticos tiveram alguma coisa a ver com isso. Mas não prometemos milagres. Quando promovemos um creme dirigido a mulheres na casa dos 50 anos, usamos uma modelo na faixa dos 40 anos – não dos 30 anos – e não removemos todas as linhas do rosto dela."

As afirmações são território do irmão de Christian, Olivier, que ingressou na empresa da família na década de 1990. Ele passou grande parte da sua carreira como cirurgião ortopédico, onde se especializou em intervenções que deixavam cicatrizes mínimas. Agora, ele supervisiona uma equipe de 80 pesquisadores. "Nós nunca afirmamos que podemos fazer as rugas desaparecerem", diz ele. "Podemos reduzi-las, até certo ponto. Mas o que os nossos cremes realmente fazem é limitar os danos futuros. Dessa maneira, você poderia dizer que retardamos o tempo."

Christian insiste em que os produtos da Clarins têm um preço razoável em comparação com outras marcas de luxo, "as quais, com franqueza, ultrapassam os limites da honestidade". Ele sorri novamente, consciente de que a entrevista está prestes a voltar ao ponto de partida. "Tudo se resume no respeito pelos clientes."

DICAS DE BELEZA

* Anita Roddick lançou a primeira marca "natural" convencional, a Body Shop, promovendo valores éticos e uma alternativa genuína para os produtos existentes.

* Por não poder arcar com o custo da publicidade, ela recorria à sua personalidade franca e ao envolvimento com causas dignas para gerar cobertura da mídia.

* Apesar das acusações de hipocrisia que tiveram lugar quando a empresa cresceu, ela permaneceu dedicada a causas sociais e ambientais.

* A Body Shop abriu o caminho para uma geração mais refinada e sofisticada de marcas de beleza naturais na década de 1990.

* A compra da marca pela L'Oréal confirmou que o segmento da beleza natural era agora um grande negócio.

* Mais recentemente, a consciência ambiental aliada ao temor dos consumidores com relação às substâncias químicas contidas nos produtos de beleza aumentou a demanda por marcas orgânicas.

* A Clarins francesa é um meio-termo interessante entre uma marca de beleza natural e uma empresa tradicional de cosméticos de luxo.

OS ARTISTAS
DA AGULHA

"Estamos tatuando médicos e advogados."

Não parecia que muita tatuagem estivesse sendo feita no The Smile, uma cafeteria moderna na Bond Street em Manhattan, onde eu ouvira dizer que era possível receber um pouco de arte na pele enquanto comíamos um bolo de cenoura. Gostei do estilo de pensão do início do século XX do local, com a obra de alvenaria exposta e tábuas de assoalho desgastadas, flores secas no consolo da lareira e prateleiras apinhadas de garrafas vazias de Cutty Sark e velhas latas de tomate Sclafani. Até mesmo apreciei a trilha sonora de John Denver cantando "Take me home, country roads". Mas não consegui ouvir o chiado penetrante da agulha do tatuador.

Acontece que cheguei tarde demais: o estúdio de tatuagem tinha sido desmontado, e The Smile era agora apenas um café. Isso foi uma pena, já que eu planejara usar a existência do local como prova de que as tatuagens tinham se tornado convencionais. Não sendo mais secretas, ou mesmo particularmente rebeldes, elas tinham sido incorporadas pela indústria da beleza, ostentadas por atrizes e modelos com a mesma despreocupação que joias e cosméticos, tão fáceis de obter quanto apliques de cabelo ou unhas postiças.

Eu não estava totalmente errado. Tive mais sorte no meu destino seguinte. New York Adorned, uma mistura de butique de joias e estúdio de tatuagem em Williamsburg, Brooklyn.

O negócio foi fundado em 1996 por Lori Leven, que é oficialmente uma *designer* de joias mas também uma espécie de lenda nos círculos de tatuagem, tendo sempre combinado as duas artes em um único espaço. "As tatuagens são muito mais aceitáveis hoje do que quando começamos", confirma ela. "Estamos tatuando médicos e advogados. Acho que isso começou com a moda: pessoas como Jean Paul Gaultier e Alexander McQueen colocando estampas de tatuagens em roupas. As pessoas as usavam e se sentiam fortalecidas. Uma tatuagem faz uma intensa declaração. Depois disso, houve um passo lógico seguinte."

Lori nasceu no Queens e é uma completa nova-iorquina; quando ela passou algum tempo em Los Angeles, sentiu tanta falta da sua cidade natal que voltou rápido para casa. Ela se lembra da primeira tatuagem que viu de perto. "Acho que eu tinha 8 ou 9 anos quando a minha prima veio jantar na casa da minha avó com uma rosa tatuada no ombro. Todo mundo ficou maluco."

Alguns anos depois, certo dia, quando era adolescente e estava na praia, ela avistou uma mulher de meia-idade com uma borboleta tatuada no quadril. *É isso que eu quero*, pensou. De acordo com a lei, ela teria que esperar até completar 18 anos. "Mas eu roubei a identidade da minha irmã e fiz a tatuagem."

Poucas pessoas param na primeira. Chris O'Donnell, um respeitado artista de tatuagem da New York Adorned quando o conheci, recebeu o seu primeiro desenho tribal, relativamente simples, como "uma progressão natural da prancha de skate e do punk rock". Ele ficou exultante com a experiência. "A primeira coisa em que eu pensava quando acordava todas as manhãs era que eu tinha essa obra de arte na minha pele. Eu queria reviver essa experiência. Eu queria mais – eu queria maior."

Quando Lori Leven voltou para Nova York depois do período que passou em Los Angeles no início da década de 1990, ela notou que havia muitas tatuagens, a maioria do estilo tribal evocado por O'Donnell. Isso era interessante, porque a tatuagem foi ilegal em Nova York até 1997 devido ao receio de que ela disseminasse a hepatite. No entanto, Nova York sempre fora um eixo da arte. A primeira máquina rotativa foi patenteada na cidade. (Existem dois tipos básicos de máquina de tatuagem: a rotativa, que usa um motor elétrico para empurrar a agulha na pele, e a de bobina, que usa um circuito eletromagnético e se baseia no mesmo princípio de uma campainha de porta. As máquinas de bobina são consideradas mais modernas, mais fáceis de usar e menos traumáticas, mas os modelos rotativos têm os seus fãs.)

Lori conhecia vários tatuadores que estavam trabalhando informalmente nos seus próprios apartamentos. Ela os reuniu em uma cooperativa chamada East Side Ink e que operava em um apartamento de três quartos perto de St. Mark's Place. "Eu o imaginei como um lugar onde as pessoas poderiam ficar, trocar ideias, simplesmente oficializar todo esse cenário. O senhorio o detestava porque pessoas subiam e desciam a escada o tempo todo." A essa altura, contudo, Lori e os seus amigos sabiam que estavam no caminho de alguma coisa. Eles abriram uma joalheria com um estúdio de tatuagem escondido nos fundos: um bar clandestino que vendia tinta em vez de bebidas alcoólicas. Situado na Segunda Avenida, foi a primeira iteração da New York Adorned.

"Deve ter sido o segredo mais mal-guardado de Nova York", diz Lori rindo. "Todo mundo sabia da existência do local. Nós tatuamos todos os policiais do 9º distrito. Eles não viam o local como um problema deles."

Outro famoso artista de tatuagem de Nova York, Jonathan Shaw, abriu uma loja com uma placa do lado de fora onde estava escrito "Cappuccino & Tatuagem". A loja permaneceu aberta, o que demonstrou o nível de preocupação a respeito da questão. Hoje, a atividade de Lori é plenamente licenciada e submetida a verificações regulares pelo Departamento de Saúde da cidade.

Apesar do fato de agora estar trabalhando legalmente, Lori continua a criar e vender joias. O seu trabalho combina perfeitamente com os exóticos *designs* de tatuagem espalhados pelo estúdio, que parecem captar as suas ideias das culturas mais coloridas do mundo. Ela adora a Índia e viaja frequentemente para lá. "As pessoas às vezes partem do princípio que as minhas joias estão diretamente relacionadas com o piercing do corpo, o que não é o caso. A tendência do piercing do corpo estava no auge em meados dos anos 1990. Tínhamos uma loja de piercing no East Village e o pessoal estava fazendo lá cerca de cem piercings por dia. Mas hoje a coisa está mais calma."

As tatuagens, no entanto, estão mais populares do que nunca. Na ocasião da minha visita, existe a tendência de escrever textos na pele. "Algumas pessoas pedem poemas inteiros. Isso é ardiloso, porque é claro que a pele é um veículo completamente diferente do papel. Experimente tatuar um verso nas costelas de alguém, por exemplo."

Quanto a O'Donnell, ele é especializado em belas tatuagens no estilo japonês, ricamente coloridas, que ocupam blocos inteiros do corpo: imagine tigres dourados ou serpentes gigantes com a cor de pedras preciosas ondulando nas costas ou no tronco de uma pessoa. "Mas não precisa ser grande", insiste ele. "Eu apenas quero trabalhar em coisas que eu gosto. As pessoas me procuram e conversamos sobre a ideia delas. Hoje em dia, elas sabem o tipo de trabalho que eu faço, de modo que já pensaram a respeito do que querem de antemão."

Se O'Donnell não gostar do projeto, ele educadamente diz que não poderá fazê-lo. Isso não é uma atividade feita em um beco onde você pode tatuar no seu bíceps o nome do seu parceiro, animal de estimação ou estrela do rock favorita – ou mesmo um logotipo de Louis Vuitton.

AS TATUAGENS SAEM DO ESTÚDIO

Em 2011, a marca de luxo Louis Vuitton lançou um vídeo *on-line* dando destaque ao artista de tatuagem Scott Campbell. O vídeo em três partes "dia na vida de" foi basicamente um longo anúncio de uma colaboração entre Campbell e o *designer* de roupas masculinas Paul Helbers da Louis Vuitton, que convidara o maestro da tinta para trabalhar em estampas para lenços de pescoço, camisas, calças e até mesmo bolsas. Campbell – que também é um artista contemporâneo – aceitou com prazer o convite.

Scott Campbell é frequentemente considerado responsável pela ascensão da tatuagem de símbolo de rebelião para um símbolo de *status*. Ele abriu o seu primeiro estúdio, Saved Tattoo, no Brooklyn em 2004. A partir de então ele tatuou as modelos Helena Christensen e Lily Cole, o falecido ator Heath Ledger e a figurinista Vera Wang, entre outros. Marc Jacobs cria roupas femininas para a Vuitton – é um cliente regular: Campbell o tatuou com decorações idiossincráticas como o personagem de *cartum* Bob Esponja e uma caricatura de Simpson do próprio *designer*. Em 2009, quando Campbell mudou o seu estúdio por um breve período para o porão do café The Smile, ele estava cobrando 300 dólares por hora pelos seus serviços ("Manhattan ink: tat master Scott Campbell needles the stars",[53] *New York Observer*, 17 de março de 2009).

Inevitavelmente, Campbell é descrito como uma "celebridade da tatuagem", algo que não parece aborrecê-lo. "De repente, a moda está se apropriando de uma coisa que está perto de mim há muitos anos e que me é muito querida", declarou ele à revista *Papermag*.

> Muitos artistas de tatuagem ficam na defensiva a respeito disso porque a tatuagem é uma dessas coisas nas quais você realmente precisa se empenhar e se dedicar completamente... Ao vê-la apropriada pela moda e pela mídia convencional, uma parte de mim deseja dizer, "espere um pouco, esse é o MEU mundo", mas pensando bem, ele não é meu. Com mais exposição surge um maior entendimento e apreciação, e não creio que isso jamais poderia ser uma coisa ruim.

Campbell também precisa ser reconhecido por enxergar além dos clichês da sala dos fundos do estúdio de tatuagem.

> Certa vez abri o meu próprio espaço e criei um ambiente que era um pouco mais progressista e criativo, e muitas pessoas que sempre tinham tido vontade de se tatuar mais e não queriam ter contato com as suadas lojas de bicicleta foram receptivas ao que eu fiz. Se houver uma loja de tatuagem na cidade que se destaque por ser diferente ou um pouco mais inovadora, as pessoas gravitam em direção a ela, especialmente as pessoas em uma indústria criativa.
>
> ("The unofficial tattoo artist of the 'fashion folks'",[54] 3 de setembro de 2010)

Na realidade, outro nome pode ter causado um impacto ainda maior na adoção das tatuagens pela cultura predominante. Em 2004, o empresário da moda francês Christian Audigier licenciou os direitos de produzir a linha de roupas Ed Hardy, inspirado pela imagística de um famoso artista de tatuagem de San Francisco. Graças à queda de Audigier pelo marketing – abrindo lojas em

---

53. Tradução literal: "Tinta de Manhattan: o mestre da tatuagem Scott Campbell tatua as estrelas". (N. dos trads.)

54. Tradução literal: "O artista de tatuagem informal do 'pessoal da moda'". (N. dos trads.)

distritos elegantes e enviando produtos gratuitos para celebridades – todo mundo logo estava usando as camisetas tatuadas, de Maddona a Paris Hilton.

Don Ed Hardy é um personagem fascinante por legítimo direito. Ele estudou no San Francisco Art Institute na década de 1960, onde se especializou em gravura a água-forte – uma técnica de impressão que envolve gravar imagens em uma chapa de metal. Mas desde a infância ele era fascinado por tatuagem na cidade costeira de Corona del Mar em Orange County, na Califórnia. "Aos 10 anos, ele estava desenhando carros e águias nos braços das crianças com lápis de cor molhados e delineador da Maybelline", relata o *San Francisco Chronicle* ("Don Ed Hardy's tattoos are high art and big business",[55] 30 de setembro de 2006). Ele tirava ideias de catálogos de tatuagens anunciados na quarta capa de *Popular Mechanics* e nas tatuagens que ele via nos homens nos cartazes de "procurados" nas paredes da agência de correios.

Quando adulto, ele aprendeu o ofício em uma loja de tatuagem em Oakland administrada por Phil Sparrow, ex-professor de literatura que se tornara um entusiasta da arte na pele. Foi graças a Sparrow que Hardy descobriu as tatuagens japonesas de "corpo inteiro". Em 1973, ele se tornou o primeiro ocidental a treinar com o mestre japonês Horihide, onde ele "pintou e fez piercing na pele de vários *gangsters* japoneses conhecidos como Yakuza". Hardy também admira o falecido artista de tatuagem Norman "Sailor Jerry" Collins, que ganhou o apelido conduzindo turnês nas ilhas havaianas em uma escuna de três mastros. Nascido em 1911, "Jerry tentou inicialmente, quando adolescente, tatuar empurrando desenhos com a mão em clientes dispostos com quaisquer materiais com que se deparasse enquanto viajava pedindo carona e saltando em trens de carga através dos Estados Unidos. Ele chegou a Chicago na década de 1920 e se associou ao seu primeiro professor formal, o lendário Gib "Tatts" Thomas, que ensinou Jerry a usar uma máquina de tatuagem" (www.sailorjerry.com).

Não sei quem ensinou "Tatts" – possivelmente um pirata. Ele saiu de casa em Nova Orleans quando tinha 14 anos para percorrer o mundo. Há alguma coisa a respeito da tatuagem que evoca viagens: marinheiros e barcos de pesca, licença para sair do navio no Pacífico Sul. A própria palavra deriva do vocábulo polinésio "tatau". Como diz Hardy, "a história oral das tatuagens é fantástica"; ele publicou vários livros sobre o assunto. Ele acredita que o anseio de ser tatuado é

---

55. Tradução literal: "As tatuagens de Don Ed Hardy são uma grande arte e um alto negócio". (N. dos trads.)

"primitivo": "Baseado na evidência, as múmias congeladas, os membros mais antigos da nossa espécie tinham tatuagens".

As tatuagens foram usadas como marcas no sentido mais literal: a marcação dos escravos ou prisioneiros; a deprimente procissão cinza dos numerais dos campos de concentração nazistas. Elas também têm sido marcas de coragem, talismãs contra o mau-olhado, e declarações de amor. Além disso, é claro, elas são tribais, símbolos de entrosamento, motivo pelo qual, sem dúvida, agradam à turma da moda.

Embora Hardy ainda dirija a loja Tattoo City em San Francisco, ele deixou de fazer tatuagens há algum tempo para se concentrar na pintura e na litografia. A sua habilidade de combinar os mundos da grande arte e da arte popular, sem mencionar um astuto sentimento de branding, ajudou a levar a intricada arte da tatuagem para um público mais amplo.

A permanência nocional das tatuagens significa que fazer uma ainda é um ato radical. A tatuagem deixa entrever a ousadia e a criatividade. Como indica Scott Campbell, as tatuagens chegaram à cultura predominante por intermédio de profissionais criativos e pessoas que desejavam imitá-los. É fácil imaginar a emoção que um médico ou advogado pode sentir ao pensar na tatuagem escondida debaixo de uma fachada conservadora. Mas a capacidade da tatuagem de chocar pode ter desaparecido em uma geração. Em 2007, um levantamento do Pew Research Center indicou que 40% dos americanos com idades entre 26 e 40 anos têm uma tatuagem; e 36% das pessoas entre 18 e 25 anos têm uma. Os percentuais indicam que, para algumas pessoas, fazer uma tatuagem pode ser uma manifestação precoce da crise da meia-idade.

Para aqueles que desejam seguir a tendência sem ter tinta debaixo da pele, as tatuagens temporárias estão em toda parte. Até mesmo a Chanel oferece "tatuagens temporárias individuais, exclusivas, tomando como referência símbolos e códigos icônicos da Chanel, desenhados à mão pelo diretor criativo de maquiagem global Peter Philips".

Mas e se você decidir fazer uma tatuagem de verdade? Lori Leven da New York Adorned tem alguns conselhos. "Você provavelmente não vai fazer só uma, de modo que deve planejar à frente – pense em qual poderá ser o resultado final e como você vai chegar lá. Essa não é uma decisão casual; ela vai afetar a sua vida, de modo que você deve tratá-la da maneira apropriada. Acima de tudo, nunca siga a moda. Faça sempre em você uma tatuagem que seja atemporal."

DICAS DE BELEZA

* Com uma história picante e exuberante, as tatuagens agradam aos rebeldes. Mas em breve eles poderão não ser vistos nem um pouco como rebeldes: um levantamento indica que 40% dos americanos com idades entre 26 e 40 anos têm uma tatuagem. No Reino Unido, o percentual é de 29% para as pessoas com idades entre 16 e 44 anos.

* Modelos, atores e atrizes, e figurinistas retiraram as tatuagens da sala dos fundos e as trouxeram para a cultura predominante.

* Os artistas da tatuagem acreditam que essa tendência começou com as roupas: figurinistas como Alexander McQueen e Jean Paul Gaultier integraram ao seu trabalho a arte inspirada na tatuagem.

* A linha de roupas Ed Hardy, que licenciou o nome de um artista de tatuagem de San Francisco, ficou popular entre as celebridades.

* O artista de tatuagem Scott Campbell trabalhou com a Louis Vuitton em roupas e bolsas inspiradas na arte da tatuagem.

* A Chanel lançou uma linha de tatuagens de "arte temporária na pele".

* As revistas de moda espalharam a mensagem a respeito do trabalho artístico das tatuagens e tornou-as mais desejáveis.

* A tendência temporária de tatuagens poderá arrefecer, mas elas permanecerão como adornos aceitáveis.

O FUTURO
DA BELEZA

"À medida que os seres humanos anseiam por melhorar, eles serão atraídos por soluções que lhes ofereçam uma vantagem."

A exposição Beyond Beauty em Paris é um bazar de beleza. Ou talvez eu devesse dizer "beleza bizarra". Enquanto caminho ao redor dos mais ou menos quinhentos *stands* no espaço que parece um hangar na Porte de Versailles, fico ainda mais perplexo com a diversidade de produtos que afirmam fazer com que os seus usuários pareçam mais jovens e mais atraentes.

Faço uma pausa no *stand* Re-Age, onde uma demonstradora está esguichando pequenas lufadas de ar no rosto de uma voluntária com um dispositivo metálico portátil que lembra um pouco uma broca de dentista. Descubro que o tratamento, chamado Re-Oxy, usa oxigênio para tratar os sinais de envelhecimento. Nada de bisturis ou injeções. O dispositivo portátil envia ingredientes ativos para dentro da pele com impulsos de oxigênio. O sistema já foi instalado por um *spa* em Mônaco. Outro tratamento envolve respirar oxigênio e óleos essenciais através de um inalador para combater o estresse.

Como mal consigo imaginar alguma coisa mais estressante, sigo em frente. Em seguida, topo com um dispositivo de fóton portátil que emite luz LED na pele para estimular as células. Esses dispositivos eram anteriormente domínio dos dermatologistas e dos salões, mas agora "a última palavra em sistema de cuidados com a pele", que pode ser seu por menos de 250 euros. Segundo me disseram, o tratamento em casa vai ser a próxima grande sensação dos cuidados com a pele.

E o que mais? O que as empresas de beleza nos venderão e nos dirão nos próximos anos?

NUTRICOSMÉTICOS

Eles os chamam de "nutracêuticos" ou "nutricosméticos": suplementos nutricionais e alimentos funcionais que nos tornam belos a partir de dentro. A tendência vem do Japão, onde os remédios fitoterápicos há séculos têm sido ligados à beleza. Em anos mais recentes, eles ampliaram as fronteiras e incluíram produtos como sopas enriquecidas com colágeno, bebidas e iogurtes contendo ácido hialurônico (que promove a restauração dos tecidos) e ceramida (lipídios encontrados na camada protetora superior da pele).

A tendência chegou à Europa com o iogurte "estimulador da pele" Essensis da Danone, introduzido na França, Espanha, Bélgica e Itália em 2007. Contendo vitamina E e antioxidantes do chá verde, entre outros ingredientes, o produto supostamente nutria a pele a partir de dentro. No entanto, ele foi posto de lado na França dois anos depois devido à queda das vendas. Isso levantou a possibilidade de que o potencial dos alimentos funcionais tivesse sido exagerado – mas também houve um problema de distribuição.

A Danone colocou o Essensis ao lado dos iogurtes regulares nas prateleiras dos supermercados, onde além de parecer caro demais ele estava embelezado com afirmações inadequadas. Quando a Nestlé lançou a sua bebida da beleza Glowelle, ela a vendeu no departamento de produtos de beleza do distribuidor sofisticado Neiman Marcus nos Estados Unidos. "Os consumidores em uma loja como a Neiman Marcus estão procurando produtos de beleza e têm os recursos para ficar despreocupados a respeito de como eles afetam os seus gastos semanais com alimentos. Os vendedores também estão disponíveis para explicar o que são os novos produtos e como eles funcionam" (Food & Drink Europe, 9 de fevereiro de 2009).

É pouco provável que o fracasso do Essensis tenha resultado no fim dos cosméticos nutricionais. A L'Oréal tem um empreendimento conjunto com a Nestlé, chamado Innéov, para explorar esse tipo de produto. Ela produz pílulas antienvelhecimento e que firmam a pele, bem como tabletes que "desintoxicam e drenam" para combater a celulite, e outros que "preservam e fortalecem" o cabelo.

A Perricone MD, a marca de cuidados com a beleza fundada nos Estados Unidos pelo dermatologista Dr. Nicholas Perricone, promove uma série de suplementos dietéticos nutracêuticos. Também nos Estados Unidos, a Walgreens lançou Borba Inside Out Beauty Solutions, uma linha de produtos de beleza que podem ser ingeridos desenvolvidos pelo esteticista Scott-Vincent Borba. Eles contêm uma série de "superfrutas" antioxidantes – mirtilo, romã, oxicoco – e são apresentados em formatos divertidos como Firm & Fit Calcium Chews, Healthy Glow Immunity Drink Mix e Mighty Energy Gummi Mice, e também como Skin Balance Water vitaminada.

Existe uma série de obstáculos – uma estrutura regulatória incerta, desafios de distribuição e o ceticismo do consumidor – mas o mercado para a beleza que vem de dentro está pronto para ser explorado.

NEUROCOSMÉTICOS

Se você se sentir bem, existe uma chance maior de que você tenha uma boa aparência. Esta é uma maneira altamente simplista de olhar para os neurocosméticos, ou produtos de beleza que melhoram o seu humor. A aromaterapia promete benefícios semelhantes, mas aqui estamos falando sobre produtos para a pele que promovem bem-estar. Alguns garantem gerar um intercâmbio entre o lado esquerdo e o lado direito do cérebro ou aumentar os níveis de serotonina. Outros alardeiam ingredientes ativos que estimulam o sistema nervoso cutâneo – a coisa que faz você sentir coceira – acionando os neurotransmissores que garantem que a pele irá receber o equilíbrio adequado de nutrientes.

Uma das pessoas que estão atuando nesta área é a Dra. Linda Papadopolous, psicóloga britânica, celebridade, que publicou vários livros sobre "psicodermatologia" e tem a sua própria linha de cuidados com a pele, a LP Skin Therapy. O website dela diz que muitos dos seus produtos contêm "nootrópicos" (www.lpskintherapy.com). Esses são intensificadores cognitivos, ou "drogas inteligentes", que estimulam a atividade cerebral de várias maneiras, como melhorando a memória e a concentração, e aliviando o estresse; elas também podem afetar a produção e a absorção da dopamina e da serotonina.

Linda Papadopolous não é a única a achar este nicho interessante. Uma empresa chamada Kroia também é especializada em cosméticos que melhoram o humor. As suas afirmações se baseiam na "cromoterapia" – a terapia da cor – que sugere que certas cores têm qualidades reconfortantes. Cada cor tem uma frequência diferente, e a velocidade na qual ela vibra afeta o humor do observador.

A fundadora da Kroia, Karla Farach, acredita que a utilização da luz nos cuidados com a pele, particularmente o tratamento LED mencionado anteriormente, bem como a utilização de minerais, cristais e pedras semipreciosas na massagem terapêutica, abriu a porta para uma nova forma de tratamento. A sua linha de "hidratantes ativos em espuma", fabricados com ingredientes como o cristal de topázio natural, extrato de flor de néroli e ginseng, estão disponíveis em diversas combinações de cores para proporcionar diferentes resultados: amarelo para energizar, rosa para o antienvelhecimento e azul para acalmar a mente.

Outras empresas de beleza estão sem dúvida estudando essa área na sua busca constante de histórias cativantes. Fique atento a outros produtos para a pele que melhoram o humor, bem como a cosméticos que promovem a confiança e a euforia de uma maneira "cientificamente comprovada".

NANOCOSMÉTICOS

Você não precisa investigar durante um longo tempo o negócio da análise de tendências para que as coisas fiquem fantasmagóricas. A própria palavra "nanotecnologia" faz surgir imagens de ficção científica de máquinas subatômicas capazes de se reproduzir exponencialmente até que atolem o planeta em uma substância viscosa cinzenta. Na realidade, a nanotecnologia diz respeito a objetos e dispositivos de engenharia de átomos e moléculas individuais. Ela foi descrita como a ciência de materiais que são um bilionésimo do metro. A indústria de cosméticos está muito interessada na nanotecnologia, por motivos que explicarei em um instante, e a L'Oréal e a Procter & Gamble estão entre os patrocinadores do International Council of Nanotechnology.

A teoria da "substância viscosa cinzenta" foi apresentada originalmente por Eric Drexler, um cientista frequentemente chamado de "pai da nanotecnologia". No livro que publicou em 1986, *Engines of Creation: The Coming Era of Nanotechnology*, ele descreveu um cenário catastrófico no qual nanobots com a habilidade de manipular a matéria fogem de controle e destroem a vida na Terra. Drexler declarou mais tarde que se arrependeu do relato, já que ele apenas queria esboçar o perigo teórico da tecnologia para equilibrar o entusiasmo com relação aos seus possíveis benefícios. "Também subestimei a popularidade das descrições de enxames de minúsculos nanoinsetos na ficção científica e na cultura popular" ("Nanotech guru turns back on goo",[56] BBC News Online, 9 de junho de 2004).

De uma maneira tranquilizadora, Drexler considera extremamente improvável que os cientistas construam algum dia uma nanomáquina que se autorreproduza.

Esse perigo particular pode permanecer na esfera da fantasia, mas as nanopartículas estão sendo usadas nos cosméticos, e organizações como Friends of the Earth têm se mostrado preocupadas a respeito delas. A nanotecnologia foi adotada pela primeira vez pelos fabricantes de filtros solares, os quais, durante anos, vinham usando dióxido de titânio e óxido de zinco para bloquear a radiação UVB e UVA. Esses ingredientes não são solúveis em água, o que significa que os cremes eram grossos e pegajosos, deixando vestígios brancos gordurosos na pele quando aplicados. Ao usar titânio e zinco "nanoparticulado", as empresas de cosméticos foram capazes de criar filtros solares transparentes e fáceis de aplicar que foram muito apreciados pelos consumidores.

A questão, contudo, é se as nanopartículas podem penetrar a camada externa da pele e entrar na corrente sanguínea, com o tempo danificando células ou aparecendo no pulmão, no cérebro e em outros órgãos. Tem havido apelos por uma regulamentação mais rígida dos nanoingredientes, mas até a ocasião em que escrevo estas linhas, elas não foram atendidas por uma legislação espe-

---

56. Tradução literal: "Guru da nanotecnologia volta atrás com relação à substância viscosa". (N. dos trads.)

cífica. Na realidade, não existem regras a respeito da rotulagem dos produtos que contêm nanoingredientes.

Um relatório de abril de 2011 da Nanodermatology Society admitiu que, quando expostos à radiação UV, o titânio e o zinco de tamanho nano geravam radicais livres e espécies de oxigênio reativo – que podem danificar as proteínas, o DNA e as gorduras dentro das células. O nível de toxicidade dependia do tamanho, estrutura e revestimento deles; as partículas são com frequência protegidas por faixas de manganês e outros materiais. Crucialmente, acrescentou o relatório, "o dano associado à formação de radicais livres depende da capacidade deles de interagir com células vivas". A fim de fazer isso, eles primeiro teriam que penetrar a pele. O relatório concluía formalmente: "o nanotitânio e o nanozinco não penetram a camada externa da pele humana, nem mesmo através dos folículos pilosos", e "o nanotitânio e o nanozinco não entram em contato com células vivas, não apresentando, portanto, nenhum risco de toxicidade" (www.nanodermsociety.org).

Mas é o que eles diriam, não é mesmo?

A não ser que surja uma rígida legislação, é improvável que as empresas de cosméticos deixem de usar nanopartículas. Elas são simplesmente úteis demais. Em primeiro lugar, a nanotecnologia possibilita que um maior número de ingredientes ativos chegue à pele; partículas menores também limitam a obstrução dos poros; e os ingredientes ativos "nanoencapsulados" têm uma vida útil mais longa. A tintura de cabelo é outra área que se beneficia da nanotecnologia: os colorantes de tamanho nano penetram com mais facilidade no cabelo, o que significa que a cor dura mais tempo.

Dirigindo-se ao encontro anual da American Academy of Dermatology em março de 2010, um dermatologista chamado Adnan Nasir fez um discurso amplamente noticiado a respeito dos possíveis benefícios da nanotecnologia para as empresas de produtos de beleza. Ele disse que a indústria dos cosméticos liderava todas as outras indústrias no número de patentes de nanopartículas, "as quais têm o potencial de aprimorar os filtros solares, xampus e condicionadores, batons, sombras para os olhos, hidratantes, desodorantes, produtos após-barba e perfumes" ("Sizing up nanotechnology: how nanosized particles may affect skincare products",[57] *PR Newswire*, 4 de março de 2010).

---

57. Tradução literal: "Uma avaliação da nanotecnologia: como partículas de tamanho nano podem afetar os produtos de cuidados com a pele". (N. dos trads.)

Ele confirmou que a nanotecnologia melhoraria a distribuição de ingredientes antienvelhecimento pela pele. No entanto, ele também levantou uma questão de marketing. "Como será mais difícil fabricar os produtos antienvelhecimento que contêm nanopartículas de antioxidantes, supomos que esses produtos custarão mais caro do que os que usam fórmulas tradicionais... Uma vez que seja determinado que esses produtos são seguros, o consumidor terá que decidir se os custos mais elevados compensam os benefícios adicionais."

A L'Oréal, a Dior, a Shiseido e a AmorePacific estão entre as empresas de cosméticos que usam abertamente a nanotecnologia nos seus produtos. Existem também blushes, bases, produtos para o cabelo e até mesmo rímeis que afirmam usar nanoingredientes – mas não está claro quantos deles simplesmente gostam de ter a elegante palavra incluída nos seus anúncios.

A L'Oréal declara que testa os seus produtos para verificar a sua segurança. Em um *fact sheet* de sustentabilidade de junho de 2010, a empresa declara que usa "nanoemulsões e nanopigmentos":

> As nanoemulsões são na realidade preparados macroscópicos contendo gotículas de óleo e de água reduzidas a um tamanho nanométrico para aumentar o conteúdo de óleos nutritivos enquanto preserva a transparência e a leveza das fórmulas. Às vezes frágeis ingredientes ativos, como as vitaminas, são protegidos do ar dentro de vesículas do tamanho de nanômetros chamadas nanocápsulas° ou liposomas que liberam o ingrediente ao entrar em contato com a pele no momento da aplicação.
>
> ("The use of nanotechnology in cosmetology",
> www.sustainabledevelopment/loreal.com)

A nanotecnologia tem o potencial de transformar a indústria da beleza. O pesquisador Thomson Reuters confirmou isso em 2009, quando produziu um relatório chamado "Can nanotech unlock the fountains of youth?"[58]. O relatório citou James Canton do Institute for Global Futures, um *think tank* em San Francisco. "A nanotecnologia é uma das principais ferramentas de *design* que serão usadas para criar a maior indústria do século XXI: a melhora da saúde. À medida

---

58. Tradução literal: "A nanotecnologia pode revelar a fonte da juventude?". (N. dos trads.)

que os seres humanos anseiam por melhorar, ele serão atraídos por soluções que lhes ofereçam uma vantagem."

O relatório assinala que "a maior presença de fabricantes químicos especializados no espaço da beleza e dos cuidados pessoais está radicada diretamente no desenvolvimento de nanotecnologias derivadas de outras tecnologias". Ele menciona a marca de cosméticos Astalift desenvolvida pela Fujifilm, que fez uma campanha na televisão explicando como a nanotecnologia originalmente desenvolvida para a fotografia ajudou os seus cremes a penetrar melhor na pele.

A ansiedade com relação à segurança poderá impedir que outras empresas de beleza deixem de enfatizar exageradamente as nanopartículas nas suas afirmações, retardando o desenvolvimento dos nanocosméticos como uma categoria. Mas existem outros que acreditam que o futuro da beleza reside na interseção da natureza e da nanotecnologia.

DICAS DE BELEZA

* Os alimentos funcionais e a "beleza que vem de dentro" são uma categoria emergente que ainda não foi completamente explorada.

* Tentativas anteriores colocaram erroneamente alimentos de beleza junto com produtos convencionais, ocultando assim a sua atratividade. Eles podem agora ser comercializados ao lado dos cosméticos em vez de nas prateleiras dos supermercados.

* Os "neurocosméticos" que melhoram o humor combinam algumas das ideias conhecidas da aromaterapia com produtos para a pele.

* Com a sua aparência suave e afirmações levemente do tipo Nova Era, eles podem formar uma categoria paralela ao mercado "orgânico".

* A nanotecnologia já foi adotada por uma série de empresas de beleza convencionais – mas existem preocupações a respeito da segurança das nanopartículas.

CONCLUSÃO

"A consumidora não é uma idiota — ela é a sua mulher."

Seria fácil descrever a indústria da beleza como uma rematada vilã, que negocia imagens irrealistas de juventude e perfeição que arruinaram a vida de milhões de mulheres – e de não poucos homens também. Existe uma abundância de evidências que apoiariam essa afirmação; muitos chegaram à mesma conclusão. Mas a saúde vigorosa do segmento global da beleza sugere que a verdade é mais complexa.

Ao longo de muitas eras e culturas, as mulheres pintaram os lábios e escureceram os cílios. Elas tentaram clarear a pele muito antes de Fair & Lovely ser criado. O seu desejo de parecer mais belas pode ser atribuído a muitas coisas – *status*, seleção sexual, até mesmo a um poder maior – mas não pode ser atribuído inteiramente à pressão das empresas de cosméticos dominadas pelos homens encorajadas por uma mídia misógina.

Exemplos da maquiagem sendo usada para simbolizar a emancipação vêm repetidamente à tona na história da beleza, desde as mulheres gregas que saíram do gineceu às sufragistas que Elizabeth Arden viu marchando tendo nos lábios um batom vermelho brilhante. No livro *Glamour* (2010), Carol Dyhouse menciona Iris Storm, heroína do "*best-seller cult* de 1926 de Michael Arlen, *The Green Hat*", que "exibe todos os sinais de modernidade: ela tem atitude, roupas *sexy*, batom vermelho e um carro veloz". Para Carol Dyhouse, o *glamour* – e a beleza – poderiam "oferecer um caminho para uma identidade feminina mais poderosa e confiante". As mulheres da Renascença que criavam receitas de beleza alquímicas dificilmente parecem menos impressionantes do que Iris Storm e suas melindrosas contemporâneas.

Muitos dos cremes para a pele que surgiram no século XIX se basearam em receitas que tinham sido criadas em casa pelas mulheres e passadas adiante através das gerações. A revolução industrial permitiu a produção em massa desses cremes, enquanto o surgimento das revistas femininas proporcionaram um veículo publicitário ideal. Foi com esses antecedentes que Helena Rubinstein e Elizabeth Arden criaram as primeiras marcas de beleza.

Helena e Elizabeth foram descaradas alpinistas sociais que transformaram com sucesso as suas aspirações e desejos em embalagens, textos publicitários, balcões de lojas de departamentos e salões que convidavam as mulheres para um mundo de sonho. As suas promessas de eterna juventude eram apenas uma parte da mistura; o progresso, a ciência e o *status* estavam estreitamente entrelaçados com o fascínio dos seus potes de creme. Estée Lauder veio praticamente do mesmo molde. O que elas transmitiam não criou um novo mito de beleza; mais exatamente, alimentou e ampliou necessidades atávicas, insistindo tanto na mensagem que as mulheres ficaram convencidas de que "estariam ficando largadas" se não usassem cosméticos.

Eugène Schueller, Charles Revson e Max Factor foram figuras imponentes na história da beleza – mas alguns dos nomes mais influentes foram de mulheres. No final da década de 1970, quando o feminismo estava em ascensão, Anita Roddick vendeu um novo tipo de *status*: era difícil não admirar a viajada ativista de direitos humanos, uma imagem que ela empacotava e vendia com sucesso junto com os seus produtos.

No seu famoso livro *The Beauty Myth* (1990), Naomi Wolf menciona que a imagem publicitária contemporânea da beleza pode ter sido uma reação ao próprio feminismo. "As feministas... romperam o domínio que os anunciantes de produtos para o lar tinham sobre as mulheres, promovendo a magia feminina; imediatamente, as indústrias da dieta e dos produtos para a pele se tornaram os novos censores culturais do espaço intelectual feminino... a modelo jovem e esquelética suplantou a dona de casa feliz como árbitro da condição feminina bem-sucedida."

Naomi Wolf não propõe que as mulheres rejeitem totalmente a beleza; apenas que elas abracem uma definição mais ampla dela. "Talvez nós nos enfeitemos com um verdadeiro prazer, com a sensação de que estamos tentando embelezar o que já é belo", sugere ela. Ela abraça a busca do prazer, até mesmo da "luminosidade".

No entanto, a expansão global das empresas de beleza ocidentais apresenta sérias questões. Poderíamos aceitar que a "palidez" e a "pureza" já eram associadas à beleza há milênios, mas a maneira inflexível pela qual uma visão estreita da raça branca foi vendida em mercados nos quais ela não era a norma é desalentadora. De um modo correspondente, enquanto eu fazia pesquisas para este livro, fiquei surpreso ao descobrir as repugnantes conexões políticas de certos pioneiros da beleza. Eugène Schueller da L'Oréal e François Coty tinham vínculos estreitos com organizações fascistas. Gabrielle Chanel abraçava opiniões antissemitas e passou o período da Ocupação nos braços de um oficial nazista. Seria um exagero associar as atitudes de três pessoas às dos primórdios da indústria da beleza, mas essa inquietante preocupação com a "pureza" marcou a minha mente.

É justo dizer que as marcas de beleza – auxiliadas por Hollywood, pela televisão e pelas revistas de moda – globalizaram com sucesso os padrões de beleza. O marketing fez com que todos almejássemos ser mais altos, mais magros e mais claros. Por sorte, nos anos recentes, a situação melhorou. Marcas procedentes da Ásia e da América Latina começaram a conquistar mercados ocidentais; uma abordagem mais flexível ao desenvolvimento de produtos e de marketing nas gigantes globais conduziu a uma variedade maior de fórmulas e imagens publicitárias. Na Europa e nos Estados Unidos, as marcas de cosméticos começaram a refletir mais corretamente as sociedades multiculturais.

Depois de lidar com o sexismo e o racismo, vamos considerar o preconceito de idade. Embora não pareçam se decidir por um percentual, os pesquisadores concordam em que os produtos antienvelhecimento absorvem a fatia maior do vasto mercado global de cuidados com a pele. A isso é preciso acrescentar a crescente tendência de cirurgia plástica estética e soluções temporárias como o Botox e os preenchedores cutâneos. Uma vez mais, a indústria da beleza não fez essa demanda surgir como por encanto. Ela meramente reforçou os receios de uma população que estava envelhecendo. Em 2002, durante a Segunda Assembleia Mundial das Nações Unidas sobre Envelhecimento realizada em Madri, foi declarado que o número de pessoas idosas no mundo iria aumentar de 629 milhões para 2 bilhões em 2050. Em um nível mais micro, as preocupações com a aparência foram exacerbadas pelo declínio econômico global, que colocou pessoas na faixa dos 40 e dos 50 anos de volta no mercado de trabalho. A indústria da beleza é cínica, mas ela alcovita as nossas vaidades e inseguranças.

Os cremes de pele antienvelhecimento reduzem as rugas? Sim – mas de uma maneira praticamente insignificante. Eles oferecem esperança, conforto e prazer sensual? A julgar pelo número de pessoas que continuam a comprá-los, embora estejam bastante conscientes de que eles talvez não funcionem, a resposta, novamente, é sim. É desdenhoso descartar os consumidores como trouxas que acreditam em qualquer coisa. Como declarou o grande publicitário David Ogilvy, "A consumidora não é uma idiota – ela é a sua mulher."

Não considero a minha mulher uma idiota. Espero não ser um idiota; no entanto, o hidratante e o creme suavizante para os olhos estão na prateleira do banheiro. Aplicar cosméticos é um ritual, e os rituais aliviam o estresse; eles representam a estabilidade em um mundo incerto.

Elizabeth Arden, Helena Rubinstein, Charles Revson, Estée Lauder, Anita Roddick... todos foram brilhantes contadores de histórias. Se a indústria da beleza mudou a nossa aparência, ela fez isso principalmente com a palavra escrita. Em quase todos os setores, a globalização destruiu a arte da redação publicitária – um logotipo forte e uma imagem poderosa cruzam fronteiras sem esforço – mas na área da beleza, as "afirmações" continuam a inundar a publicidade impressa e os cartazes, sem mencionar os websites. As palavras convencem e acariciam, combinando habilidosamente a poesia com a ciência.

O poder das empresas de beleza de manipular está declinando. A própria tecnologia que lhes permitiu construir enormes bancos de dados e elevar às alturas a arte de administrar as relações com os clientes possibilitou que os compradores dos cosméticos tenham acesso a informações das quais anteriormente eles só tinham uma vaga ideia. Graças à internet, os consumidores podem determinar os ingredientes e o efeito praticamente de cada tubo, pote e recipiente presente hoje nas prateleiras. Mas uma coisa interessante aconteceu. Em vez de recuar horrorizados e renunciar para sempre aos cosméticos, os consumidores abraçaram uma nova geração de marcas de cuidados com a pele naturais e orgânicas, cujas afirmações, pelo menos algumas delas, são tão poéticas e improváveis quanto as inventadas pelas gigantes globais.

Parece que, enquanto as marcas de beleza continuarem a nos contar histórias, nós continuaremos a ouvi-las.

REFERÊNCIAS

Armstrong, John (2005) *The Secret Power of Beauty*, Penguin, Londres.

Aveline, Françoise (2003) *Chanel Parfum*, Editions Assouline, Paris.

Basten, Fred E. (2008) *Max Factor: The Man Who Changed the Faces of the World*, Arcade, Nova York.

Benaïm, Laurence (2002) *Yves Saint Laurent: Biographie*, Grasset, Paris.

Burns, Paul (2010) *Entrepreneurship and Small Business: Start-up, Growth and Maturity*, Palgrave Macmillan, Basingstoke.

Burr, Chandler (2007) *The Perfect Scent*, Picador, Nova York.

Collin, Béatrice e Rouach, Daniel (2009) *Le Modèle L'Oréal*, Pearson Education, Paris.

Condra, Jill (2008) *The Greenwood Encyclopaedia of Clothing Through World History*, vol. 2, Greenwood Press, Westport, CT.

Drexler, Eric (1986) *Engines of Creation: The Coming Era of Nanotechnology*, Anchor Books, Nova York.

Dyhouse, Carol (2010) *Glamour: Women, History, Feminism*, Zed Books, Londres.

Eco, Umberto (2004) *On Beauty*, Secker & Warburg, Londres.

Egyptian State Tourist Department (data desconhecida) *Beauty Treatment in Ancient Egypt*, R. Schindler, Cairo.

Iezzi, Teressa (2010) *The Idea Writers*, Palgrave Macmillan, Nova York.

Israel, Lee (1985) *Estée Lauder: Beyond the Magic*, Macmillan, Nova York.

Jones, Geoffrey (2010) *Beauty Imagined: A History of the Global Beauty Industry*, Oxford University Press, Oxford.

Lorris, Guillaume de e Meun, Jean de (1994 de tradução), *The Romance of the Rose*, trad. Frances Horgan, Oxford University Press, Oxford.

McGraw, Thomas K. (2000) *American Business, 1920–2000: How It Worked*, Harlan Davidson, Wheeling, Illinois.

Macqueen, Adam (2005) *The King of Sunlight: How William Lever Cleaned Up the World*, Corgi, Londres.

Marseille, Jacques (2009) *L'Oréal 1909–2009*, Perrin, Paris.

Mazzeo, Tilar J. (2010) *The Secret of Chanel No. 5*, HarperCollins, Nova York.

Mercer, Nigel (2009) "Clinical risk in cosmetic surgery", *Clinical Risk*, **15** (6).

Montet, Pierre (1980) *Everyday Life in Egypt in the Days of Ramesses the Great*, University of Pennsylvania Press, Filadélfia.

Paquet, Dominique (1997) *Miroir, Mon Beau Miroir: Une Histoire de la Beauté*, Gallimard, Paris.

Schiff, Stacy (2010) *Cleopatra: A Life*, Virgin, Londres.

Temporal, Paul e Trott, Martin (2001) *Romancing the Customer: Maximizing Brand Value Through Powerful Relationship Management*, Wiley, Nova York.

Tobias, Andrew (1976) *Fire and Ice: The Story of Charles Revson, the Man Who Built the Revlon Empire*, William Morrow, Nova York.

Tungate, Mark (2007) *Adland: A Global History of Advertising*, Kogan Page, Londres.

Tungate, Mark (2008) *Branded Male: Marketing to Men*, Kogan Page, Londres.

Turin, Luca (2006) *The Secret of Scent*, Faber and Faber, Londres.

Vigarello, Georges (2004) *Histoire de la Beauté: Le corps et l'art d'embellir de la Renaissance à nos jours*, Editions du Seuil, Paris.

Wolf, Naomi (1990) *The Beauty Myth*, Chatto & Windus, Londres.

Woodhead, Lindy (2003) *War Paint*, Virago, Londres.

PRÓXIMOS LANÇAMENTOS

 SEOMAN

Para receber informações sobre os lançamentos da
Editora Seoman, basta cadastrar-se
no site: www.editoraseoman.com.br

Para enviar seus comentários sobre este livro,
visite o site www.editoraseoman.com.br ou mande
um e-mail para atendimento@editoraseoman.com.br